SIMPLESMENTE
JESUS

N. T. WRIGHT

SIMPLESMENTE JESUS

†

Traduzido por
ELISSAMAI BAULEO

Título original: *Simply Jesus: A New Vision of Who He Was, What He Did, and Why He Matters.*
Copyright © 2011 por Nicolas Thomas Wright
Edição original por HarperOne. Todos os direitos reservados.
Copyright de tradução © Vida Melhor Editora Ltda., 2020.

As citações bíblicas do Novo Testamento são traduzidas da versão do próprio autor *The Kingdom New Testament: A Contemporary Translation* [Novo Testamento do Reino: uma tradução contemporânea], copyright © 2011 por Nicholas Thomas Wright, a menos que seja especificada outra versão da Bíblia Sagrada. Nos versículos do Antigo Testamento, o autor escolheu usar "YHWH" onde aparece "SENHOR" e a palavra "Torá" onde aparece "lei".

Os pontos de vista desta obra são de responsabilidade de seus autores e colaboradores diretos, não refletindo necessariamente a posição da Thomas Nelson Brasil, da HarperCollins Christian Publishing ou de sua equipe editorial.

PublisherEditor	Samuel Coto
Editores	André Lodos Tangerino e Bruna Gomes
Preparação	Davi Freitas
Revisão	Simone Fraga e Gisele Múfalo
Diagramação	Sonia Peticov
Capa	Rafael Brum

CIP-BRASIL. CATALOGAÇÃO NA FONTE
SINDICATO NACIONAL DOS EDITORES DE LIVROS, RJ

W80s

Wright, N. T.

Simplesmente Jesus / N. T. Wright; tradução de Elissamai Bauleo. — 1.ed. — Rio de Janeiro: Thomas Nelson Brasil, 2020.
304 p.; 15,5 x 23 cm

Título original: *Simply Jesus*
ISBN 978-85-71671-27-0

1. Jesus Cristo. 2. Novo Testamento. 3. Escrituras. 4. Evangelho. 5. Israel — culto. I. Título.

CDD: 232

Índice para catálogo sistemático:
1. Jesus Cristo: novo testamento
2. Escrituras: evangelho
3. Israel: culto

Aline Graziele Benitez – Bibliotecária – CRB-1/3129

Thomas Nelson Brasil é uma marca licenciada à Vida Melhor Editora LTDA.
Todos os direitos reservados à Vida Melhor Editora LTDA.
Rua da Quitanda, 86, sala 218 – Centro
Rio de Janeiro – RJ – CEP 20091-005
Tel.: (21) 3175-1030
www.thomasnelson.com.br

Em memória de Nicholas Irwin Wright
26 de fevereiro de 1920 — 16 de março de 2011

SUMÁRIO

Prefácio • 9

Parte um

1. Um tipo inusitado de rei • 19
2. Três enigmas • 28
3. Tempestade perfeita • 33
4. A formação de uma tempestade do século I • 48
5. O furacão • 59

Parte dois

6. Deus está no comando agora • 85
7. A campanha começa aqui • 97
8. Histórias que explicam e uma mensagem que transforma • 120
9. Reino presente e futuro • 140
10. Batalha e templo • 156
11. Espaço, tempo e matéria • 170
12. No coração da tempestade • 193
13. Por que o Messias precisava morrer? • 211
14. Sob nova direção: além da Páscoa • 238

Parte três

15. Jesus: regente do mundo • 259

Leitura adicional • 289

Índice bíblico • 293

PREFÁCIO

MESMO APÓS DOIS MIL ANOS, a vida de Jesus de Nazaré continua a intrigar e a levantar questionamentos. A questão é relativamente simples: quem ele foi exatamente? Essa pergunta, por sua vez, leva a outros questionamentos: o que Jesus pensava realizar? O que ele fez e falou, por que foi morto e por que ressuscitou dentre os mortos? Semelhantemente, o desafio é simples: visto ter chamado pessoas para segui-lo — e visto que pessoas têm procurado fazê-lo desde então — segui-lo acarreta o quê? Como podemos saber que estamos no rumo certo?

Passei boa parte da vida intrigado com essas perguntas e tentando, a partir de diversos ângulos, abordá-las e respondê-las, um processo tanto estimulante quanto desafiador. Tendo crescido em um lar cristão e experimentado o crescimento e desenvolvimento de minha própria fé desde os anos mais ternos até a idade adulta, tenho consciência de uma vocação que nossa cultura geralmente divide em duas, mas que, a despeito disso, continuo a enxergar como um todo. Fui chamado a ser historiador e teólogo, professor e escritor, tendo-me especializado em história e pensamento do cristianismo primitivo, e também pastor de uma igreja local. Às vezes, consegui combinar estes dois elementos: o acadêmico e o pastoral.

Outras vezes, foi-me necessário realizar trabalhos que me forçaram a especializar-me um em detrimento do outro, levando-me a um desequilíbrio que tenho procurado corrigir.

A relevância dessa observação autobiográfica para o presente tópico deve, penso eu, estar clara: para mim, escrever sobre Jesus nunca foi simplesmente uma questão de pesquisa histórica "neutra" (na verdade, tal neutralidade não existe, a despeito do tópico; mas deixemos isso de lado, por enquanto). O Jesus a quem estudo historicamente é o Jesus a quem adoro como parte da unidade tríplice do único Deus. Da mesma forma, porém, escrever sobre Jesus nunca foi simplesmente uma questão de intenção pastoral e homilética; o Jesus sobre o qual prego é o mesmo que viveu como ser humano real, no século I, na Palestina. A cultura ocidental moderna, especialmente nos Estados Unidos, fez o possível para que esses dois personagens, o Jesus da história e o Jesus da fé, não se encontrassem. Fiz o que pude para resistir a essa tendência, a despeito de protestos de ambos os lados.

Este livro é intitulado *Simplesmente Jesus*, em sucessão consciente de meu livro anterior, *Simplesmente Cristão*. Entretanto, existe simplicidade e simplicidade. Geralmente, quando dou palestras e abro espaço para perguntas do público, alguém se põe de pé e diz: "Tenho uma pergunta muito simples", exprimindo, então, algo mais ou menos assim: "Quem é Deus, exatamente?" ou "O que existia antes da criação?" ou "Se Deus é bom, por que o mal existe?" Conforme costumo explicar a essas pessoas, a pergunta pode ser simples, mas a resposta, não. De fato, se tentarmos dar uma resposta "simples", corremos o risco de simplificar demais o assunto e distorcê-lo. (Quando alguém perguntou a Agostinho o que Deus estava fazendo antes da criação, sua resposta, ainda que lhe soasse dura, foi a sugestão de que Deus estava criando o inferno para aqueles que fazem perguntas tolas). Simplicidade é uma grande virtude, mas simplificação excessiva pode ser, na verdade, um vício, um sinal de preguiça.

Naturalmente, trata-se de um problema familiar. Suponhamos que, à entrada da Universidade de St. Andrews, onde trabalho, alguém parasse o carro e me abordasse da seguinte maneira: "Uma pergunta simples: como faço para chegar a Glasgow?" Mais uma vez, a pergunta é simples, mas nem tanto a resposta. Se eu apenas respondesse: "Continue seguindo na direção Oeste e um pouco para o sul; não tem como errar", estaria, de certa forma, dizendo a verdade. As estradas são razoavelmente bem sinalizadas. Apesar disso, porém, as vias não são retas, de modo que, sem um pouco mais de ajuda, alguém pode facilmente se perder. Poderia ser útil destacar a existência de um grande rio durante o trajeto, com uma milha de extensão em seu ponto mais estreito e conduzindo a uma cidade, ou então que a ponte sobre o rio às vezes está fechada em decorrência de ventos fortes, mas que a rota alternativa envolve passar por diversas cidades e vilarejos cercados por colinas. O motorista não quer saber tudo isso, ao menos não no momento. Contudo, a não ser que eu chame atenção a alguns desses aspectos, posso correr o risco de simplificação excessiva, e o motorista poderá se ressentir do meu conselho "simples" quando, na metade do caminho, preso em algum vilarejo, refletir no fato de que um pouco mais de complexidade poderia, na verdade, ter-lhe ajudado.

Sinto-me um pouco assim com este livro. Propus-me escrever um livro "simples" sobre Jesus. Mas Jesus não foi simples em seu próprio tempo, da mesma forma como continua sendo complexo hoje. Poderíamos pensar que seria comparativamente fácil pegar algum livro meu anterior, em particular *Jesus and the Victory of God* [Jesus e a vitória de Deus] e *The Challenge of Jesus*[1] [O desafio de Jesus], e transformá-los em algo "simples". Contudo, para minha surpresa, ao esboçar este livro e então ao escrevê-lo, pude descobrir inúmeras voltas e reviravoltas das quais estou agora ciente e com as quais não lidei nessas obras anteriores.

Não se trata apenas de a erudição ter evoluído, embora, evidentemente, isso seja verdade; este livro, porém, não é o lugar para explorar

---

[1] *Jesus and the Victory of God* [Jesus e a vitória de Deus] (Londres: SPCK; Mineápolis: Fortress, 1996); *The Challenge of Jesus* [O desafio de Jesus] (Londres: SPCK; Downers Grove, IL : InterVarsity, 2000).

esses debates. Antes, a questão é que passei a maior parte da última década trabalhando como bispo da Igreja Anglicana e que, a despeito de certa concepção popular, segundo a qual "bispos" e "Jesus" não cabem na mesma frase, achei-me pensando, falando e pregando a seu respeito praticamente o tempo todo. Em particular, percebi a forma como Jesus e a luta para segui-lo fazem a diferença em vidas reais e em comunidades reais, desde vilarejos antigos do condado de Durham, onde vivi e trabalhei de 2003 a 2010, até os corredores do poder, em Westminster.

Durante esse tempo, não parei para perguntar como todo esse ministério, bem como a vida de oração e sacramento que o sustentavam, poderiam estar mudando minha percepção de Jesus. Agora, porém, quando o carro para e alguém diz: "Uma pergunta simples: fale-me sobre Jesus", vejo-me querendo explicar sobre o rio, a ponte, os ventos fortes, os vilarejos e as colinas. Poderia responder: "Apenas comece a ler os evangelhos e tente seguir Jesus", e talvez seria o suficiente para o momento, como dizer ao motorista para seguir em direção oeste e um pouco para o sul e esperar que tudo ocorra bem. No entanto, decidi responder à pergunta ao juntar, camada sobre camada, da maneira mais simples, a meu ver, que poderia ajudar alguém realmente interessado em encontrar o caminho em direção ao Jesus verdadeiro e assim, encontrar, através dele, o caminho para o próprio Deus e para uma vida em que "seguir Jesus" faz sentido.

O livro, então, é dividido em três partes. "Parte Um" consiste nos cinco primeiros capítulos, nos quais tento explicar questões-chave, porque são importantes e porque é difícil articulá-las hoje.

Em seguida, na "Parte Dois" (caps. 6—14), tento, da forma mais simples possível, explicar a carreira pública de Jesus, o que ele procurou conquistar e como agiu. Neste ponto, para ser honesto, o material é tão rico e denso que me senti frustrado, como um especialista em jardinagem que tem meia hora para guiar um visitante por um *tour* na Exposição de Flores de Chelsea, em meio à vastidão do que falar e ansioso por manter certa forma e direção à visita guiada.

PREFÁCIO

Achei necessário, vez ou outra, empregar a técnica cinemática de *flashback* e *flash-forwards*, distanciando o leitor de Jesus por um tempo a fim de ressaltar outros líderes, fatuais e aspirantes, nos movimentos judaicos da época. (Não quis abordá-los logo de cara, pois, do contrário, o leitor poderia se cansar, imaginando quando chegaria, enfim, a Jesus. Colocando-os onde estão, creio que os personagens iluminam Jesus em vez de tirar a atenção dele).

Nesta seção, peço que o leitor faça diversos exercícios intelectuais. Isso é absolutamente necessário, visto que o judeu do século I pensa de modo totalmente diferente de nós, hoje — e, na verdade, diferentemente de como alguns, tais como o grego e o romano, pensavam. Temos de nos esforçar para enxergar as coisas do ponto de vista de um judeu da época se desejamos entender a mensagem e obra de Jesus.

Tudo isso nos leva, por fim, à morte, ressurreição e ascensão de Jesus, bem como ao significado desses acontecimentos. No decorrer do livro, conforme se tornará aparente, fiz o melhor que pude para explorar o significado da frase que Jesus usava como maior *slogan* de todo seu projeto: "reino de Deus". O próprio Jesus passou muito tempo explicando o significado dessa expressão, e tentei rastrear essas explicações para chegar à essência do seu significado.

A "Parte Três" do livro consiste em um longo capítulo final, cujo título poderia ser: "E qual a relevância disso?" Em outras palavras, o que isso tudo significa para nós? Nela, esboço quatro maneiras nas quais pessoas tentaram entender a atual relevância da inauguração do reino de Deus por Jesus, permitindo-lhes dialogar entre si. A partir dessa ideia surge o conceito, central ao próprio Novo Testamento, de que o modo como Jesus governa o mundo é, aqui e agora, por incrível que pareça, por intermédio dos seus seguidores. A essência da vida cristã é a adoração guiada pelo Espírito, através da qual discípulos são constituídos e energizados como "corpo de Cristo". O programa decorrente é estabelecido pelos dizeres memoráveis a que chamamos de "bem-aventuranças", que oferecem um ponto de partida pelo qual somos capazes de explorar formas em que o projeto do reino de Deus, que Jesus anunciou e creu ter sido alcançado por sua morte, pode se tornar uma realidade não apenas *na* vida de seguidores, mas também *por intermédio* deles. O último capítulo serve apenas de sinalizador para as propostas muito maiores que podem ser elaboradas neste ponto; contudo, é claramente importante, em vista do assunto deste livro, que pelo menos alguma coisa seja dita a esse respeito. Tenho sido encorajado pelas muitas maneiras nas quais cristãos de diferentes tradições têm explorado essas questões nos últimos anos, em termos teóricos e práticos, e espero que este livro sirva de fundação bíblica e teológica mais firme, dando forma, talvez, a algumas dessas explorações e esforços.

Há pouco, mencionei judeus do século I e como eles pensavam. Naturalmente, estou ciente da existência de muitas variantes do judaísmo no mundo antigo, assim como nos dias de hoje, e que toda generalização a respeito dos judeus, ou até mesmo de gregos e romanos, está fadada a ignorar bibliotecas inteiras, cheias de detalhes complexos. Escrevi a respeito em outras publicações (particularmente em *The New Testament and the People of God* [O Novo Testamento e o povo de Deus][2]). Entretanto, algumas coisas precisam ser simplificadas se desejamos chegar a algum lugar.

Este é o primeiro livro que escrevi desde a morte do meu querido pai, falecido aos 91 anos. Tendo começado a ler teologia ou erudição bíblica praticamente depois dos 60 anos, tempo em que comecei a escrever, meu pai lia tudo que eu escrevia poucos dias após sua publicação e normalmente me ligava para contar o que achava a respeito. Guardo comigo alguns de seus comentários. "Três vezes olhei a definição de 'escatologia' no dicionário", reclamou em certa ocasião, "e continuo a me esquecer do significado da palavra". Quando meu grande livro sobre a ressurreição foi lançado, meu pai o leu, todas as 700 páginas, em três dias, comentando que apenas por volta da página 600 começara a gostar do livro. Ao que tudo indica, tendo em

---

[2]*The New Testament and the People of God* [O Novo Testamento e o povo de Deus] (Londres: SPCK; Mineápolis: Fortress, 1992).

mente seu próprio fim, meu pai estava começando a *experimentar* esperança, bem como a ler a respeito. Particularmente em relação aos meus escritos populares, percebo agora que ele sempre pertenceu ao "público-alvo" do qual eu estava, realmente, ciente. Escrever um livro como este parece diferente, agora que ele não está aqui para lê-lo. De qualquer maneira, embora espere que meu pai tenha aprendido algumas coisas comigo, este livro — particularmente o último capítulo — sugere algumas das muitas coisas que aprendi com ele. À medida que lamento seu falecimento, dedico este livro à sua memória com gratidão, amor e, sim, esperança.

N. T. WRIGHT
St. Mary's College
Universidade St. Andrews
Dia da Ascenção do Senhor, 2011

PARTE UM

CAPÍTULO 1

UM TIPO INUSITADO DE REI

"ENQUANTO JESUS CAMINHAVA, pessoas espalhavam mantos pelo caminho. Quando ele já estava perto da descida do monte das Oliveiras, toda a multidão dos discípulos começou a celebrar a Deus e a louvá-lo em alta voz" (Lucas 19:36-37). À aproximação de Jesus, a multidão ficou extasiada. Esse era o momento pelo qual todos esperavam. Com os pensamentos inundados por antigos hinos, cantavam harmonizavam, festejavam e riam. Finalmente, seus sonhos se tornariam realidade.

Contudo, em meio a tudo isso, seu líder não estava cantando. "Ao se aproximar e ver a cidade, Jesus chorou sobre ela" (v. 41). Sim, o sonho do povo tornava-se realidade, mas não do modo como imaginavam.

Jesus não era o rei que esperavam. Não era como os monarcas da antiguidade, que se assentavam em tronos de marfim adornados por joias, distribuindo pronunciamentos de justiça e sabedoria.

Tampouco era o grande rei-guerreiro que alguns desejavam. Ele não arregimentara um exército e partira para a batalha, como comandante. Jesus cavalgava em um jumentinho. Jesus chorava — chorava pelo sonho que tinha de morrer, pela espada que traspassaria a alma dos discípulos, pelo reino que tardava a vir e, ao mesmo tempo, já se fazia presente.

A chegada de Jesus a Jerusalém, poucos dias antes de sua morte, é uma das cenas mais conhecidas dos evangelhos. Mas do que ela se trata? O que se passava pela mente de Jesus?

Trago comigo uma memória vívida e clara do momento em que essa pergunta afetou meu aprendizado. Era outono de 1971. Fazia cerca de um mês que havia me casado e há pouco começara o treinamento para a ordenação ministerial. Novos mundos se abriam diante de mim, mas por isto eu não esperava: um amigo me emprestou o álbum *Jesus Christ Superstar*.

Soubera a respeito de Jesus a vida toda. Na verdade, ouso afirmar que conheci Jesus a vida toda — isto é, talvez seja melhor dizer que eu fui conhecido por ele. Jesus era uma presença, um amor circundante, sussurrando gentilmente na escritura, cantando com toda a força na beleza da criação, majestoso nas montanhas e no mar. Havia feito o melhor para segui-lo, para conhecê-lo, para descobrir sua vontade. Jesus não era um amigo não exigente; antes, fora sempre uma presença inquietante, desafiadora, advertindo contra falsos julgamentos e lamentando quando, mesmo assim, eu teimava em meu próprio caminho. Contudo, sua presença também era confortante e restauradora: como o herói de Bunyan, eu sabia o que significava o alívio de fardos pesados. Participei muitas vezes do ciclo que, nos evangelhos, encontramos no personagem de Pedro: declarações públicas de lealdade imortal, seguidas de fracassos deploráveis, acompanhadas por amor surpreendente, generoso e perdoador.

No entanto, depois de me mudar com minha esposa para o nosso apartamento de subsolo, escutei *Superstar*. Na época, Andrew Lloyd Webber não passava de um novato impetuoso, não um Par do Reino, e Tim Rice ainda compunha letras com verdadeiro vigor e profundidade. Alguns estavam preocupados com *Superstar*. O musical não transmitia um ar de cinismo? Não gerava todo o tipo de dúvida? Não foi assim que o interpretei. Antes, escutei perguntas como: "Quem é você? O que sacrificou? [...] Você acredita mesmo ser quem declara?" Essas eram precisamente as questões adequadas seguintes, o outro lado da história que aprendi (ou pelo menos *um outro* lado da história).

É como se, de repente, toda energia da cultura popular da década de 1960 se invertesse, distanciando-se de sua preocupação com sexo, drogas e *rock and roll*, contemplando, mais uma vez, o Jesus de quem quase se esquecera. Pairava no ar um senso de: "Ah, você ainda está por aqui! Onde se encaixa? Aliás, do que se trata sua vida e ensino?" A cultura ocidental devolveu a Jesus a pergunta com a qual ele desafiara os próprios seguidores. Ao invés de "quem vocês dizem que eu sou?", *nós* lhe perguntamos: "Quem *você* diz que é?".

Rice e Lloyd Webber não deram uma resposta. Seu propósito não era esse. Geralmente, enfatizo aos alunos que eles não vão para a universidade para aprender respostas, mas para descobrir as perguntas certas. O mesmo era verdade sobre *Superstar*. E o questionamento levantado pelo musical mostrava-se, estou convencido, correto e adequado. Não é a única pergunta sobre Jesus, nem a única que devemos perguntar *a seu respeito*, mas é, a seu próprio modo, totalmente apropriada e necessária. A menos que você faça esta pergunta ("Você é mesmo quem se autodeclara?"), seu "Jesus" corre o risco de desaparecer como um balão de ar quente em meio a névoas de fantasia. O problema levantado aqui continua a ser de extrema importância.

Em essência, o questionamento diz respeito a quem Jesus realmente é — o que fez, o que disse, o que queria dizer. Implicitamente, é a pergunta que qualquer fé cristã madura deve abordar. Nossa percepção de Jesus como presença, inquietante e ao mesmo tempo restauradora, confrontadora e ao mesmo tempo consoladora, é uma simples invenção da nossa imaginação? Freud estava certo ao vê-la apenas como projeção de desejos interiores? Marx estava certo em dizer que não passava de uma forma de manter em silêncio massas famintas? Nietzsche estava certo em afirmar que Jesus ensinava uma religião caprichosa, cuja introdução tem sugado a energia da humanidade desde então? E — visto que esses três cavalheiros são hoje parte venerável e distinta do nosso panorama cultural — estão os ateus estridentes dos dias atuais certos em dizer que o próprio Deus não passa de uma ilusão, que o cristianismo é baseado em um erro múltiplo, desatualizado, ruim para a nossa saúde, amplamente reprovado, socialmente desastroso e ridiculamente incoerente?

Deparando-se com essas perguntas, sejam de Rice e Lloyd Webber, sejam de Richard Dawkins ou qualquer outro, os cristãos têm diante de si uma escolha. Podem continuar a falar sobre "Jesus", adorando-o na liturgia formal e em reuniões informais, dirigindo-lhe orações e descobrindo o que acontece em sua própria vida e na vida de comunidades enquanto mantêm suas práticas, porém deixando de abordar a pergunta que tem pairado na mente de todos os demais há pelo menos um século. Ou podem aceitá-la (mesmo que, como no caso de muitas perguntas, sejam-lhe necessárias redefinições quanto mais nos aproximamos da resposta) e empenharem-se em respondê-la.

Eu ainda não estava, no outono de 1971, preparado para a segunda opção. Mas dentro de poucos anos, percebi que não poderia mais ignorá-la. No fim da década de 1970, já havia sido ordenado, pregava regularmente, liderava grupos de discipulado, organizava a liturgia. Estava terminando o doutorado e ensinando graduandos. Minha esposa e eu tínhamos dois filhos, e mais um estava a caminho. Enfrentávamos desafios da "vida real", em diversos níveis. Por que deveria evitar o desafio do Jesus real? Toda vez que abria os evangelhos e pensava sobre a próxima mensagem, deparava-me com perguntas. Ele *realmente* disse isso? Realmente *fez* isso? O que ele queria dizer? Muitas vozes ao meu redor me reafirmavam que ele não dissera o que disse e fizera o que fez, assegurando-me de que o único "significado" é que a igreja não passa de uma grande fraude. Se era meu interesse pregar e aconselhar pessoas a confiarem em

Jesus, levando-as a conhecerem-no por si mesmas, não podia fazê-lo sem integridade, a não ser que enfrentasse, por mim mesmo, as perguntas difíceis.

Tem sido uma longa jornada. Sem dúvida, há ainda muito mais a ser desvendado. Mas este livro lhe dirá, da forma mais simples possível, o que, até agora, descobri.

O DESAFIO ÀS IGREJAS

Com Jesus, é fácil ser complicado e difícil ser simples. Parte da dificuldade é que Jesus foi e continua sendo muito, muito mais do que as pessoas imaginam. Não apenas pessoas em geral, mas cristãos praticantes e as próprias igrejas. Deparando-se com os evangelhos — os primeiros quatro livros que nos dão boa parte da informação a seu respeito — a maioria dos cristãos modernos se encontra na mesma posição que eu quando me assento na frente do computador. Meu computador fará, conforme estou seguramente informado, diversas tarefas complexas. Entretanto, utilizo-o apenas para três coisas: escrever, enviar *e-mails* e, às vezes, fazer pesquisas na *internet*. Se o meu computador fosse uma pessoa, sentir-se-ia frustrado e brutalmente desvalorizado, longe de cumprir seu potencial. Estamos, creio eu, nesta posição hoje, quando lemos histórias sobre Jesus nos evangelhos. Nas igrejas, usamos essas histórias para diversos propósitos óbvios: pequenos sermões moralizantes sobre como se comportar na próxima semana, auxílios à oração e meditação, enfeite extra para uma figura teológica construída, em grande medida, a partir de outro lugar. Como o meu computador, os evangelhos têm todo o direito de se sentirem frustrados. Seu potencial pleno continua não cumprido.

Pior ainda: *o próprio Jesus* tem todo o direito de se sentir frustrado. Muitos cristãos, ao ouvirem sobre alguém fazendo "pesquisas históricas" acerca de Jesus, começam a se preocupar de que ele emergirá como um Jesus menor e menos importante do que esperavam. Diversos livros oferecem precisamente isto: um Jesus sob medida, como grande mestre moral ou líder religioso, nada além de um grande homem.

Hoje em dia, cristãos normalmente reconhecem esse reducionismo e resistem a ele. Todavia, passei a acreditar, cada vez mais, que devemos nos preocupar exatamente pela razão oposta: Jesus, o Jesus que podemos descobrir se realmente o procurarmos, é maior, mais intrigante e mais radical do que eu, você e a igreja jamais imaginamos! Conseguimos nos esconder atrás de outras questões (reconhecidamente importantes, claro) e evitar o desafio imenso e revolucionário da reivindicação central de Jesus e sua conquista. Nós, a igreja, temos sido os verdadeiros reducionistas. Reduzimos o reino de Deus à piedade privada, a vitória da cruz ao consolo da consciência e a própria Páscoa a um final escapista feliz, à culminação de um conto triste e tenebroso. Piedade, consciência e felicidade definitiva são importantes, mas não tão importantes quanto o próprio Jesus.

Como você pode ver, a razão pela qual Jesus não era o tipo de rei desejado pelas pessoas naquela época é precisamente esta: Jesus *era* o verdadeiro rei. Contudo, elas haviam se acostumado com o tipo de rei comum, maltrapilho, de segunda categoria. Essas pessoas procuravam por um empreiteiro que construiria a casa que idealizaram, porém, Jesus era o arquiteto, vindo com um novo plano que lhes daria tudo que precisavam, mas em um modelo bem diferente. Buscavam um cantor cujo tipo de música era entoada há tempos, mas Jesus era o compositor, trazendo-lhes uma nova música a que as canções antigas serviriam, na melhor das hipóteses, apenas de música de fundo. Ele era o rei, sim, mas viera para redefinir a natureza do próprio reinado em torno de sua própria obra, missão e destino.

Creio que chegou a hora de reconhecer quem Jesus foi não apenas em sua época, a despeito da falha de seus contemporâneos em reconhecê-lo, mas também quem ele é e será para nós. "Veio para o que era seu", escreveu um de seus primeiros e maiores seguidores, "e seu próprio povo não o aceitou" (João 1:11). Tal enigma continua.

De fato, talvez o mesmo aconteça em nossa época. Talvez mesmo "seu próprio povo" — desta vez não o povo judeu do século I, mas o suposto cristão do mundo ocidental — não esteja pronto para reconhecer Jesus. Queremos um líder "religioso", não um rei! Queremos alguém que salva nossa alma, não alguém para governar o mundo! Ou, se queremos um rei, desejamos alguém que cuide do nosso mundo, alguém que implemente políticas que já aceitamos, assim como os contemporâneos de Jesus. Se, contudo, o cristão não pensa corretamente a respeito de Jesus, quais as chances de outros se preocuparem com ele?

Este livro foi escrito na certeza de que a questão de Jesus — quem ele foi, o que fez, o significado e relevância de sua obra — continua a ser de extrema importância para todas as áreas da vida, não só pessoal, como também política; não apenas em "religião" ou "espiritualidade", mas também em esferas de empreendimento humano como visão de mundo, cultura, justiça, beleza, ecologia, amizade, erudição e sexo. Talvez você se sinta aliviado, ou desapontado, em saber que não teremos espaço para abordar todos esses assuntos. O que procuraremos fazer é olhar, simples e objetivamente, para o próprio Jesus, na esperança de que um novo vislumbre nos permita obter uma nova perspectiva de tudo mais. Haverá tempo suficiente para explorar outras coisas, em outros lugares.

ENTRANDO NOS EVANGELHOS

O fato de Jesus de Nazaré ter sido uma figura histórica deve ser o nosso ponto de partida. Jesus nasceu por volta de 4 a.C. (pessoas que inventaram nosso sistema atual de datação quase acertaram; quase...) e cresceu na cidade de Nazaré, no norte da Palestina. Sua mãe tinha ligação com famílias sacerdotais, e João, primo de Jesus, trabalharia, no curso natural dos acontecimentos, como sacerdote. O marido de Maria, José, descendia da família real, a família do rei Davi, da tribo de Judá, ainda que, por esse tempo, não existia qualquer *status* social particular atrelado a tal participação familiar. Sabemos muito pouco sobre o início da vida de Jesus: um dos evangelhos conta a história de como, quando ainda menino precoce de doze anos, já era capaz de fazer perguntas-chave e debater com adultos. Sua vida adulta indica que, semelhantemente a muitos meninos judeus de sua época, Jesus fora ensinado desde cedo a ler as escrituras antigas de Israel, de modo que, tendo atingido a maioridade, ele as conhecia intimamente e chegara às próprias conclusões sobre o seu significado. A forte probabilidade é que ele trabalhou com José na profissão da família, atrelada à área de construção.

Até onde sabemos, Jesus nunca viajou para fora do Oriente Médio. Semelhantemente, nunca se casou; a despeito de especulações ocasionais de literatura fantasiosa, não há qualquer traço histórico sequer de um relacionamento conjugal, muito menos de um filho. (Parentes consanguíneos de Jesus eram bem conhecidos na igreja primitiva; se ele tivesse constituído família, certamente teríamos ouvido falar a respeito, o que não aconteceu). De completa obscuridade, Jesus repentinamente saltou para a atenção pública ao final de 20 d.C., quando então tinha por volta de 30 anos. Praticamente tudo que sabemos a seu respeito como figura histórica está amontoado em um curto espaço de tempo; não é fácil dizer se durou um, dois ou três anos, porém, certamente seu ministério não durou mais do que isso. Cumprido seu curto ministério, Jesus foi pego pelas autoridades de Jerusalém e, depois de algum tipo de julgamento ou julgamentos, foi executado sob a suposta acusação de ser um líder rebelde, um "rei dos judeus". Como no caso de muitos milhares de judeus da época, Jesus morreu por crucificação, método horrível de execução designado a torturar a vítima o quanto possível. Sua morte ocorreu na época da Páscoa, provavelmente em 30 ou 33 d.C.

Estamos, portanto, numa posição complexa quando tentamos encaixar Jesus em seu devido contexto histórico. Temos muita informação sobre o curto período final de sua vida, mas quase nenhuma sobre o período inicial. Até onde sabemos, o próprio Jesus nada deixou escrito. Fontes que temos de sua carreira pública, os quatro evangelhos do Novo Testamento, são densos, complexos e multifacetados. São, por assim dizer, verdadeiras obras de arte. Contudo, torna-se impossível explicar a existência desses documentos, quanto mais seu conteúdo detalhado, a não ser que o próprio Jesus tenha sido uma figura de história real e sólida, bem como o tipo de pessoa que retratam. Do contrário — isto é, se pessoas astutas o inventaram inadvertidamente para validar seu próprio movimento inovador, conforme alguns ridiculamente sugeriram — não há qualquer razão para nos preocuparmos com Jesus. Se, porém, ele foi um personagem histórico, podemos tentar descobrir o que fez e o que isso significou em sua própria época. Não precisamos entrar por trás no palco dos evangelhos, mas *dentro* deles, a fim de descobrirmos o Jesus que retratam desde o início e a quem fizemos o favor de remover da cena. Isso ocupará a maior parte deste livro.

Entretanto, cristãos também sempre acreditaram que Jesus está vivo e presente e que exercerá um papel crucial no futuro a que estamos rumando. Ele é o mesmo, declarou outro sábio escritor cristão, "ontem, hoje e eternamente" (Hebreus 13:8). Em grande medida, este livro diz respeito ao "ontem", principalmente por representar a parte da qual muitos, hoje, simplesmente não conhecem. Ao final do livro, porém, lidarei um pouco com a parte do "amanhã" (qual será o papel de Jesus no futuro designado por Deus?) e sugerir maneiras nas quais essa combinação de "ontem" e "amanhã" podem nos condicionar a pensamentos e comportamentos diferentes em relação ao Jesus de "hoje".

CAPÍTULO 2

†

TRÊS ENIGMAS

JESUS DE NAZARÉ, então, destaca-se em meio à história. Dezenas de milhares o chamam de "Senhor" e fazem o melhor de si para segui-lo. Incontáveis outros, incluindo alguns que tentam ignorá-lo, descobrem que ele está por toda parte — na linha de uma canção, na imagem de um filme, em uma cruz no horizonte distante. A maior parte do mundo adotou um sistema de datação baseado, supostamente, em seu nascimento (incorreta em alguns anos, mas próxima o suficiente). Jesus é inevitável.

Mas Jesus também é profundamente misterioso. Nem tanto porque, como qualquer outra figura da história antiga, não sabemos a seu respeito o quanto gostaríamos. (Na verdade, sabemos mais a seu respeito do que sobre de outras pessoas do mundo antigo; no entanto, mesmo alguns que escreveram a seu respeito na época admitiram que estavam apenas arranhando a superfície). Jesus é misterioso porque o que *realmente* sabemos — o que nossa evidência nos encoraja a ver como essência do que ele foi e fez — é tão diferente do que conhecemos a respeito de qualquer outro que somos forçados a perguntar, como alguns evidentemente perguntaram na época de Jesus: quem, afinal, é este? Quem ele pensa que é, e quem é de fato? Mais uma vez, aqueles que o escutaram fizeram afirmações como: "Nunca ouvimos alguém falar como ele", e não se referiam apenas ao seu tom de voz ou à sua habilidosa oratória pública. Jesus deixava pessoas perplexas em sua época e continua a fazê-lo hoje.

Há três razões para isso. O primeiro motivo pelo qual ficamos perplexos é que, para a maioria de nós, o mundo de Jesus é um país estranho, distante. Não me refiro apenas à região do Oriente Médio, grande foco de problemas internacionais, tanto na antiguidade quanto atualmente. Quero dizer que contemporâneos e conterrâneos de Jesus pensavam de maneira diferente, olhavam o mundo de maneira diferente, contavam-nos histórias diferentes para explicar quem eram e como agiam. Não temos o hábito de pensar, ver e contar histórias da forma como eles faziam. Temos de penetrar nesse mundo se o significado do que Jesus fez à sua época continuará a fazer algum sentido para nós, atualmente.

Um exemplo pode servir de ajuda. No mundo ocidental de hoje, muitos jovens em início da fase adulta pedem auxílio financeiro aos pais para darem início à vida independente. Se pais prósperos recusam tal pedido, limitamo-nos a pensar apenas que estão sendo mesquinhos. Mas quando Jesus contou uma história sobre um filho mais jovem que pediu pela herança enquanto seu pai continuava vivo, seus ouvintes teriam ficado chocados. Teriam visto a ação do filho como que lançando uma maldição sobre o pai, dizendo, na prática: "Queria que você estivesse morto". Isso dá à história um sabor totalmente diferente. Não podemos pressupor que as coisas funcionavam naquela época da mesma forma que hoje.

Se, porém, a primeira razão para o enigma é que o *mundo* de Jesus nos é estranho, a segunda é que o *Deus* de Jesus nos é estranho — ideia que, por si só, soa incomum. Deus não é simplesmente Deus? Não se trata apenas de crermos nele? Não. A palavra "Deus", bem como suas diversas variantes em outras línguas, antigas e modernas, pode *significar* "espírito infinito e eterno" ou "objeto de um culto, ou de um desejo ardente que tem primazia sobre todos os outros desejos ou afetos". Essas são, na verdade, duas definições básicas oferecidas pelo *Dicionário Michaelis da Língua Portuguesa*. Contudo, um breve estudo das grandes religiões mundiais, incluindo aquelas dos antigos egípcios, gregos, romanos, indianos e chineses — ou então uma olhada rápida nos diferentes movimentos religiosos no mundo antigo nos últimos séculos — demonstrará que há muitos pontos de vista diferentes sobre aquilo com o qual "espírito infinito e eterno" se assemelha. Não é o suficiente perguntar se alguém crê em "Deus". A pergunta-chave é: de que Deus estamos falando? Parte da razão pela qual Jesus deixava pessoas de sua época perplexas era que ele falava sobre "Deus" a maior parte do tempo, mas o que ele dizia nem sempre fazia sentido em relação ao "Deus" acerca do qual seus ouvintes andavam pensando.

Precisamos, então, entrar no mundo de Jesus. E, à medida que o fazemos, devemos tentar vislumbrar o que ele queria dizer ao falar sobre Deus. Esses são dois dos enigmas-chave. Todavia, uma vez que lidamos com eles, começamos a descobrir algo que boa parte do nosso mundo, incluindo a maior parte da igreja de hoje, ignorou ou esqueceu completamente. Trata-se do enigma escondido por trás desses dois. No decorrer de sua curta carreira pública, Jesus falou e agiu *como se estivesse no comando*.

Pessoas pensavam que Jesus não tinha o direito de fazer o que fazia; ele, por sua vez, explicava-lhes suas ações ao dizer que tinha o direito de fazê-las. Afinal, Jesus não era apenas um mestre, embora obviamente o fosse; na verdade, um dos maiores mestres que o mundo conheceu. Jesus se comportava como se tivesse o direito, até mesmo o dever, de assumir o comando, resolver problemas, fazer de sua nação e talvez até do restante do mundo um lugar diferente. Comportava-se de modo suspeito, como alguém cuja tentativa era de começar um partido político ou um movimento revolucionário. Reuniu um grupo pequeno e simbólico de ajudadores (em seu mundo, o número doze significava apenas uma coisa: o novo Israel, novo povo de Deus). E não demorou muito para que seus seguidores mais próximos lhe dissessem que ele de fato *estava* no comando, ou ao menos deveria estar. Se procurarmos por um paralelo no mundo de hoje, não o encontraremos nem tanto no surgimento de um novo mestre ou líder "religioso", como no emergir de um político carismático e dinâmico cujos amigos o encorajam a concorrer para presidente — e que transparecem claramente os requisitos necessários para resolver todos os problemas ao alcançar o cargo.

Você pode ter pensado, algo que certamente passou pela mente das pessoas da época, que a morte de Jesus frustrou toda e qualquer esperança, de uma vez por todas. Mas não muito depois de sua morte, seus ajudadores começaram a reivindicar que, daí por diante, ele *estava* realmente no comando, passando a agir em consonância com essa afirmação. Não se trata de "religião" no sentido que, pelos últimos duzentos anos, o mundo ocidental imaginou. Antes, a obra de Jesus abarca tudo: vida, arte, universo, justiça, morte, dinheiro; engloba política, filosofia, cultura e ser humano. Trata-se de um Deus tão maior do que o "Deus" da "religião" moderna comum que é difícil enquadrar os dois na mesma categoria. O aspecto mais impressionante e realmente enigmático sobre Jesus, tanto em sua época quanto agora, é que ele parece não apenas falar sobre esse Deus muito maior, mas também inaugurar esse novo projeto transformador, planejado, há muito, por esse Deus. Seus seguidores realmente acreditavam que isso havia acontecido.

Falar sobre um novo rei no comando era uma conversa perigosa nos dias de Jesus, assim como continua a ser em nosso tempo. Alguém que se comporta como se possuísse algum tipo de autoridade é uma ameaça óbvia aos governantes estabelecidos e outros mediadores do poder. Talvez esse seja o motivo pelo qual, particularmente nos últimos trezentos anos, esse lado de Jesus não tenha sido muito explorado. Nossa cultura se acostumou a pensar em Jesus como figura "religiosa" em vez de "política". Vimos essas duas categorias como compartimentos estanques, mantidos de modo estritamente separado. No entanto, não era assim para Jesus e para outros de seu tempo. O que aconteceria se assumíssemos o risco de retornar ao mundo de Jesus, à sua visão de Deus, e agíssemos como se isso tudo fosse verdade? Em outras palavras, como a vida se assemelharia se Jesus não apenas estivesse no comando naquela época, mas também hoje?

Talvez você pense que isso não passa de uma ideia ridícula. Está mais do que óbvio que Jesus não governa o mundo. Homicídio, miséria e caos persistem, como sempre. Mesmo supostos seguidores de Jesus contribuem com sua dose de injustiças. (Enquanto escrevo este livro, uma multidão "cristã" está se comprometendo à vingança contra aderentes de outra religião, responsáveis pela explosão de uma igreja cheia de gente). Qual seria o significado de dizer: "Jesus está no controle?"

Retornaremos a essa pergunta, posteriormente. Antes, porém, de sequer continuarmos, temos de nos deparar com um problema peculiar ao nosso tempo. Por trás dos três enigmas históricos (o mundo de Jesus, o Deus de Jesus e o comportamento de Jesus, agindo como se estivesse no comando) encontram-se dificuldades adicionais que, como elementos de uma tempestade perfeita, juntaram-se para representar severos desafios para qualquer um que tenta abordar questões sobre Jesus, quanto mais de forma simples.

CAPÍTULO 3

TEMPESTADE PERFEITA

ERA FIM DE OUTUBRO DE 1991. A tripulação da embarcação de pesca *Andrea Gail*, de Gloucester, Massachusetts, conduzira o barco por 800 quilômetros pelo Atlântico. Movendo-se ao longo da fronteira com o Canadá, uma frente fria gerava fortes distúrbios pela Nova Inglaterra, enquanto, ao mesmo tempo, um grande sistema de alta pressão se formava sobre as províncias marítimas do sudeste canadense. Isso intensificou o centro de baixa pressão, produzindo o que habitantes locais chamariam de "tempestade do Halloween". Segundo o meteorologista Robert Case: "Estas circunstâncias por si só teriam criado uma forte tempestade, mas então, como a lançar gasolina sobre o fogo, um furacão já prestes a se desfazer, denominado Grace, adicionou energia tropical imensurável e criou uma tempestade perfeita".[1] Surgindo do Atlântico, o furacão completou o

---

[1]*National Oceanographic and Atmospheric Administration News,* 16 de junho de 2000.

quadro. Vindas do Oeste, do Norte e do Sudoeste, forças da natureza convergiram para o indefeso *Andrea Gail*. Ventos ferozes e grandes ondas reduziram o barco a migalhas. Apenas pequenos fragmentos foram encontrados. Claro que o *Andrea Gail* não foi o único a experimentar uma "tempestade perfeita", porém a história ficou famosa pelo filme *Mar em Fúria* e pelo livro que o inspirou, *The Perfect Storm* [A tempestade perfeita].

Aqueles que entre nós estudam e escrevem sobre Jesus nos encontramos à mercê de nossa própria tempestade perfeita. A simples menção de Jesus levanta todo tipo de ciclones nos dias de hoje. Ouça a corrente ocidental formando-se: "Como podemos saber que essas coisas realmente aconteceram? Esse não é o tipo de lenda que pessoas sempre contam sobre personagens impressionantes? Não têm a ciência e a história modernas demonstrado que não podemos crer nesse tipo de conto? E não foram os livros sobre Jesus escritos muito tempo depois, por pessoas que desejavam torná-lo alguém extraespecial, a fim de promoverem sua própria crença religiosa ou mesmo para conquistar algum tipo de poder para si mesmas? Não é hora de darmos um fim a essas superstições antigas, de uma vez por todas?"

Mas enquanto a tempestade surge do ocidente, observe enquanto os céus se escurecem ao norte, à medida que outras vozes clamam por nossa atenção: "É claro que Jesus fez tudo o que está registrado! A Bíblia é a palavra de Deus, e temos de crer nela! De qualquer maneira, ele era o Filho de Deus, de modo que podia fazer qualquer coisa. Milagres eram sua especialidade. Devemos nos posicionar frente à verdade do evangelho contra as armas do ceticismo moderno. Não podemos deixar ateus e opositores falarem o que bem entendem. É hora de inverter o clima de suspeita e, mais uma vez, aprender a confiar — confiar no cânon da escritura, nas grandes tradições da igreja, no Deus de milagres, no próprio Jesus. Não precisamos ir mais adiante: só de levantar questionamentos históricos, demonstramos que nos vendemos para os racionalistas".

Não é confortável expor-se em mar aberto quando esses dois vendavais atacam de direções diferentes. Acredite: é onde tenho vivido nos últimos quarenta anos. Ventos sopram ao nosso redor de modo que mal podemos nos escutar; e suspeitamos também que nenhum dos lados pode ouvir. A situação virou um diálogo entre surdos.

Se o vento ocidental representa o ceticismo racionalista dos últimos duzentos anos e o sistema de alta pressão do norte simboliza a reação cristã "conservadora" frente à negação escarnecedora modernista, o que representa o furacão tropical? Em breve, iremos abordá-lo. Por enquanto, examinemos esses dois sistemas tempestuosos um pouco mais de perto.

DISTORÇÕES DO CETICISMO E DO CONSERVADORISMO

Os dois ventos violentos do ceticismo e do conservadorismo ganharam energia extra a partir de grandes tempestades sociais, políticas e culturais que sopraram violentamente pelo mundo ocidental nos últimos duzentos anos e parecem chegar, neste exato momento, a um ponto culminante. Se você é norte-americano, presumirá que muitos, cuja postura é "cética", votam em candidatos democratas, enquanto muitos, entre a posição "de fé", votam em republicanos. Eu poderia apresentá-lo a diversas pessoas que não correspondem a essas tendências, mas a figura é preocupantemente exata. Seria o caso de nosso julgamento sobre o melhor candidato e as melhores polícias para a nação e o mundo se resumirem a questões de fé e de um conjunto de histórias estranhas do século I?

Por mais improvável que pareça, penso que é exatamente o que tem acontecido. Em um mundo complicado, confuso e perigoso, qualquer coisa servirá de parapeito àqueles que tateiam no escuro. Simplificamos demais problemas complexos. Com um suspiro de alívio, empacotamos questões sociais e políticas completamente diferentes em duas embalagens separadas — enfim, sabemos quem somos, qual a nossa posição! — e nos declaramos a favor de *uma* em detrimento da *outra*. Então, dificultamos a vida de qualquer um que deseja se posicionar de forma mais solta, enxergar as coisas de modo diferente.

Como sempre, Jesus é pego no meio — juntamente com boa parte de seus seguidores. Nos Estados Unidos, muitos dos cidadãos de hoje cresceram em lares cristãos estritos e participaram, de uma forma ou de outra, de alguma igreja. O pacote estava completo. Jesus, a Bíblia (se você é protestante), a missa (se você é católico), família, moralidade rígida, arrebatamento (para alguns protestantes), purgatório (para alguns católicos) e, em última análise, uma escolha clara entre céu e inferno.

Tudo isso descreve o mundo a respeito do qual muitos têm uma vívida lembrança. E muitos que ainda o relembram se estremecem ao fazê-lo. Esse é o mundo pequeno e estreito de onde (que alívio!) o ceticismo saudável do mundo moderno as resgatou. Assim, para muitos norte-americanos e ocidentais de hoje, Jesus é parte desse pequeno mundo apertado, fechado e sufocante, do qual muitos felizmente escaparam. Se quiser saber o motivo pelo qual "novos ateus" como Richard Dawkins, Christopher Hitchens e Sam Harris vendem tantos livros, a resposta é que estão oferecendo a versão modernista do que, na boa e velha teologia, chamaríamos de "segurança". Tudo o que estão fazendo é assegurar ex-cristãos ansiosos de que o pesadelo da "religião" insignificante e debilitante se foi para sempre.

Em meu próprio país, as coisas são um pouco diferentes. Atualmente, poucas pessoas tiveram, no Reino Unido, esse tipo de criação estrita. Mas o ceticismo ainda floresce. Esses mesmos livros ateus que denunciam a igreja, o cristianismo e a religião em geral vendem aos montes. Duas gerações depois de a maioria dos britânicos parar de enviar os filhos para a escola dominical, parece que ainda querem golpear a religião que já não têm. Será que suspeitam que Deus ou alguém ainda está lá fora e parece perigoso? De qualquer maneira, tais rumores devem ser sufocados. O público em geral o deseja. Temos o nosso sonho de liberdade, de sermos adultos crescidos, e não queremos nos prostrar perante ninguém, especialmente diante desse Deus antiquado e exigente ou deste personagem estranho, Jesus!

Na verdade, céticos, cujo consolo sombrio está no aparente declínio de muitas igrejas de destaque, normalmente não ressaltam o próprio Jesus. Sua mira é direcionada a um alvo mais fácil de acertar (clero malcomportado, para começar). Se, porém, mencionam Jesus, tendem a dispensá-lo com um aceno: Jesus não passa de um fanático do século I, a quem seguidores extremistas transformaram em um deus. Ou então procuram dispensá-lo com um leve elogio: Jesus foi apenas um moralista educado do século I, um dos grandes mestres que surgiram no decorrer dos séculos. Essa é a dinâmica interna da mente ocidental, o barulho do vento causado pelo ceticismo contemporâneo.

Enquanto isso, porém, milhões ao redor do mundo e dezenas de milhares na Grã-Bretanha e nos Estados Unidos narram uma história diferente, reivindicando terem descoberto Jesus como presença viva, desafiadora e restauradora. Abundam histórias de transformação de vida, cura física e emocional. Surgiram novas igrejas, cheias de pessoas empolgadas e ativas, geralmente jovens. Viciados são curados. Famílias disfuncionais são reunificadas. Auxílio verdadeiro é dado ao enfermo, ao pobre, ao prisioneiro. Escolas contornam dificuldades e se desenvolvem. Nova energia é encontrada para projetos sociais e culturais. Para tais pessoas, a coisa toda é real o bastante. É difícil argumentar contra uma vida drasticamente transformada ou com o fato de alguém estar vivo quando médicos o haviam dado por morto. Eis o porquê de tanta energia por trás do sistema de alta pressão vindo do Norte, a força poderosa da fé cristã revitalizada, mas geralmente "conservadora".

Muitos céticos simplesmente ignoram tais fenômenos cristãos atuais. Muitos entre esses novos e dinâmicos seguidores de Jesus, simplesmente retribuem o cumprimento. Para ambos os lados, esse comportamento é prejudicial. Precisamos repensar nossa atitude. O próprio Jesus era receptivo a qualquer um que se aproximava. Ordenou seguidores a amarem a Deus com todo o ser, incluindo a mente. Não temos nada a perder com uma investigação adequada.

Há muito, receio que o "Jesus" que é pego no fogo cruzado das guerras culturais tem sido consideravelmente menor do que aquele que realmente encontramos nas páginas dos primeiros escritos cristãos, bem como na história real do século I. Afinal, assim como é possível que céticos estejam errados, também é possível, conforme demonstrado com abundância pela história cristã, que seguidores devotos de Jesus estejam errados. É de suma importância que retornemos o olhar ao próprio Jesus.

DOIS MITOS SOBRE JESUS

Existem, então, dois mitos que pairam em nossa cabeça, nas igrejas, nos estúdios de TV e nos editoriais de revistas. Vamos denunciá-los e, até certo ponto, envergonhá-los para que possamos estar claros sobre a atual confusão, antes de nos voltarmos para o mundo igualmente confuso do século I. Dessa vez, inverteremos a ordem. Primeiro, iniciaremos pelo sistema de alta pressão do conservadorismo cristão.

Aqui, encontramos o mito cristão ocidental clássico sobre Jesus, que ainda é crido por milhões ao redor do mundo. Nesse mito, um ser sobrenatural chamado "Deus" tem um "filho" sobrenatural que ele envia, nascido de uma virgem, para o nosso mundo, a despeito do fato de não ser seu habitat natural, a fim de resgatar pessoas deste mundo ao morrer em seu lugar. Como sinal dessa identidade divina secreta, este "filho" faz todo o tipo de "milagres" extraordinários e de outra forma impossíveis, coroando todos eles ao ressuscitar dos mortos e retornar para o "céu", onde aguarda para receber seguidores fiéis após a morte.

Na versão católica desse mito ocidental clássico, Jesus chama seu amigo chegado, Pedro, para fundar a igreja; qualquer que deseja estar com Jesus, aqui ou no além, deve se juntar ao movimento de Pedro. Na versão protestante, Jesus comissiona seguidores a escreverem o Novo Testamento, o qual revela a verdade absoluta a respeito de Jesus e, mais uma vez, como ir para o céu.

(Já consigo escutar o levantar do vento: "Como assim é um 'mito'? Você não crê em tudo isso? Por acaso faz parte deste grupo perigoso de liberais? Você não é um bispo?" Sim, sim. Entendo sua preocupação. Por favor, aguarde. Paciência é uma virtude cristã).

O segundo mito, prevalecente no "vento ocidental" cético da nossa tempestade perfeita, é o novo mito modernista clássico, amplamente crido na sociedade secular e em diversas grandes igrejas. Nesse novo mito de origens cristãs, Jesus não passou de um homem comum, um judeu do século I, concebido e nascido de forma comum. Foi um pregador e mestre extraordinário, mas provavelmente não fez todos os "milagres" registrados. Alguns pareciam sentir-se melhor após encontrá-lo, mas não mais do que isso. Certamente, ele não pensava que morreria pelos pecados do mundo: apenas tentava ensinar pessoas a viverem de modo diferente, amarem umas às outras, serem bondosas com mulheres idosas, com crianças e (para usar uma categoria pós-moderna atual) com os "marginalizados". Jesus falava sobre Deus, não de si mesmo. A ideia de ser "filho sobrenatural de Deus" nunca lhe ocorreu; na verdade, ele teria ficado horrorizado em ouvir uma coisa assim, quanto mais em ter uma "igreja" fundada em sua memória.

Evidentemente, Jesus não ressuscitou dos mortos. Sim, seus seguidores, sentindo que sua obra continuaria, usaram linguajar descuidado, parecendo sugerir que a ressurreição aconteceu; é óbvio, porém, que não. Em seguida, esses seguidores começaram a contar histórias a respeito de Jesus que acabaram por virar lendas, as quais, então, originaram novas interpretações. Os "Evangelhos" que agora temos na Bíblia são produto desse processo flutuante, inventivo e possivelmente egoísta. Revelam-nos muito sobre os novos propósitos e planos dos primeiros "cristãos" e de como se estabeleceram, adaptando a mensagem original de Jesus a circunstâncias diferentes. Mas, se quisermos descobrir a verdade sobre Jesus, teremos de refazer nosso caminho e dispersar o nevoeiro da adoração heroica e, acima de tudo, rever o processo pelo qual Jesus foi "divinizado". Talvez tenhamos até de evocar alguns dos "outros evangelhos", aqueles cujo cristianismo "ortodoxo" e desmancha-prazeres deixou de fora do seu "cânon".

(Neste ponto, ouço outro vento estremecendo as janelas: "E você não acredita nisso? Não percebe que os evangelhos estão cheios de invenções e interpretações posteriores? Acaso, pertence a um desses grupos fundamentalistas fanáticos, cuja crença é que tudo aconteceu exatamente da forma registrada nos evangelhos? Em que caverna você tem vivido pelos últimos duzentos anos?" Certo, certo. Também entendo sua preocupação. Se você representa o mundo da doce sensatez, então acalme-se e processe o argumento: um passo de cada vez).

Ao declarar que ambas as histórias são "mito", quero dizer o seguinte: "mito", estritamente falando, é um relato cuja veracidade objetiva ser, em certo sentido, "histórica" e que encapsula e reforça crenças veementemente defendidas pela comunidade que o narra. Normalmente, "mitos" sérios são expressos não apenas em forma de narrativa, mas também de símbolo e ação. Boa parte da vida eclesiástica ocidental "conservadora" encena o primeiro mito; boa parte do cristianismo "liberal" e, por outro lado, do mundo secular mais amplo, encena o segundo. Ambas as histórias são muito, muito poderosas; modelaram a vida de milhões de pessoas, e continuam a fazê-lo. Ambas, porém, nesse sentido, não passam de mito. Nenhuma delas resiste ao escrutínio histórico completo, rigoroso e imparcial — nem, aliás, ao escrutínio teológico.

O problema subjacente a ambos os mitos é que colocam a pergunta no lugar errado. A primeira pergunta é: "O relato dos evangelhos aconteceu ou não?" — é o questionamento claro e franco de um ocidental típico do século XVIII. Sem adornos, sem metáforas, sem interpretações; apenas "fatos". Aconteceu ou não? A brigada "conservadora" ou "ortodoxa", com o pé atrás (expressão usada no críquete para o que acontece quando o lançador arremessa uma bola perigosa), ordena suas forças a dizer: "Sim, realmente aconteceu". E o assunto acaba por aqui. Os que pertencem à brigada "liberal" ou "cética" encolhem os ombros: "Não, não aconteceu. Ou pelo menos não a maioria do que está registrado". Mais uma vez, o assunto acaba por aqui. Fatos ou não fatos. Mas e quanto ao significado?

Uma segunda pergunta e correlata à primeira (fui questionado ontem por um jornalista a este respeito) é a seguinte: Jesus era ou não Filho de Deus? Para a maioria das pessoas, a frase "filho de Deus" traz consigo todo tipo de conotações sobre o primeiro mito, no qual um ser sobrenatural desce à terra para revelar uma verdade secreta, fazer "milagres" extraordinários para provar sua "divindade", morrer de forma redentora e retornar imediatamente ao céu, levando outros a chegarem lá. E se eu disser, conforme o farei, que não penso ser essa a forma correta de falarmos sobre Jesus, alguns questionarão: "Então você não crê que ele é o Filho de Deus?", condenando-me como liberal irremediável. Enquanto se eu disser, conforme farei, que *realmente creio* que Jesus é o "filho de Deus", ainda que no contexto de uma história muito diferente, outros me condenarão como conservador irremediável.

O PROBLEMA DA COMPLEXIDADE HISTÓRICA

Agora, por fim, estamos prontos para confrontar o terceiro elemento na tempestade perfeita com a qual nos deparamos ao falar sobre Jesus. Em algum lugar do Atlântico, um furacão se apressa para a costa, em nossa direção. De qualquer maneira ele já estava a caminho, mas, ao se deparar com esses dois ventos, devemos esperar uma tempestade à qual as pessoas chamam hoje, talvez de modo um tanto confuso, de proporções "apocalípticas".

O terceiro elemento é a pura complexidade histórica relacionada a falar sobre Jesus. O mundo do judaísmo palestino do século I, o mundo de Jesus, era complexo e denso por si só. Qualquer um que tem tentado entender os problemas do Oriente Médio atual pode estar seguro de que a vida era tão complicada no século I quanto agora. Temos milhares de fontes em que nos basear para construir uma imagem dos problemas de hoje, de reportagens de jornal a comentários de Facebook e Twitter. Contudo, o historiador do século I — e se queremos falar sobre o próprio Jesus em vez de especular fantasiosamente a seu respeito, estamos fadados a nos tornar, até certo ponto, historiadores do século I — depara-se com um estranho desafio.

John F. Kennedy, por exemplo, talvez seja um dos americanos mais destacados de meados do século XX. Obviamente, sua presidência foi encurtada por sua morte súbita e violenta, a qual teve, e talvez ainda tenha, significado icônico para muitos americanos e outras pessoas ao redor do mundo. Ainda nos lembramos de onde estávamos ao ouvir a notícia.

Suponhamos, então, que tivéssemos quatro livros contendo relatos detalhados do que Kennedy fez e disse durante sua presidência de três anos, com apenas um vislumbre dos acontecimentos que o precederam. Suponhamos que estivesse claro que esses relatos foram elaborados por pessoas que criam que as palavras e o trabalho de Kennedy tinham importância duradoura para o seu próprio tempo. Contudo, suponhamos também que, em vez da multidão esmagadora de fontes sobre as décadas que precederam sua presidência, tivéssemos apenas um livro histórico, escrito nos primeiros anos do século XXI (ou seja, quarenta anos depois de sua morte) e mais um punhado de outros materiais — algumas cartas, documentos, moedas, artefatos de *souvenir* — para nos ajudar a reconstruir o mundo no qual as palavras e ações de Kennedy faziam sentido de acordo com os padrões da época, particularmente para termos uma ideia do porquê de alguns pensarem nele como herói e outros, que tinha de ser morto. Já podemos imaginar todo tipo de teorias: reconstruções da mentalidade da Guerra Fria, tensões sociais e culturais dos Estados Unidos na década de 1960, o estado dos principais partidos políticos da época, ambições dinásticas do pai de Kennedy etc. Haveria espaço suficiente para interpretação.

Esse é mais ou menos nosso desafio com a evidência histórica para Jesus. Temos os quatro "evangelhos", escritos posteriormente por pessoas que acreditavam veementemente que aquilo que Jesus fez e disse, associado à sua morte e às grandes coisas que aconteceram em seguida, eram de importância contínua.

Os evangelhos são sobremodo detalhados; um dos problemas com a escrita deste livro tem sido decidir o que deixar de fora. Está claro que os evangelistas escreveram a partir de pontos de vista (pró-Jesus) particulares. Entretanto, diferentemente de historiadores de hoje ao estudarem John F. Kennedy em seu contexto específico, temos apenas um livro de histórias, escrito quarenta ou cinquenta anos depois (por Josefo, aristocrata judeu que passou para o lado romano da guerra, em 66-70 d.C.) e um ou outro material esparso e fragmentado: documentos, moedas, cartas etc. A partir dessas fontes muito díspares, temos de reconstruir o contexto no qual palavras e ações de Jesus fizeram o devido sentido — tanto sentido, na verdade, que enquanto alguns pensavam ser ele o Messias de Deus, para outros Jesus deveria ser morto o mais rápido possível. Se não nos esforçarmos para fazer essa reconstrução, presumiremos, sem sombra de dúvida, que as palavras e ações de Jesus fazem o devido sentido em algum contexto diferente — como o nosso, por exemplo. Isso tem acontecido vez após vez. Creio que esse tipo de anacronismo flexível é quase tão corrosivo à fé cristã genuína quanto o próprio ceticismo.

Esta tempestade tropical — o desafio de escrever história sobre Jesus — seria ameaçador o suficiente, mesmo sem quaisquer pressões do vento ocidental (ceticismo moderno) e do sistema de alta pressão do norte (suposto conservadorismo "cristão"). Ou, se preferir, vozes irritadas da esquerda, vozes irritadas da direita e um grande enigma histórico soprando contra nós em plena força. Se, tentando tornar as coisas simples, falharmos em reconhecer essa complexidade multifacetada, apenas repetiremos o erro antigo de reconstruir Jesus à nossa imagem, ou pelo menos de reposicioná-lo, implicitamente, em nossa cultura. Parte central de toda mensagem cristã é que aquilo que aconteceu no passado, o que aconteceu a Jesus e *por seu intermédio*, foi um episódio histórico único, exclusivo, irrepetível.

Eis o porquê da tempestade perfeita dos debates de hoje. Enquanto escrevo, tenho em minha mesa dois livros que acabaram de ser publicados a respeito de Jesus, um escrito pelo papa e outro, por um cético inglês conhecido. Ambos são eruditos, sofisticados, envolventes. Mas ambos não podem ser verdadeiros. Atrás de mim estão vinte prateleiras de livros sobre Jesus e sobre os evangelhos, escritos nos últimos duzentos anos. Também eles não podem ser todos verdadeiros. O que devemos fazer, então?

Deparando-se com essa formação tempestuosa gigantesca, alguns sinceramente nos aconselham a permanecer no porto. Por enquanto, é muito perigoso lá fora; contemos a história da forma como a aprendemos; confiemos nas grandes tradições da igreja; sejamos fiéis à nossa escritura. Tal posicionamento representa, claro, uma versão sofisticada do sistema de alta pressão do norte: proteja-se do vento ocidental, finja que o furacão não está acontecendo; apenas deixe a ventania do norte soprar por onde desejar. Fazer qualquer outra coisa, essas vozes nos asseguram, é ceder às forças do ceticismo e do cinismo, conspirar com noções reducionistas e pós-iluministas de "história".

Não. O vento ocidental do ceticismo modernista e o furacão oriental do enigma histórico não são a mesma coisa. Havia historiadores antes do Iluminismo; pela graça de Deus, existirão historiadores depois do Pós-Modernismo. A história estuda o que realmente aconteceu (quando, onde e como) e particularmente *o motivo* pelo qual pessoas agiram de determinada forma. São questões legítimas. Devemos ser gratos a todo movimento pós-iluminista a que chamamos informalmente de "modernismo" por lembrar-nos de que questões históricas realmente importam, mesmo quando recusamos as mesmas restrições injustificadas, elaboradas pelo mesmo movimento, quanto ao tipo de respostas que o pós-modernista está preparado para aceitar.

Parte da dificuldade com a qual nos deparamos — um problema sério que tenho enfrentado ao escrever este livro — é que o mundo do século I, particularmente o mundo do judaísmo palestino, era complexo e (para nós) altamente confuso. Imagine, mais uma vez, tentar explicar os Estados Unidos do início da década de 1960 a um visitante de Marte, tendo como referência principal alguns livros pequenos e densos que recordam a presidência de Kennedy. Em qualquer contexto histórico particular, certas coisas faziam sentido, certas ideias e ações se complementavam de modo totalmente natural na época, mas isso nós só conseguiremos reconstruir com muita dificuldade. Às vezes, ao fazerem história do século I, pessoas usam essa dificuldade como modo de dizer que Jesus e seus seguidores não podiam ter pensado desta ou daquela maneira: se *nós* achamos determinada ideia difícil ou confusa, como alguém daquela época (pobre alma pré-iluminista!) poderia tê-la pensado?

Outras vezes, pessoas usam o argumento oposto. Hoje, ansiamos por respostas a determinadas perguntas (por exemplo: "Céu e inferno existem? Como posso ir para o céu e evitar o inferno?"); por isso, presumimos prontamente que pessoas na época de Jesus desejavam fazê-las também, com praticamente o mesmo sentido que as fazemos em nosso tempo. No entanto, se desejamos fazer história de verdade, devemos deixar que aqueles que viveram em outros tempos e lugares pensem de modo radicalmente diferente de nós — ainda que devamos ter, se desejamos fazer história, uma imaginação disciplinada, fazendo o possível para nos relacionarmos com essas pessoas bem diferentes de nós. É um desafio, porém um desafio que podemos vencer.

O que importa, estou convicto disso, é entendermos como a *visão de mundo* funciona. Quando você nasce e cresce em uma cultura que narra certas histórias, observa certos costumes e festivais, pratica certos hábitos domésticos particulares e canta certas canções — e quando todas essas coisas se entrelaçam para reforçar umas às outras — uma única frase ou ação pode bem carregar diversas camadas de significado. Imagine nosso marciano visitante aterrissando no meio de um jogo de beisebol ou de críquete. Aqueles entre nós que praticamos esses esportes apreciam suas sutilezas e nuances, partidas equilibradas, as implicações de como a bola é arremessada ou de quem será o próximo rebatedor. Sabemos o que significa quando pessoas, participando desses jogos, cantam determinadas canções. Quem está familiarizado compreende tudo em um piscar de olhos, mas levaria cerca de uma hora ou mais para explicá-lo, de modo detalhado, ao nosso convidado estrangeiro. Não quer dizer que o jogo não passa de uma abstração horrivelmente teórica. Significa apenas que, na maior parte do tempo, pessoas vivem em um contexto mais complexo de vida do que normalmente percebem.

É provável que essa complexidade aumente quando você vai para um lugar como a Jerusalém do século I durante a festa da Páscoa, com peregrinos cantando de novo os mesmos salmos e famílias preparando-se para contar umas às outras a história que já conhecem — aquela envolvendo Deus, Moisés, o faraó e o mar Vermelho, culminando, enfim, na esperança de liberdade — enquanto, de torres de vigia, soldados romanos observam atentos e enquanto uma procissão empolgada atravessa o monte das Oliveiras, liderada por um homem montado em um jumento, e começa a cantar sobre um reino cuja aparição se dará a qualquer minuto...

Assim, como podemos proceder com a tarefa de tentar entender o próprio Jesus? Há todo um livro a ser escrito sobre o tipo de evidências que temos sobre Jesus e como devemos usá-las de modo responsável. O que são os evangelhos? E quanto aqueles "outros evangelhos"? Que fontes esses livros empregavam? E como podemos avaliá-las historicamente? Que fontes não cristãs existem sobre Jesus? (Resposta: uma referência no historiador judaico Josefo, uma referência no historiador romano Tácito e uma possível alusão em um escritor romano mais indecente, Suetônio). Como as histórias de Jesus foram modeladas pelas necessidades dos primeiros seguidores à medida que se espalhavam pelo mundo afora? Quais eram os motivos e intenções dos próprios escritores? O que podemos saber sobre as comunidades nas quais viveram, oraram, refletiram e escreveram?

Todas essas perguntas foram alvo de intenso estudo nos últimos duzentos anos. Mas este livro não é o lugar para abordar todas elas. Escrevi a respeito delas em diversos outros lugares, e espero fazê-lo mais no futuro. Na verdade, porém, todo esse questionamento não é, por si só, "neutro". Não existe um lugar onde podemos obter um "ponto fixo" a partir do qual começaremos. A forma como você trata as fontes refletirá a maneira como já interpreta Jesus, assim como a forma como entende Jesus manifestará a maneira como entende as fontes. Não se trata de um círculo vicioso. O mesmo seria verdade no estudo de Napoleão, John F. Kennedy ou Margaret Thatcher. Significa apenas que temos de prosseguir com cautela ao redor do ciclo, tendo o cuidado de averiguar se estamos lidando de modo coerente com o assunto e com as fontes. Este livro representa uma parte da jornada ao redor de um dos elementos nesse ciclo.

De fato, suspeito cada vez mais que boa parte dos "métodos" desenvolvidos no contexto da erudição bíblica dos últimos duzentos anos resultem, eles mesmos, de uma visão de mundo cuja motivação pode não ter sido muito aberta para a descoberta do Jesus real. Na Europa e na América do Norte, a visão pós-iluminista esteve determinada o bastante a ver Jesus como mestre e líder religioso, oferecendo uma esperança ética e celestial, sem qualquer intenção de vê-lo como alguém cuja reivindicação era de estar no comando do mundo; alguns podem dizer que os "métodos" da suposta "crítica histórica" foram designados, acidentalmente ou não, a excluir por completo essa possibilidade. Isso não quer dizer que esses "métodos" — o estudo de fontes, das formas das primeiras histórias de Jesus e da motivação dos escritores dos evangelhos — não tenham nada a ensinar. Pelo contrário: temos muito a aprender com eles. Contudo, a certa altura, pode ser apropriado dar um passo para trás, tendo escutado tudo, e elaborar novas perspectivas sobre o que aconteceu. Creio que uma dessas ocasiões seja agora.

Desse modo, se abordaremos Jesus de maneira nova e faremos as perguntas certas, precisamos levar nossa mente e imaginação para o seu tempo e examinar outro tipo de "tempestade perfeita", aquela na qual o próprio Jesus caminhou. Que ventos ganharam força na época, soprando-lhe de diversas direções? O que, para Jesus, significou estar no olho do furacão? Ao entrar em Jerusalém naquele dia fatídico de primavera, como ele mesmo interpretou sua ação?

CAPÍTULO **4**

A FORMAÇÃO DE UMA TEMPESTADE DO SÉCULO I

UMA METÁFORA MUITO BOA merece ser empregada mais de uma vez — conforme Jesus mesmo parece ter descoberto, usando e reutilizando ideias e cenas em sua demonstração caleidoscópica de parábolas. Reexaminemos, então, a tempestade perfeita, mas agora no contexto do século I. Dessa vez, forças convergindo a um determinado ponto da costa de Massachusetts não representam pressões culturais características dos dias de hoje, mas pressões que aumentavam na época de Jesus. O lugar para onde convergiram foi Jerusalém.

Debochamos de mapas medievais que posicionavam Jerusalém no centro da terra, com tudo mais radiando a partir desse ponto. "Quão pitoresco", pensamos. Mas talvez exista uma verdade escondida nesses mapas, enterrada sob os escombros de sucessivos terremotos sociais, culturais, políticos e religiosos. Talvez eles contenham uma verdade. Talvez a razão de Jerusalém ter sido vista como centro do mundo era por ser o local onde toda pressão estava concentrada, onde as linhas de falha intersectavam, onde placas tectônicas se chocavam incessantemente umas com as outras, como ainda hoje, na verdade, chocam. Se desejamos entender Jesus de Nazaré, é para Jerusalém que devemos ir, palco da verdadeira tempestade perfeita. Foi em Jerusalém que todas as forças das trevas convergiram, em um dia de primavera, provavelmente durante o ano que demarcamos como 30 d.C. (ou, menos provável, 33 d.C.).

Como podemos contar a história de Jesus de maneira simples, quando tantas forças elementares se interligaram naquele ponto no espaço e no tempo? Tantas histórias e más recordações, tais como expectativas e aspirações elevadas, e uma confusa rede de fé e medo, de ódio e esperança. Tantos personagens memoráveis aglomerando-se no palco, captando nosso olhar e incendiando nossa imaginação: Maria Madalena, Pedro, Pôncio Pilatos, Judas... a lista continua. Em seguida, vislumbramos — ou tudo não passou da nossa imaginação? — o próprio Jesus, destacando-se em meio aos demais, sem, contudo, parecer indiferente. Quem era ele? Com o que se preocupava? O que tentava fazer? Por que, dois mil anos depois, devemos considerá-lo?

Essas eram, claro, questões que seus amigos mais chegados queriam abordar ao acordarem-no em meio a uma tempestade literal no mar da Galileia. Ainda hoje, trata-se de um lugar perigoso. Nos estacionamentos do lado ocidental do mar, há sinais advertindo que ventos fortes podem carregar ondas até os veículos ali estacionados. Entretanto, Jesus não estava intimidado. Segundo a história, ele se levantou e ordenou à tempestade que se aquietasse (Mateus 8:23-27; Marcos 4:35-41; Lucas 8:22-25). E a tempestade lhe obedeceu. Penso que seus amigos tenham narrado essa história não apenas por ser impressionante e dramática em si mesma, mas por terem visto nela características de uma história mais ampla, a qual lutavam para contar: a história de um homem no olho do furacão, o furacão da história e da cultura, da política e da piedade — um homem que parecia dormir em meio a tudo isso, mas que, então, levantou-se e ordenou a calmaria do vento e das ondas.

Retorne, então, à costa de Massachusetts, em outubro de 1991. O vento ocidental, a tempestade do norte, o furacão sudeste — todos convergem para um único ponto. Este não é o lugar ideal para estar nem o momento de navegar em mar aberto. Pense, agora, no Oriente Médio do século I. Havia um vendaval, uma tempestade, um furacão. E Jesus se encontrava no meio disso tudo.

TEMPESTADE ROMANA

Ventos soprando constantemente do extremo Oeste eram a nova realidade social, política e (principalmente) militar da época. A nova superpotência. O nome que estava nos lábios de todo mundo, a realidade na mente de todos: Roma.

De modo constante, Roma crescia em poder e domínio como força mundial pelos últimos duzentos ou trezentos anos. No entanto, até trinta anos antes do nascimento de Jesus de Nazaré, Roma havia sido uma república. Um sistema intrincado de pesos e contrapesos assegurava que ninguém podia deter poder absoluto, e aqueles que o tinham, não o mantinham por muito tempo. Muitos séculos antes, Roma fora dominada por tiranos, mas agora a cidade se orgulhava de ter dado um fim neles.

Com Júlio César, porém, tudo isso mudou. "César" era simplesmente seu nome de família, mas Júlio, a partir do seu reinado, fez dele um título real (palavras "Kaiser" e "Czar" são variações de "César"). Um grande herói militar nas fronteiras, César fez o inimaginável: trouxe seu exército de volta a Roma e estabeleceu seu próprio poder e prestígio. Ao que tudo indica, César parece até ter permitido às pessoas pensarem que ele era divino.

Tradicionalistas ficaram furiosos, de modo que o assassinaram. Contudo, a morte de César lançou Roma em uma longa e sangrenta guerra civil, da qual emergiu um vencedor: Otávio, filho adotivo de César. Ele optou pelo título de "Augusto", cujo significado é "majestoso" ou "digno de honra". O título, juntamente com "César", tornou-se também o nome ou título de seus sucessores. Otávio declarou que seu pai adotivo, Júlio, havia realmente se tornado divino; isso significava que ele, Augusto Otávio César, era, agora, oficialmente "filho de deus", "filho do divino Júlio". Se você perguntasse a qualquer um do Império Romano — da Alemanha ao Egito, da Espanha à Síria — quem o "filho de deus" poderia ser, a resposta óbvia e politicamente correta teria sido "Otávio".

Em um mundo onde religião popular era enfaticamente um braço do Estado, Augusto assumiu papel sacerdotal elevado, tornando-se *pontifex maximus* ("sumo sacerdote", em latim), transferindo também esse papel a sucessores. Enquanto isso, poetas e historiadores da corte de Augusto fizeram um ótimo trabalho com sua propaganda. Contaram a história milenar de Roma como uma narrativa longa e íngreme, cujo ponto culminante havia, enfim, sido alcançado; a época de ouro começara com o nascimento da nova criança, através da qual paz e prosperidade se espalhariam para o mundo todo. Agora, o mundo inteiro está sendo renovado, cantou Virgílio em uma passagem[1] que, posteriormente, alguns cristãos viram como profecia pagã do Messias. (Pais da Constituição americana pegaram emprestado uma frase-chave do poema: *novus ordo seclorum*, "uma nova ordem das eras", não apenas para o Grande Selo dos Estados Unidos, mas também para a nota de um dólar. Com o gesto, faziam a notável reivindicação de que a história se invertera, vital e positivamente, não com César Augusto, nem com Jesus de Nazaré, mas com o nascimento da Constituição dos Estados Unidos).

O poema de Virgílio prossegue, prometendo que, de agora em diante, neste novo tempo, sob o reinado divino do próprio Apolo, a terra produzirá tudo que alguém desejar. Terra, mar e céu se regozijarão com a criança recém-nascida. Ninguém sabe o filho a que

---
[1] *Éclogas* 4.

Virgílio se referia, mas a ideia está clara: o novo tempo, pelo qual aguardamos por um milênio, finalmente chegou por intermédio do reino pacífico e alegre de César Augusto. A mensagem estava encravada em pedras, em monumentos e inscrições, ao redor do mundo conhecido: "Uma boa notícia! Temos um Imperador! Justiça, Paz, Segurança e Prosperidade nos pertencem para sempre! O Filho de Deus se tornou Rei do Mundo!".

Augusto governou o mundo romano, um império em contínua expansão, de 31 a.C. a 14 d.C. Após sua morte, também ele foi divinizado, e seu sucessor, Tibério, assumiu os mesmos títulos. Enquanto escrevo este livro, tenho em minha mesa uma moeda do reino de Tibério. De um lado, circulando o retrato de Tibério, jaz o título abreviado: AUGUSTUS TI CAESAR DIVI AUG F, forma abreviada de AUGUSTUS TIBERIUS CAESAR DIVI AUGUSTI FILIUS, "Augusto Tibério César, filho do Divino Augusto". No lado inverso, há a figura de Tibério vestido como um sacerdote, com o título PONTIFEX MAXIMUS. Trata-se de uma moeda como aquela que mostraram a Jesus de Nazaré, um ou dois dias depois da entrada triunfal em Jerusalém, quando lhe questionaram se deviam pagar tributo a César. "Filho de Deus"? "Sumo Sacerdote"? Jesus estava no olho do furacão.

Isso nos diz quase tudo que precisamos saber sobre o primeiro elemento da nossa "tempestade perfeita" do século I. Entretanto, por que Roma estava particularmente interessada no Oriente Médio?

Por razões surpreendentemente semelhantes às das potências ocidentais de hoje. Roma precisava do Oriente Médio para satisfazer sua necessidade de suprimentos urgentes de matéria-prima. Hoje, a matéria-prima é o petróleo; na época, eram grãos. A própria cidade de Roma era superpovoada e subempregada. Havia gente demais para ser alimentada apenas pela produção local. Carregamentos de grãos vindos do Egito eram vitais. No século I, como no século XXI, o tráfego marítimo representava um alvo tentador para a ação de piratas e outros tipos de hostilidade. Para evitar essa situação, era fundamental manter toda a área estável. A responsabilidade do governador romano em um lugar como Jerusalém era manter a paz, administrar justiça, coletar impostos e, em particular, suprimir agitações. Afinal, como a propaganda insistia, o governo de César, o "filho de deus" romano, consistia na "boa notícia" que trouxe bênçãos e benefícios para todo o mundo. Certamente, uma vez que habitantes locais vissem o tipo de bênçãos tão generosamente oferecidas por Roma, não se submeteriam com alegria? Seria tão difícil assim ganhar corações e mentes aos grandes ideais desse império do Ocidente?

Eis o primeiro vento ocidental, o primeiro elemento na tempestade perfeita, em cujo centro Jesus de Nazaré se encontrava. Voltamo-nos, agora, ao sistema de alta pressão.

TEMPESTADE JUDAICA

O segundo grande elemento na tempestade perfeita de Jesus, o sistema sobreaquecido de alta pressão, mais turbulento e complexo que o primeiro, é a história de Israel. Até onde conseguimos rastrear as antigas escrituras judaicas, o povo judeu acreditava que sua história caminhava em direção a algum lugar, isto é, tinha um objetivo traçado. A despeito de muitos contratempos e decepções, o Deus de Israel se certificaria de que a nação, enfim, alcançaria seu objetivo. Essa é a história em que muitos judeus dos dias de Jesus acreditavam realmente estar vivendo. Judeus do século I não a narravam como história antiga. Antes, eles mesmos eram atores desse drama inacabado.

É difícil, penso eu, às pessoas de hoje imaginarem o que era viver na longa história judaica dessa maneira. O mais próximo que chegamos, talvez, seja no pressuposto comum de que, desde o surgimento do mundo ocidental moderno, desenvolvemos uma história de "progresso". Trata-se da suposta historiografia *Whig*, escrita com letras grandes: história é o movimento progressivo de liberdade, de modo que devemos avançar e fazer os próximos movimentos acontecerem, sucessivamente. A despeito de todas as tiranias do último século, pessoas ainda creem neste mito de progresso, conforme evidenciado pelas inúmeras propostas que lemos ou ouvimos que começam com: "Agora que vivemos neste tempo..." ou "Agora que vivemos no século XXI...". Frases similares a essas sinalizam a presença de algum tipo de agenda "progressista". Aqueles que pensam assim são atores em uma peça cujo roteiro já conhecem, os quais veem a si mesmos como que chamados a levar o drama adiante, em direção a um tipo de utopia libertária. No dia em que estou revisando este capítulo, um dia depois do casamento, na Abadia de Westminster, entre o príncipe William e Catherine Middleton, há uma carta de reclamação no jornal *Times* de Londres, queixando-se de que o acontecimento e a reação do público frente a ele "retrocederam o relógio em cem anos". A afirmação só faz sentido se presumirmos que o "relógio" tem se movido inexoravelmente em direção ao republicanismo, mito que muitos acharam consolador no decorrer dos anos, mas que outros tantos ao redor do mundo parecem determinados a resistir.

Tome essa noção um tanto vaga, embora ainda poderosa, de "progresso" e multiplique-a muitas vezes. Vivemos com o sonho "progressista" por dois ou três séculos, mas os judeus, estavam vivendo em sua grande história por, segundo criam, bem mais de mil anos. A história dos judeus, como um grande drama de época acontecendo por muitas gerações, remontava a Abraão, Moisés, Davi e outros heróis do passado distante. Contudo, ela chegaria finalmente ao seu grande auge, segundo criam, a qualquer momento. Tratava-se de uma única história, e eles estavam em seu apogeu.

Até onde sabemos, tal história era exclusiva no mundo antigo. Nem mesmo os romanos pensaram de si mesmos dessa maneira, com o senso de uma grande história que, enfim, chegava ao seu auge — até que Augusto e seus poetas da corte empregaram a ideia em sua propaganda. (Isaías, por si só, é interessante. Está claro, a partir de textos judaicos anteriores, que os judeus não pegaram a ideia de Lívio ou Virgílio, mas é igualmente óbvio que nem os poetas romanos a tomaram emprestado de judeus. Deparando-nos com esses dois movimentos paralelos, já podemos ver o motivo pelo qual ambos colidiram um com o outro, como poderíamos esperar de uma tempestade perfeita). Até onde conseguimos rastrear as antigas escrituras judaicas — denominadas pelos cristãos de

Antigo Testamento — o povo judeu e seus ancestrais haviam crido, ou sido levados por seus profetas a crer, que sua história estava indo para algum lugar, que tinha um objetivo em mente. A despeito de muitos contratempos e decepções, o Deus de Israel se certificaria de que a nação finalmente alcançaria seu objetivo.

Afinal, os judeus foram ensinados que o seu Deus era o verdadeiro Deus do mundo inteiro, não simplesmente um entre muitos outros. Por isso, era impossível que sua vontade para o mundo fosse, em última análise, frustrada. Visto que a atual conjuntura do mundo estava claramente abaixo do ideal, Deus faria o necessário para consertar as coisas, incluindo seu povo no processo. Assim, enquanto romanos tinham o que poderíamos chamar de *escatologia retrospectiva*, na qual pessoas olhavam *para trás* da perspectiva de uma "época de ouro" que já tinha chegado e viam a história toda alcançado o ponto onde estavam, judeus estimavam e celebravam uma escatologia prospectiva, olhando *para frente* da perspectiva de um tempo não ideal, ansiando e orando com fervor pela liberdade, justiça e paz que, segundo estavam convencidos, pertencia-lhes por direito. Deus o faria! Ao final, o plano divino se concretizaria!

Histórias contadas pelos judeus (e quando digo "contadas", digo não apenas uns aos outros, lidas em voz alta em reuniões nos lares, estudadas em particular e transformadas em oração, mas também celebradas em festivais nacionais, que envolviam boa parte da população e atraíam vastas multidões de peregrinos do mundo todo) não eram apenas histórias de pequenos começos, tempos de tristeza no presente e dias gloriosos por vir. Elas eram mais específicas, mais complexas, detalhadamente densas e cheias de esperança. Seu tema chegou ao florescimento pleno na grande história do Êxodo, quando, cerca de 1500 anos antes do tempo de Jesus, Moisés liderou os israelitas para fora da escravidão do Egito, atravessou o mar Vermelho (que milagrosamente dividiu-se para deixá-los passar) e o deserto, em direção à terra prometida. Judeus viviam na esperança de que o mesmo aconteceria mais uma vez. Tiranos dariam o pior de si, e Deus libertaria seu povo. Entenda o Êxodo, e você entenderá boa parte do judaísmo — e Jesus, que escolheu a Páscoa, a grande festa nacional celebrando o Êxodo, para dar seu passo decisivo.

Posteriormente, veremos com mais detalhes a história do Êxodo, celebrada anualmente na Páscoa e em outras festas. Mas o Êxodo, por sua vez, remontava a algo ainda mais antigo, ao chamado divino dos patriarcas originais: Abraão, Isaque e Jacó. A história dos patriarcas, por sua vez, remontava a um tempo ainda mais antigo: à misteriosa, porém poderosa, história da própria criação, quando o Deus de Israel extraiu sua criação bela, ordenada e vívida das águas primitivas do caos. *O Deus que trouxe ordem do caos e tirou seu povo do Egito o faria outra vez.* Criação e aliança: Deus fez o mundo; Deus chamou Israel para ser seu povo; Deus refaria seu mundo com o objetivo de resgatar Israel, seu povo. Toda vez que o povo judeu contava a história (o que fazia com frequência), era nisso que pensava, esperava e pelo qual orava. Foi essa esperança, essa história que gerou o segundo grande vento tempestuoso, o sistema poderoso de alta pressão, em cujo caminho Jesus de Nazaré decidiu andar. Montado, diga-se, em um jumento.

Muito antes desse ponto, mais dois elementos haviam entrado na história de Israel e continuaram, desde então, a dominar o horizonte. Quando, em 1989, vivi em Jerusalém por três meses, andei com frequência por Mea Shearim, quarteirão judaico ultraortodoxo. Entre cenas e sons fascinantes e evocativos da comunidade, observei muitos pôsteres. Alguns advertiam visitantes a se vestirem com modéstia: nada de partes desnudas por aqui, por favor! Muitos, porém, tocavam um tema duplo mais obscuro e poderoso. Muitas das famílias em Mea Shearim haviam escapado da Europa Oriental por volta da época do holocausto. O horror daquele período modelara sua imaginação. Devido às ações de Hitler que judeus deveriam, agora, observar a lei ancestral; devido às ações de Hitler que Deus, agora, faria algo novo; e foi devido a isso que esta comunidade judaica orava, esperava, aguardava e ansiava pelo Messias. "Hitler e Messias!", "Hitler e Messias!". O grande governante ímpio e o libertador vindouro! Foi essa a mensagem que, na época, observei.

E, mudando o primeiro nome para ajustar-se a circunstâncias diferentes (César? Herodes?), era essa mensagem que você teria escutado na época de Jesus. Esses dois temas — o grande império maligno e o verdadeiro libertador vindouro — remontam parcialmente ao próprio Êxodo, quando Moisés libertou Israel do Egito, governado pelo faraó.

Todavia, os temas se desenvolveram cada vez mais com a longa história da monarquia de Israel e com os desastres nacionais espetaculares que sobrevieram ao povo durante esse período. Esses temas são, se você preferir, tempestades de areia particulares, dos quais o grande sistema de alta pressão da história de Israel se apropriou ao longo do caminho, ganhando impulso com o passar das décadas. Memórias do rei Davi e suas famosas vitórias contra nações pagãs circunvizinhas foram mantidas vivas, conforme a promessa dos profetas de que, um dia, um rei da família de Davi traria justiça, paz e prosperidade para o mundo. (Será que o poeta romano Virgílio andou lendo Isaías 11? Provavelmente não. Mas a coincidência de temas é impressionante). Memórias do rei Salomão construindo o Templo de Jerusalém mantiveram-se vivas por aqueles que defenderam, purificaram, restauraram ou embelezaram o santuário, processo cujo desenvolvimento ainda ocorria nos dias de Jesus sob o patrocínio da família de Herodes. O rei vindouro derrotaria nações ímpias e opressoras e construiria, ou reconstruiria, o Templo de Deus! Hitler e Messias! Remova o primeiro, estabeleça o segundo!

Por "Hitler", então, leia também "Babilônia". Muitos desastres sobrevieram aos israelitas, mas, entre eles, o pior foi quando os babilônicos capturaram Jerusalém, no início do século VI a.C., dizimaram a família real, esmagaram o templo em pedaços, levaram consigo tesouros e exilaram boa parte da população, entre a qual poucos retornaram. O cativeiro babilônico foi como uma reprise do Egito: escravidão em uma terra estrangeira. "Junto aos rios da Babilônia", escreveu um dos poetas de Israel, "nós nos sentamos e choramos" (Salmos 137:1). E foram as memórias de Jerusalém, de "Sião", que tornaram as lágrimas ainda mais amargas. Eles estavam vivendo nas linhas de falha da história e geografia mundiais, sendo, assim, tragados pelo terremoto.

E agora vem o trecho extraordinário, a parte da história que muitos perdem, a reviravolta histórica responsável pelo fato de que, pelo tempo em que o sistema de alta pressão da história judaica alcançou o século I, aproximava-se perigosamente de uma força de tempestade. Embora muitos judeus houvessem retornado da Babilônia e, pelo fim do século VI a.C., reconstruído o Templo — feitos, por si só, extraordinários — pairava uma forte sensação de que o acontecimento ainda não representava o "verdadeiro Êxodo" pelo qual ansiavam. A própria Babilônia havia caído, derrubada por um império rival (Pérsia); mas o fenômeno do qual o Egito fora mil anos antes um exemplo clássico, e a Babilônia o exemplo mais recente, continuava. Novos impérios ímpios haviam surgido, e Israel ainda lhes servia. Além disso, crescia a sensação de que um novo Êxodo, um verdadeiro "retorno do exílio", devia ser aguardado, ainda não acontecera. Ele viria quando o último grande império mundial tivesse feito o pior. De fato, o novo Êxodo resultaria na derrota desse poder obscuro.

Esta é a longa história, a grande narrativa de esperança, a escatologia prospectiva em que muitos judeus dos dias de Jesus viviam e continuariam a viver. Na época de Jesus, o poder mundial que assumira o papel de Egito e Babilônia estava óbvio. É aqui que nosso sistema de alta pressão se depara com o vendaval. A longa história de Israel deve, finalmente, confrontar a longa história de Roma. Não é tempo de estar em mar aberto, em um barco. Nem de chegar a Jerusalém montado em um jumento.

O confronto entre essas duas histórias produziu diversos movimentos nos duzentos anos que precederam e sucederam à época de Jesus. Iremos observá-los em um capítulo posterior. Por enquanto, movemo-nos para o terceiro elemento na tempestade perfeita do século I.

CAPÍTULO 5

O FURACÃO

JÁ TEMOS O VENDAVAL DE ROMA e o sistema de alta pressão das esperanças judaicas. Precisamos de mais um vento para formar a tempestade perfeita. Como na catástrofe original de Massachusetts, trata-se de um desastre de ordem totalmente diferente.

Para entender este grande ciclone, este furacão tropical, você precisa entender, como eu disse antes, algo a respeito da antiga visão judaica sobre Deus, sempre o elemento imprevisível no contexto da própria história judaica. Deus continuava livre e soberano. Vez após vez no passado, a forma como Israel contou sua história foi diferente do modo como Deus planejara as coisas. Sem dúvida, o povo esperava que a forma na qual contava sua história se encaixaria confortavelmente com o modo pelo qual Deus via as coisas, mas, vez após vez, profetas tiveram de dizer que este não era o caso. Normalmente, a forma divina de contar a história se diferenciava da narrativa nacional. *E Jesus cria que, mais uma vez, isso estava acontecendo em seu tempo.*

Deus prometera voltar, retornar ao seu povo em poder e glória, para estabelecer o seu reino na terra como [é] no céu. O povo judeu sempre ansiou que a ação divina simplesmente garantiria suas aspirações nacionais; afinal, Deus era o Deus de Israel. Judeus queriam um furacão divino apenas para reforçar seu sistema de alta pressão, que já estava superaquecido. Contudo, os profetas, até João Batista, sempre advertiram que a vinda pessoal de Deus com poder ocorreria inteiramente nos termos dele, de acordo com seu propósito — e que o seu povo estaria sob juízo tanto quanto qualquer outra nação, caso suas aspirações não coincidissem com as de Deus.

Jesus não apenas cria que este era mais um dos momentos em que a verdadeira visão profética do furacão divino conflitaria com o ânimo nacional corrente. Ele cria, ao que tudo indica — histórias que contou na época testificam claramente a esse respeito — que, ao ir a Jerusalém, *estava incorporando, encarnando, o retorno do Deus de Israel ao seu povo* com poder e glória.

Entretanto, era um tipo diferente de poder, um tipo diferente de glória. Essa foi outra ideia que *Jesus Christ Superstar* acertou em cheio. Jesus se aproxima de Jerusalém, e Simão, o zelote, incentiva-o a preparar uma revolução apropriada. "Então", diz ele, "Jesus receberá o poder e a glória para sempre". Mas Jesus demarca, para o espanto de muitos, a linha que faz separação drástica entre aspiração nacional, segundo expressa pelos zelotes, e propósito divino. Nem Simão, nem as multidões, nem os outros discípulos, nem a própria Jerusalém têm a menor ideia do que é poder. Nem entendem o significado do que é glória. Não fazem ideia. Assim, Jesus continua com o sinal de advertência, prosseguindo, segundo todas as nossas fontes, em um gesto simbólico e dramático. Jerusalém seria derrubada, pedra sobre pedra. O vento agressivo do império ocidental sopraria e levaria o Templo, símbolo central da identidade nacional e edifício que dava a Jerusalém seu *status*, visto que a cidade e seus líderes não reconheceram o momento em que Deus os visitou, retornando para eles em pessoa (Lucas 20:44).

O VENTO DE DEUS

Eis, então, o terceiro elemento da tempestade perfeita do século I: o estranho, imprevisível e altamente perigoso elemento divino.

O vento de Deus. "Este é o momento de Deus", declara Jesus, "e vocês estão olhando para o outro lado. Seus sonhos de libertação nacional, levando-os a uma confrontação direta com Roma, não são parte dos sonhos de Deus". Deus chamou Israel a fim de que, por meio do seu povo, pudesse redimir o mundo; contudo, o próprio Israel precisa de redenção. Por isso, Deus se achega a Israel montando em um jumento, em cumprimento da profecia de Zacarias da vinda de um reino pacífico, anuncia juízo sobre o sistema e a cidade que inverteram sua vocação e prossegue para tomar sobre si o peso da maldade e hostilidade mundiais, para que, ao morrer sob eles, exaurisse seu poder.

Por toda sua carreira pública, Jesus incorporou o amor resgatador e redentor do Deus de Israel; contudo, a própria cidade capital e seus líderes foram incapazes de vê-lo. O furacão divino sopra com força do oceano e, para cumprir seu propósito, deve confrontar, frente a frente, o vento ocidental cruel do império pagão e o sistema de alta octanagem, de alta pressão, da aspiração nacional. Jesus aproveita a ocasião, a ocasião da Páscoa, a ocasião do Êxodo, não apenas por falarem da presença livre e soberana de Deus, mas também por testificarem quanto ao seu povo rebelde e incompreensível, bem como à tirania do Egito. E enquanto observamos o desdobramento dos últimos dias de Jesus, não podemos apenas enxergá-lo e registrá-lo como uma peculiaridade histórica estranha. A reivindicação feita nas histórias de Jesus é que esta era a tempestade perfeita, o ponto onde o furacão do amor divino se deparou com o poder frio do império e a aspiração superaquecida de Israel. Apenas ao refletirmos sobre essa combinação é que começamos a entender o significado da morte de Jesus. Apenas então podemos começar a entender como o verdadeiro Filho de Deus, o verdadeiro Sumo Sacerdote, tornou-se, de fato, rei do mundo.

Não podemos, claro, correr demais. Se é nosso desejo abordar essa densidade de entendimento, devemos primeiro compreender quão poderoso era, no contexto das antigas escrituras, o tema da soberania de Deus e de sua ação independente.

De fato, às vezes o Deus de Israel era retratado, como na metáfora que temos empregado, em termos de forças violentas da natureza, rasgando os céus e vindo em resgate do seu povo:

> *A terra tremeu e agitou-se,*
>   *e os fundamentos dos montes se abalaram;*
>   *estremeceram porque ele se irou.*
> *Das suas narinas saíram brasas vivas*
>   *e fogo consumidor.*
> *Ele abriu os céus e desceu;*
>   *nuvens escuras estavam sob os seus pés.*
> *Montou um querubim e voou,*
>   *deslizando sobre as asas do vento.*
> *Fez das trevas o seu esconderijo,*
>   *das escuras nuvens, cheias de água,*
>   *o abrigo que o envolvia.*
> *Com o fulgor da sua presença*
>   *as nuvens se desfizeram em granizo e raios,*
>   *quando dos céus trovejou o* Senhor,
>   *e ressoou a voz do Altíssimo.*
> *Atirou suas flechas e dispersou meus inimigos,*
>   *com seus raios os derrotou.*
> *O fundo do mar apareceu,*
>   *e os fundamentos da terra foram expostos*
>   *pela tua repreensão, ó* Senhor,
>   *com o forte sopro das tuas narinas.* (Salmos 18:7-15)

Para mim, isso soa como um furacão. E talvez algo mais. A despeito, porém, do que Israel cria sobre o seu Deus, ele não era um Deus domesticado. Nem o Deus tranquilo e distante do epicurismo antigo ou do deísmo moderno. Mas tampouco era apenas a personificação dessas forças da natureza. Ele as usa, cavalgando sobre o vento; às vezes, ordena ao vento que se aquiete. Deus permanece soberano sobre os elementos. Afinal, ele é o seu criador.

Este é outro tipo completamente diferente de vento. Em certo sentido, é estranho até mesmo colocá-lo ao lado dos outros dois. A razão, porém, para fazê-lo é que o judeu do primeiro século narrava não apenas sua história nacional, mas também contava histórias de seu Deus, celebrando seu poder e cantando salmos como aquele que acabei de citar. Com intensa devoção, o judeu mantinha a forte convicção de que o seu Deus era o único Deus, que sua dor era a dor do mundo e que a agonia do seu próprio povo jazia no coração desse mundo. Jerusalém, como sempre, ocupava o ponto onde as placas tectônicas do mundo colidiam, sendo, ao que tudo indica, o lugar apropriado de oração para um mundo em dor.

QUEM DEVERIA SER REI?

Mas também era, nos dias de Jesus, um lugar profundamente enigmático. Foi aqui que a história de Deus, o grande furacão que completaria o nosso terceiro ângulo, passou a ter forma. Contemporâneos de Jesus acreditavam, em vista do que os profetas lhes disseram, que o seu Deus prometera viver em meio ao seu povo, no templo de Jerusalém — substituto direto do Templo de Salomão — o qual era, em si, sucessor do tabernáculo do deserto, construído por Moisés. No entanto — mais uma vez, conforme os profetas disseram — o Deus de Israel abandonara o Templo na época do exílio para a Babilônia. Ezequiel viu o acontecimento (caps. 10—11).

Mesmo depois, os mesmos profetas haviam prometido que Deus, um dia, retornaria. Voltaria para o monte Sião, para a cidade santa, para o Templo, para Jerusalém. "De repente, o Senhor, que vocês buscam, virá para o seu templo" (Malaquias 3:1). "A glória do SENHOR será revelada, e, juntos, todos a verão" (Isaías 40:5). "Suas sentinelas erguem a voz; juntas gritam de alegria. Quando o SENHOR voltar a Sião, elas o verão com os seus próprios olhos" (52:8). São promessas atrás de promessas, ressoando na mente, no coração e na oração dos israelitas, do povo judeu, dos habitantes de Jerusalém, dos peregrinos de Jesus de Nazaré.

A ideia é esta: exatamente na época em que Jesus crescia, surgia um movimento — chame-o de movimento político, religioso ou (conforme Josefo o denomina) de uma "filosofia" — cujo argumento era que *o tempo havia chegado para que apenas Deus fosse rei*. O povo estava à espera de um ciclone, mas entendia o seu significado?

Eles sabiam o que o movimento não significava: Israel estava farto de seus próprios "reis" — da dinastia centenária dos asmoneus, seguida por Herodes e seus filhos de segunda categoria. Judeus não viam prospecto algum de qualquer líder humano levantando-se de tais círculos para fazer o que tinha de ser feito, lutar as batalhas, vencer os pagãos, purificar e restaurar o Templo, estabelecer o tão aguardado governo de justiça e paz. Em meio aos longos anos de esperança, e aos anos ainda mais longos de tristeza esmagadora, esse movimento emergiu, dizendo que Deus, apenas Deus, podia e seria rei. Deus voltaria e governaria seu povo. Josefo, o historiador judeu, conta-nos a respeito de algumas das formas do movimento; sem dúvida, havia ainda muitas outras. E mesmo quando a esperança não se transformou em ação, continuou a arder lentamente em sonhos e orações particulares. Teocracia! Sim, era isso que queriam — desde que o governo procedesse do verdadeiro Deus. Conforme Bob Dylan disse certa vez: "'Eu sou o Senhor, o vosso Deus' é um dizer legítimo, desde que parta da pessoa certa".

Essa ideia de teocracia não era tão extraordinária como poderia soar a ouvidos modernos (ainda que, conforme veremos, o debate sobre tais questões tenha retornado recentemente à proeminência pública). O tema permeava as antigas escrituras. Na verdade, a Bíblia relata como, quando o povo pediu por um rei pela primeira vez, a resposta divina foi que o pedido era inapropriado: o próprio Deus reinava sobre Israel, de modo que a nação não precisava também de um rei humano (1Samuel 8:7; 12:12). Naquela época, chegou-se a um meio-termo: depois da falha de Saul, o primeiro rei, Deus escolheu Davi, "um homem segundo o seu coração". De alguma forma, desde o início, pairava a sensação de que Deus era rei — por intermédio de Davi.

Ao que tudo indica, isto era parte do que significava dizer que, quando Samuel ungiu Davi com óleo para proclamá-lo rei, "o Espírito do SENHOR apoderou-se de Davi" (1Samuel 16:13). Certamente, Davi não trilhou um caminho suave e tranquilo para o poder. Pelo contrário: passou a fugir, caçado por Saul, movendo-se de um lugar para o outro, recorrendo a estratagemas e ao engano para permanecer longe de encrencas.

Entretanto, por fim, Saul morreu durante uma batalha contra os filisteus. Saul falhara na tarefa real mais importante: derrotar o inimigo nacional. Davi, cuja vitória anterior contra Golias, o herói filisteu, destacou-o como realeza em potencial, retornou ao reino para o qual fora ungido muitos anos antes. Sua história é rica em ressonâncias com a de Jesus de Nazaré. Na verdade, o próprio Jesus a menciona como parte da explicação de sua estranha carreira pública itinerante, sob o olhar de águia de opositores críticos (Marcos 2:23-28).

Obviamente, Davi cometeu muitos erros, bem como seus sucessores. A história do seu reinado mostra rachaduras que começavam a aparecer e que viriam a arruinar, pouco a pouco, o reinado de sucessores, começando com a divisão do reino do norte e culminando com a devastação de Jerusalém e com o vergonhoso e horrível exílio. No início, porém, logo após o estabelecimento de Davi como rei, as escrituras registram uma promessa que Deus lhe fez. Davi decidira construir uma casa para o seu Deus, um grande Templo, para que o Deus que vivia entre o seu povo no tabernáculo passasse a habitar permanentemente em Israel. Essa habitação permanente seria o ponto focal da cidade, estabelecida, então, como capital eterna do povo de Deus: Jerusalém, a cidade no centro da terra.

Uma ambição legítima, podemos pensar. Todavia, Natã, profeta da corte davídica, aproxima-se do rei com uma mensagem e uma promessa. Na verdade, Davi não deveria construir uma casa para Deus. Seu filho o faria. O que é mais significativo, porém, Deus construirá para Davi uma "casa" — isto é, não feita de madeira, mas uma "casa" no sentido de uma família:

> Quando sua vida chegar ao fim e você descansar com seus antepassados, escolherei um dos seus filhos para sucedê-lo, um fruto do seu próprio corpo, e eu estabelecerei o reino dele. Será ele quem construirá um templo em honra ao meu nome, e eu firmarei o trono dele para sempre. Eu serei seu pai, e ele será meu filho. (2Samuel 7:12-14).

Tal promessa foi lembrada e relembrada, vez após vez, nos dias que se seguiram, até o tempo de Jesus. Ninguém, ao que parece, estava absolutamente certo do que ela significaria na prática. No entanto, muitos viam a casa real de Israel como meio pelo qual o Deus vivo estabeleceria o seu reino, seu próprio governo. Em certo sentido, não existe uma escolha do tipo ou-um-ou-outro, *ou* Deus *ou* Davi. De alguma maneira, parecem ser ambos. É neste ponto que podemos entender perfeitamente por que israelitas da antiguidade e o povo judeu da época de Jesus esqueceram-se facilmente de que *seu* sonho nacional e os propósitos designados por *Deus* podiam ser duas coisas totalmente diferentes. Profetas existiam para relembrar o fato ao povo; mas profetas eram fáceis de ignorar ou esquecer. Ou matar.

DEUS COMO REI

Assim, quanto mais a história de Israel prosseguia, mais os antigos poetas e profetas falavam explicitamente sobre o próprio Deus sendo rei, assumindo o controle, vindo para colocar tudo no devido lugar. Poetas e profetas entoavam cânticos memoráveis a respeito de como seria quando Deus fizesse isso. Tais poemas, devemos nos lembrar, continuaram a ser cantados no Templo de Jerusalém até o tempo de sua destruição, em 70 d.C., assim como continuam a ser cantados em sinagogas e lares, onde quer que judeus façam sua oração, até o dia de hoje. O que segue é uma pequena seleção de muitas passagens semelhantes:[1]

---

[1] Para outras, cf.: Salmos 22:27–28; 44:4–5; 74:12–13, 22; 93:1–2; 99:1–5.

O Senhor é rei para todo o sempre;
  da sua terra desapareceram os outros povos.
Tu, Senhor, ouves a súplica dos necessitados;
  tu os reanimas e atendes ao seu clamor.
Defendes o órfão e o oprimido,
  a fim de que o homem, que é pó,
  já não cause terror. (Salmos 10:16-18)

Batam palmas, vocês, todos os povos;
  aclamem a Deus com cantos de alegria.
Pois o Senhor Altíssimo é terrível,
  é o grande Rei sobre toda a terra!
Ele subjugou as nações ao nosso poder,
  os povos colocou debaixo de nossos pés,
e escolheu para nós a nossa herança,
  o orgulho de Jacó, a quem amou. Pausa.

Deus subiu em meio a gritos de alegria;
  o Senhor, em meio ao som de trombetas.
Ofereçam música a Deus, cantem louvores!
Ofereçam música ao nosso Rei,
  cantem louvores!
Pois Deus é o rei de toda a terra;
  cantem louvores com harmonia e arte.

Deus reina sobre as nações;
  Deus está assentado em seu santo trono.
Os soberanos das nações se juntam
  ao povo do Deus de Abraão,
pois os governantes da terra pertencem a Deus;
  ele é soberanamente exaltado. (Salmos 47:1-9)

Pois o Senhor é o grande Deus,
  o grande Rei acima de todos os deuses.
Nas suas mãos estão as profundezas da terra,
  os cumes dos montes lhe pertencem.

Dele também é o mar, pois ele o fez;
   as suas mãos formaram a terra seca.

Venham! Adoremos prostrados
   e ajoelhemos diante do SENHOR,
o nosso Criador;
   pois ele é o nosso Deus,
e nós somos o povo do seu pastoreio,
   o rebanho que ele conduz. (Salmos 95:3-7)

Digam entre as nações: "O SENHOR *reina!"*
Por isso firme está o mundo, e não se abalará,
   e ele julgará os povos com justiça.
Regozijem-se os céus e exulte a terra!
   Ressoe o mar e tudo o que nele existe!
Regozijem-se os campos
   e tudo o que neles há!
Cantem de alegria todas as árvores da floresta,
   cantem diante do SENHOR, *porque ele vem,*
   vem julgar a terra;
julgará o mundo com justiça
   e os povos, com a sua fidelidade! (Salmos 96:10-13)

Eu te exaltarei, meu Deus e meu rei;
   bendirei o teu nome para todo o sempre! [...]

Rendam-te graças todas as tuas criaturas, SENHOR,
   e os teus fiéis te bendigam.
Eles anunciarão a glória do teu reino
   e falarão do teu poder;
para que todos saibam
   dos teus feitos poderosos
   e do glorioso esplendor do teu reino.
O teu reino é reino eterno,
   e o teu domínio permanece
   de geração em geração. (Salmos 145:1,10-13)

Notamos um tema tríplice constante nesses cânticos. Primeiro: o Deus de Israel é celebrado como rei especialmente em Jerusalém, em seu lar no Templo. Segundo: quando o Deus de Israel é entronizado como "rei", nações são sujeitas ao seu governo. Israel se regozija, mas todas as outras nações também são incluídas — às vezes, ao que parece, para que sejam punidas pela sua impiedade, particularmente pela opressão direcionada a Israel; outras vezes, porém, para que possam partilhar da vida do povo de Deus e se juntar aos louvores de Israel, direcionados ao único Deus. De fato, toda a criação se juntará à celebração. Terceiro: quando Deus é rei, o resultado é justiça efetiva, equidade verdadeira e remoção de toda a corrupção e opressão.

Podemos ver facilmente como esses cânticos dariam ensejo à aspiração do governo do próprio YHWH, em meio a um povo cansado de governantes corruptos e egocêntricos. Ele, somente ele, concederia o que o povo realmente precisava e almejava. YHWH assumiria o controle e colocaria tudo no devido lugar. A canção desses hinos, semana após semana, enquanto Israel assistia à triste procissão de oficiais e regimes corruptos que iam e vinham, serviria de canteiro natural para que o Deus de Israel reinasse — e mais ninguém.

Esse anseio apenas aumentaria com passagens proféticas cuja linguagem era semelhante:[2]

> *Como são belos nos montes*
>   *os pés daqueles que anunciam*
> *boas novas,*
>   *que proclamam a paz,*
>   *que trazem boas notícias,*
>   *que proclamam salvação,*
>   *que dizem a Sião:*
> *"O seu Deus reina!"* [i.e., "O seu Deus é rei"]
>   *Escutem!*

---

[2]Cf. também Isaías 33:22; Obadias 17, 21; Zacarias 14:9.

> *Suas sentinelas erguem a voz;*
> *juntas gritam de alegria.*
> *Quando o S*ENHOR *voltar a Sião,*
> *elas o verão com os seus próprios olhos.*
> *Juntas cantem de alegria,*
> *vocês, ruínas de Jerusalém,*
> *pois o S*ENHOR *consolou o seu povo;*
> *ele resgatou Jerusalém.*
> *O S*ENHOR *desnudará seu santo braço*
> *à vista de todas as nações,*
> *e todos os confins da terra verão*
> *a salvação do nosso Deus.* (Isaías 52:7-10)

Às vezes, claro, o tema resultava em uma nota de advertência severa:

> "Maldito seja o enganador que, tendo no rebanho um macho sem defeito, promete oferecê-lo e depois sacrifica para mim um animal defeituoso", diz o SENHOR dos Exércitos; "pois eu sou um grande rei, e o meu nome é temido entre as nações". (Malaquias 1:14.)[3]

Até agora, citei apenas passagens em que a palavra "rei", "reino" ou equivalentes próximos aparecem. Contudo, não é difícil estender o leque. Considere, por exemplo, passagens em que o Deus de Israel é referido como verdadeiro "pastor" do seu povo — lembrando-se de que, em uma economia rural, na qual cuidar do gado era uma das profissões mais comuns, "pastor" era uma imagem frequente para "rei". Mais uma vez, pensamos no livro de Salmos:

> *O S*ENHOR *é o meu pastor; de nada terei falta.*
> *Em verdes pastagens me faz repousar*

---

[3] Sim, hoje muitas pessoas se chocam com a ideia de sacrifício animal. O sacrifício animal era parte da maioria das religiões antigas, incluindo o judaísmo. Trata-se de um assunto para tratar em outra oportunidade.

e me conduz a águas tranquilas;
restaura-me o vigor.
Guia-me nas veredas da justiça
   por amor do seu nome. (Salmos 23:1-3)

Escuta-nos, Pastor de Israel,
   tu, que conduzes José como um rebanho;
   tu, que tens o teu trono sobre os querubins,
   manifesta o teu esplendor
   diante de Efraim, Benjamim e Manassés.
Desperta o teu poder, e vem salvar-nos! (Salmos 80:1-2)

E entre os profetas:

*O Soberano, o S*ENHOR*, vem com poder!*
Com seu braço forte ele governa.
A sua recompensa com ele está,
   e seu galardão o acompanha.
Como pastor ele cuida de seu rebanho,
   com o braço ajunta os cordeiros
   e os carrega no colo;
   conduz com cuidado
   as ovelhas que amamentam suas crias. (Isaías 40:10-11)

*Ouçam a palavra do S*ENHOR*,*
   ó nações,
   e proclamem nas ilhas distantes:
'Aquele que dispersou Israel o reunirá
   e, como pastor, vigiará o seu rebanho'.
*O S*ENHOR *resgatou Jacó*
   e o libertou das mãos
   do que é mais forte do que ele.
Eles virão e cantarão de alegria
   nos altos de Sião;
   ficarão radiantes de alegria

> *pelos muitos bens*
> *dados pelo* Senhor:
> *o cereal, o vinho novo, o azeite puro,*
> *as crias das ovelhas e das vacas.*
> *Serão como um jardim bem regado,*
> *e não mais se entristecerão.* (Jeremias 31:10-12)

Em particular, uma passagem extraordinária, na qual yhwh, o verdadeiro pastor de Israel, é contrastado com governantes humanos que falharam em sua missão de cuidar de Israel, as "ovelhas":

> "Filho do homem, profetize contra os pastores de Israel; profetize e diga-lhes: assim diz o Soberano, o Senhor: ai dos pastores de Israel que só cuidam de si mesmos! Acaso os pastores não deveriam cuidar do rebanho? Vocês comem a coalhada, vestem-se de lã e abatem os melhores animais, mas não tomam conta do rebanho. Vocês não fortaleceram a fraca nem curaram a doente nem enfaixaram a ferida. Vocês não trouxeram de volta as desviadas nem procuraram as perdidas. Vocês têm dominado sobre eles com dureza e brutalidade. Por isso elas estão dispersas, porque não há pastor algum e, quando foram dispersas, elas se tornaram comida de todos os animais selvagens. As minhas ovelhas vagueiam por todos os montes e por todas as altas colinas. Foram dispersas por toda a terra, e ninguém se preocupou com elas nem as procurou. [...]
>
> Porque assim diz o Soberano, o Senhor: eu mesmo buscarei as minhas ovelhas e delas cuidarei. Assim como o pastor busca as ovelhas dispersas quando está cuidando do rebanho, também tomarei conta de minhas ovelhas. Eu as resgatarei de todos os lugares para onde foram dispersas num dia de nuvens e de trevas. [...] Tomarei conta delas numa boa pastagem, e os altos dos montes de Israel serão a terra onde pastarão; ali se alimentarão, num rico pasto nos montes de Israel. Eu mesmo tomarei conta das minhas ovelhas e as farei deitar-se e repousar. Palavra do Soberano, o Senhor. Procurarei as perdidas e trarei de volta as desviadas. Enfaixarei a que estiver

ferida e fortalecerei a fraca, mas a rebelde e forte eu destruirei. Apascentarei o rebanho com justiça." (Ezequiel 34:2-6,11-12,14-16)

Dificilmente a mensagem seria mais clara. "Pastores" humanos foram um fracasso lamentável; agora, somente o próprio YHWH será o suficiente. Ele, e apenas ele, daria às "ovelhas", o povo de Israel, o necessário, bem como aquilo que outros pastores obviamente não deram. Há um rompimento brusco entre a forma como os governantes de Israel contam e vivem a história nacional e a forma como Deus deseja contá-la. Mas então vem o choque, enviando-nos de volta a 2Samuel para revermos o estranho relacionamento de longo prazo entre o reinado de Deus e o reinado de Davi:

> "Porei sobre eles um pastor, o meu servo Davi, e ele cuidará delas; cuidará delas e será o seu pastor. Eu, o SENHOR, serei o seu Deus, e o meu servo Davi será o líder no meio delas. Eu, o SENHOR, falei." (Ezequiel 34:23-24)

O resultado? Israel será, de fato, rebanho de YHWH:

> "Então elas saberão que eu, o SENHOR, o seu Deus, estou com elas, e que elas, a nação de Israel, são o meu povo. Palavra do Soberano, o SENHOR. Vocês, minhas ovelhas, ovelhas da minha pastagem, são o meu povo, e eu sou o seu Deus. Palavra do Soberano, o SENHOR." (Ezequiel 34:30-31)

Do início ao fim, Ezequiel 34 diz respeito ao Deus de Israel tornando-se rei, fazendo para o seu povo o que outros reis e governantes falharam. Isso está claro. Todavia, está igualmente claro que o profeta reserva um papel para o rei vindouro (ou "príncipe") a partir da linhagem de Davi. Como ambos se relacionam, o profeta não diz. De alguma forma, quando Deus é rei, "Davi" (i.e., o rei vindouro da linhagem de Davi) será rei. Um não anulará o outro. Quando lemos, dentre as histórias de Jesus, pistas e promessas sobre um pastor que se importa com as ovelhas, são essas as ressonâncias que devemos captar.

Um resultado semelhante emerge de um salmo bem conhecido, amplamente citado e adaptado na época. Para judeus do período, e então para os primeiros cristãos, esse salmo funcionava como modelo de como YHWH estabeleceria o seu reino sobre as nações turbulentas: estabelecendo o verdadeiro rei davídico:

> *Por que se amotinam as nações*
>   *e os povos tramam em vão?*
> *Os reis da terra tomam posição*
>   *e os governantes conspiram unidos*
>   *contra o* Senhor *e contra o seu ungido* [...]
>
> *Do seu trono nos céus*
>   *o* Senhor *põe-se a rir e caçoa deles.*
> *Em sua ira os repreende*
>   *e em seu furor os aterroriza, dizendo:*
> *"Eu mesmo estabeleci o meu rei*
>   *em Sião, no meu santo monte".*
>
> *Proclamarei o decreto do* Senhor*:*
>   *Ele me disse: "Tu és meu filho;*
>   *eu hoje te gerei.*
> *Pede-me, e te darei as nações como herança*
>   *e os confins da terra como tua propriedade.*
> *Tu os quebrarás com vara de ferro*
>   *e as despedaçarás como a um vaso de barro."* (Salmos 2:1-2,4-9)

Ei-lo: YHWH está no comando e estabelecerá seu próprio governo sobre o restante do mundo a partir de seu trono, em Sião. Contudo, ele o fará por intermédio do seu "ungido", daquele a quem chama de "meu filho".

Fiz uso proposital da citação longa dessas passagens para mostrar quão forte, quão profundamente enraizada na escritura, é a ideia do próprio YHWH vindo para governar e reinar como rei de Israel. Diversos temas que podemos observar na sequência lastimável de supostos reis, dos Macabeus a bar-Kochba (cf. cap. 9), evidenciam-se claramente: vitória sobre as nações, resgate de Israel da opressão, Jerusalém e o Templo como habitação devida da glória de Deus etc. Mas o próprio YHWH ocasionará tudo isso — ou, na reviravolta final de Ezequiel 34, ecoado em Salmos 2, o próprio YHWH *agindo no e por intermédio do rei davídico*.

A ideia de YHWH como rei exclusivo, segundo expressa pelos revolucionários extremistas do século I, dá ensejo, assim, a grandes perguntas: o que seu reinado significará na prática, na realidade? Assemelhar-se-á a quê? Como o reinado divino se alinha, se é que o faz, com expectativas e esperanças nacionais? Corresponde ao anseio da nação, desfaz essa expectativa ou faz as duas coisas ao mesmo tempo? Prestar atenção nos profetas indicaria que o mais provável era algo semelhante à terceira possibilidade; o que, porém, significaria na prática?

Particularmente, a seguinte pergunta foi levantada: YHWH realmente apareceria, visivelmente e em pessoa, para assumir o comando? Se sim, que visão o povo deveria esperar? Como aconteceria? Se não, Deus agiria por meio de representantes escolhidos — especialmente, talvez, profetas inspirados? (No século I, não havia falta de pessoas reivindicando inspiração profética, falando palavras urgentes de YHWH ao seu povo sofredor e ansioso, às vezes prometendo-lhe libertação imediata, espetacular e sobrenatural). E se YHWH realmente escolhesse agir dessa maneira — agir, em certo sentido, sozinho, mas, em outro, por meio de representantes particulares — como essas pessoas seriam equipadas para a tarefa?

Mais uma vez, aqui entra em jogo a ideia de "unção". Um indivíduo é solenemente banhado de óleo sagrado como sinal, e talvez meio, de uma "qualificação" ou "capacitação" do próprio YHWH para a realização das tarefas necessárias. Tal indivíduo passa a agir não mais em sua autoridade ou iniciativa, e sim na de Deus. Uma reivindicação perigosa, segundo a qual podemos imaginar o cinismo instantâneo das pessoas: "Reivindicando falar por YHWH? Mais um? Já ouvimos isso antes. Talvez você não passe de uma fraude, como todos os demais".

Afinal, não havia modelo óbvio: a que se assemelharia, como aconteceria, quando YHWH cumprisse tudo que salmistas e profetas disseram e retornasse pessoalmente para assumir o controle, governar o mundo, resgatar Israel, estabelecer sua presença no Templo, julgar as nações e levar árvores e animais a bradar de alegria? As escrituras antigas não esclarecem esta questão. YHWH visita Abraão, que vê três homens e lhes prepara uma refeição; mas quando se encontra com Moisés, o que Moisés vê é uma sarça ardente. Posteriormente, ao guiar Moisés e os israelitas pelo deserto, o que eles veem é uma coluna de nuvem durante o dia e de fogo durante a noite. Quando YHWH revela sua glória a Isaías, tudo que o profeta nos diz (em seu estado de terror) é que Deus estava assentado em um trono elevado e exaltado, rodeado por anjos, com a aba de suas vestes enchendo o Templo. Será que era isso que o profeta queria dizer quando, no mesmo livro, descreve o modo como sentinelas bradariam de alegria ao verem YHWH retornando, à vista de todos, a Sião? Seria esse o significado de: "A glória do SENHOR será revelada, e, juntos, todos a verão" (Isaías 40:5)? Quando Ezequiel viu a glória de YHWH, tudo que nos ofereceu como descrição foi um relato estranho do trono-carruagem divino, com rodas que seguiam em todas as direções. Israel deveria antecipar qual desses modelos, se fosse o caso? Ou seria algo diferente?

Desse modo, a noção do próprio YHWH como verdadeiro rei de Israel passou a interligar-se intimamente com a ideia desse poderoso *retorno*. Por volta da época do exílio, a posição corrente era de que o Deus de Israel abandonara o Templo e a cidade de Jerusalém, entregando-os à própria sorte. (De outra forma, ponderava-se: como ambos poderiam ter caído?). Ezequiel viu a glória ir embora por causa da iniquidade do povo (caps. 10—11). Mas então, ao fim do seu majestoso livro, recebe outra visão da glória de YHWH retornado ao Templo recém-construído (43:1-5). Assim, para Isaías e Ezequiel, Israel não apenas retornaria para a sua terra, mas YHWH retornaria para o Templo. Essa ideia jaz na essência da visão do Rei YHWH, em Isaías 52. E esse, supomos, era o acontecimento pelo qual judeus esperavam e oravam ao cantarem todos aqueles salmos sobre YHWH tornando-se rei, assumindo finalmente o controle, resgatando o seu povo e trazendo justiça para o mundo.

Contudo, isso ainda não havia acontecido — ao menos segundo interpretavam profetas pós-exílicos. Sim, Israel retornara da Babilônia para a Judeia; sim, Israel reconstruíra o Templo. Mas YHWH não retornara para encher novamente a casa com sua glória. Os últimos dois profetas do cânon prometem que Deus *realmente* viria, o que implica, obviamente, no fato de que ele *ainda não havia retornado*:

> Assim diz o SENHOR: "Estou voltando para Sião e habitarei em Jerusalém. Então Jerusalém será chamada Cidade da Verdade, e o monte do SENHOR dos Exércitos será chamado monte Sagrado". [...] Assim diz o SENHOR dos Exércitos: "Salvarei o meu povo dos países do oriente e do ocidente. Eu os trarei de volta para que habitem em Jerusalém; serão o meu povo e eu serei o Deus deles, com fidelidade e justiça." (Zacarias 8:3,7-8)

> "Vejam, eu enviarei o meu mensageiro, que preparará o caminho diante de mim. E então, de repente, o Senhor que vocês buscam virá para o sem templo; o mensageiro da aliança, aquele que vocês desejam, virá", diz o SENHOR dos Exércitos. Mas quem suportará o dia da sua vinda? Quem ficará em pé quando ele aparecer? Porque ele será como o fogo do ourives e como o sabão do lavandeiro. Ele se assentará como um refinador e purificador da prata; purificará os levitas e os refinará como ouro e prata. Assim trarão ao SENHOR ofertas com justiça". [...] "Eu virei a vocês trazendo juízo." (Malaquias 3:1-3,5)

Tudo isso põe em evidência o tema que descrevi como terceira grande tempestade, o furacão sudeste — e o tipo final de "rei" que o povo dos dias de Jesus ansiava por ver. O povo cujo anseio era que o próprio Deus fosse seu rei apegava-se à esperança estabelecida na escritura: a esperança de que, após todos esses anos, o Deus de Israel retornaria para estar com o seu povo e para resgatá-lo, restaurá-lo, condenar opressores, assumir o controle, fazer justiça, colocar tudo no devido lugar, governar sobre eles conforme se esperava de um bom rei, mas diferentemente de qualquer rei humano que jamais conheceram. E, tendo em mente não somente Ezequiel 34, como também uma passagem impressionante de Zacarias, ao que tudo indicava, talvez o rei divino aparecesse, afinal, na forma de um rei humano:

> *Alegre-se muito, cidade de Sião!*
> *Exulte, Jerusalém!*
> *Eis que o seu rei vem a você,*
>   *justo e vitorioso,*
>   *humilde e montado num jumento,*
>   *um jumentinho, cria de jumenta.*
> *Ele destruirá os carros de guerra de Efraim*
>   *e os cavalos de Jerusalém,*
>   *e os arcos de batalha serão quebrados.*
> *Ele proclamará paz às nações*
>   *e dominará de um mar a outro,*
>   *e do Eufrates até os confins da terra.*
> *Quando a você, por causa do sangue*
>   *da minha aliança com você,*
>   *libertarei os seus prisioneiros*
>   *de um poço sem água.* (Zacarias 9:9-11)

Reparamos no eco de promessas feitas a Davi, em Salmos 2 e em outras passagens: com a chegada do verdadeiro rei de Israel, seu reinado não será apenas sobre Israel, mas sobre o mundo todo. Essa é parte da ideia, conforme vimos diversas vezes nas promessas a respeito da vitória de Deus sobre as nações (ou, possivelmente, ao recebê-las em um novo tipo de povo santo estendido). Segundo a crença de Israel, quando Deus agir, não será apenas para resgatar o seu povo, mas também para estabelecer seu governo soberano sobre o mundo todo. Finalmente, YHWH governará "...de mar a mar e desde o rio Eufrates até os confins da terra" [Salmos 72:8]. E com o que ele se assemelhará? Com uma figura humilde em direção a Jerusalém, montada em um jumento.

A VINDA DO UNGIDO

Ninguém, nos duzentos anos antes de Jesus, e ninguém nos cem anos de luta contínua após sua época parece ter encaixado todas as peças e sugerido que o Deus de Israel pudesse vir *na forma e na pessoa do rei davídico*. Ou, se alguém foi capaz de fazê-lo, não temos registro. O mais próximo a que chegamos pode ser bar-Kochba, autoproclamando-se, em 132 d.C., como grande luz do céu, a prometida e tão ansiada "estrela". Posteriormente, veremos algo sobre seu movimento.

Naturalmente, porém, o principal exemplo de um movimento que unia os temas do reino de Deus e do reino messiânico era, de fato, o do próprio Jesus. Poucos anos após sua morte, os primeiros seguidores de Jesus de Nazaré falavam e escreviam a seu respeito — e de fato o celebravam — não apenas como grande mestre e benfeitor, não apenas como um grande líder espiritual e homem santo, mas como uma estranha combinação: como rei davídico e, *ao mesmo tempo*, como o Deus que havia retornado. Jesus era, segundo os primeiros cristãos, o ungido, aquele que havia sido equipado e capacitado pelo Espírito de Deus para fazer todo o tipo de coisas, aquele que, de alguma forma, era o ungido de Deus, o Messias, o rei que havia de vir. Jesus era aquele que havia sido exaltado após o seu sofrimento e, agora, ocupava o trono ao lado de Deus.

Entretanto, eles também criam que Jesus havia, desse modo, cumprido os sonhos daqueles cujo anseio era para que Deus, e somente Deus, fosse rei. Segundo criam, Jesus viveu e trabalhou no contexto da mesma história de outros supostos reis da época. Contudo, ele transformou a história ao redor de si mesmo. Os primeiros cristãos criam que, em Jesus, o próprio Deus se tornara, de fato, rei. Jesus viera para assumir o controle e, agora, estava no trono do mundo inteiro. O sonho de um rei vindouro — do próprio

Deus como rei que havia de vir para governar o mundo em justiça e paz — tornara-se, enfim, realidade. Uma vez que entramos no mundo da época e começamos a entender o que Jesus queria dizer pela palavra "Deus", começamos a entender também a reivindicação deslumbrante de que, agora, ele mesmo estava no comando. Jesus era aquele cujo domínio "é um domínio eterno" (Daniel 7:14), cujo reinado jamais será destruído.

Tal reivindicação jamais pode ser, em termos atuais e antigos, meramente "religiosa". Ela envolve tudo, desde poder e política até cultura e família. Abrange significados "religiosos", incluindo espiritualidade e transformação pessoal, bem como significados filosóficos, incluindo ética e cosmovisão. Todavia, a reivindicação posiciona tudo isso no contexto de uma visão mais ampla, que pode ser declarada de modo um tanto simples: agora, em Jesus e por intermédio dele, Deus está no comando. É essa visão que explica aquilo que Jesus fez e disse e o que lhe resultou como consequência, a mesma visão que, por sua vez, explica as palavras e os feitos dos discípulos e o que lhes sucedeu.

Eis aqui, porém, o enigma — o quebra-cabeça definitivo sobre Jesus. O enigma resume-se em dois tipos de questionamento.

Primeiro: por que alguém alegaria esse tipo de coisa a respeito de Jesus, que não fez aquilo que as pessoas esperavam de um rei vitorioso? De fato, expandindo a pergunta, por que Jesus acabou crucificado com as palavras "Rei dos judeus" acima da cabeça? E por que alguém, três minutos, três dias ou trezentos anos depois desse momento, deveria levá-lo a sério?

Segundo: o que, para início de conversa, significaria, hoje, falar de Jesus como "rei" ou como estando "no controle", já que tantas coisas no mundo não se assemelham em nada com isso?

Doravante, são essas as questões que nos ocuparão pelo restante do livro.

Na Parte Dois, olharemos para a carreira pública de Jesus, observando-o reivindicar que o reino de Deus estava sendo inaugurado naquele momento; escutaremos sua explicação a ouvintes perplexos.

Em seguida, veremos para onde isso o levou e aprenderemos como entender sua morte iminente como meio pelo qual, de modo oculto e misterioso, o reino de Deus seria estabelecido para sempre. Isso nos abrirá uma nova forma de considerar, na Parte Três, o significado, no mundo de hoje e de amanhã, de falarmos sobre Jesus como estando realmente no comando — e, igualmente importante, não apenas falar a respeito, mas ajudar em sua implementação.

Contudo, ao concluirmos esses capítulos introdutórios, retornamos à imagem da tempestade perfeita. Sentimos a força da ventania ocidental: o poder implacável de Roma, seu imperador, seus exércitos, sua ambição férrea de governar o mundo. Sentimos o aumento da esperança e da aspiração nacional no contexto do sistema de alta pressão que emergiu das antigas histórias de Israel, produzindo uma narrativa complexa, porém coerente, na qual muitos dos contemporâneos de Jesus criam viver e segundo a qual realmente ansiavam por seu desenlace, por seu cumprimento, pelo grande dia final. Por si só, esses dois teriam sido o suficiente, e o foram em muitas outras circunstâncias, para produzir uma tempestade terrível, com resultados devastadores.

Do momento, porém, quando Jesus de Nazaré inaugurou sua carreira pública, pareceu estar determinado a evocar também a terceira parte da grande tempestade. Jesus falou continuamente sobre o furacão do qual os salmistas haviam cantado e profetas, pregado. Falou sobre o próprio Deus tornando-se rei. E foi por toda parte fazendo coisas que, segundo explicou, demonstravam o que o reinado de Deus significava. Jesus assumiu (este é um dos pontos de partida mais seguros para a investigação histórica de Jesus) o papel de profeta — em outras palavras, de um homem enviado por Deus para reafirmar a intenção divina de vencer o poderoso poder pagão, mas também advertir Israel do perigo nas ações que tomava, ações mal concebidas e que levariam ao desastre. Com isso, o mar é alvoroçado; o vento leva ondas a dançarem como coisas selvagens; e o próprio Jesus avança para o meio de tudo isso, em direção ao próprio olho do furacão, anunciando que o tempo estava cumprido e que o reino de Deus estava próximo. Ele ordena aos ouvintes que abram mão de outros sonhos e confiem, antes, nele. Isso, da forma mais simples possível, é o que Jesus estava fazendo.

PARTE DOIS

CAPÍTULO 6

DEUS ESTÁ NO COMANDO AGORA

A RAZÃO PELA QUAL HAVIA MULTIDÕES com Jesus naquele dia em que ele cavalgou a Jerusalém é que sempre houve multidões ao seu redor, desde o início. Ele as atraía. A primeira coisa que a maioria das pessoas sabia sobre Jesus era que, ao chegar a um vilarejo, havia festa, celebração: vivas de deleite, pessoas dançando, mulheres ululando. O profeta está na cidade, ou seja, uma boa notícia para todos ao redor!

Não é preciso procurar muito para descobrir o motivo da celebração. Pessoas estavam sendo curadas de toda e qualquer doença que você possa imaginar. A medicina antiga não era tão rudimentar como nós, hoje em dia, às vezes imaginamos, mas nem por isso era eficaz. Em qualquer comunidade, muitos sofriam de longos problemas, desde ossos fraturados que não foram curados devidamente até hemorragias crônicas. E quase todo problema físico acompanhava algum tipo de problema social: o trabalhador da fazenda que não podia mais arar, a mulher "impura" que não podia compartilhar comida com sua família. Assim, aonde quer que Jesus fosse, pessoas eram curadas. "Ele percorria toda a Galileia", testifica-nos Mateus, "ensinando nas sinagogas e proclamando a boa notícia do reino, curando toda sorte de doenças e enfermidades entre o povo" (4:23). Temos todos os motivos para supor que era exatamente isso que a maioria das pessoas via acontecer à medida que Jesus de Nazaré inaugurava sua estranha e curta carreira pública.

Mais uma vez, já estamos de volta no olho do nosso furacão histórico moderno. Céticos sempre zombaram dessas histórias. "Sabemos", dizem, "que 'milagres' não acontecem. Pessoas são atraídas a um líder carismático, de modo que inventam histórias para aumentar sua reputação. De qualquer modo, que tipo de 'deus' é esse que 'intervém' desta maneira?". Mas então outros dizem: "Não. Se Jesus é filho de Deus, 'milagres' são o que você esperaria de um Deus 'sobrenatural'". Ainda outro terceiro elemento pergunta: "De qualquer modo, como podemos ter certeza dos relatos históricos do século I?".

É uma pena ter de parar a história logo após seu início; congelemos, porém, o quadro por um momento para lidar com essas questões que nos são familiares. Se não o fizermos, sementes de dúvida poderão ser plantadas. Não há tempo para respostas extensas. Por enquanto, quatro respostas rápidas serão o suficiente.

Primeiro: Jesus atraía grandes multidões. Diversos detalhes das narrativas posicionam o fato acima de qualquer dúvida. Quando perguntamos o porquê, os evangelistas nos dizem que é devido ao fato de Jesus curar pessoas. A conexão entre cura e multidão é feita em todas as fontes.

Segundo: em diversas ocasiões, encontramos o registro de opositores acusando Jesus de coligação com o Diabo — com o "Senhor Vergonhoso" (Belzebu) ou algo semelhante. Eruditos sugerem que muitas das histórias de Jesus foram inventadas por seus seguidores, posteriormente. Aqueles, porém, que amavam e adoravam Jesus não teriam inventado contos de algum envolvimento seu com o oculto.

A não ser que você faça obras extraordinárias, pessoas não te acusam de envolvimento com o Diabo.

Terceiro: conforme veremos, a explicação dada por Jesus era que algo novo estava acontecendo — algo poderoso, dramático, diferente. Se tudo que ele fazia era encorajar pessoas a se sentirem melhor consigo mesmas em vez de buscar transformação de vida, não haveria sinal algum de algo novo. Não haveria nada a ser explicado. Explicações de Jesus só fazem sentido se suas obras forem impressionantes o suficiente para levantarem questionamentos.

Quarto: talvez seja a hora de termos uma postura cética frente ao próprio ceticismo. Nos dias de Jesus, muitos não estavam dispostos a crer em sua mensagem, já que ela desafiava o próprio poder ou influência deles. Receber a mensagem de Jesus inverteria seus planos. Pelos últimos duzentos anos, essa também tem sido a disposição da sociedade ocidental. "Que Jesus seja um médico de almas, levando pessoas a se sentirem melhor consigo mesmas. Que ele seja um resgatador, arrancando pessoas deste mundo para o 'céu'. Mas não deixem que ele nos fale sobre um Deus que realmente atua no mundo. Assim, teremos de levá-lo a sério, justo quando estamos aprendendo a gerenciar o mundo à nossa maneira". O ceticismo não é mais "neutro" ou "objetivo" do que a fé. Ele fervilhou no mundo do pós-Iluminismo, que não queria Deus (ou, em muitos casos, nenhum outro) como rei.

Naturalmente, dizer essas coisas não prova, por si só, nada. Apenas sugere que devemos manter uma mente mais aberta e reconhecer que o ceticismo também segue sua própria pauta. Devemos estar preparados para seguir por onde a história nos guia e verificar se esses trechos inicialmente surpreendentes nos ajudam a entender o resto.

Às vozes que trombeteiam seu apoio a um Deus "sobrenatural" fazendo "milagres" por intermédio do seu "Filho" divino, diria apenas isto, por enquanto: cuidado com sua visão de mundo. Você corre o risco de manter dividido o cosmos multifacetado que Jesus veio para reunificar.

ARAUTOS DO REI

Por onde, então, a história nos leva? Diretamente ao anúncio que Jesus fazia: "Deus está no comando agora — e seu governo se assemelha ao que eu estou fazendo!".

Hoje de manhã, enquanto tentava explicar essa ideia, alguém retrucou: "Mas Deus não está no comando desde o início?" Ah, sim. Agora estamos chegando a um ponto interessante. Sim, é claro que, em certo sentido, o judeu mediano do século I realmente cria que o Deus de Israel já estava no comando. Contudo, ele também sabia, com toda convicção, que, em diversos outros contextos, Deus *não* estava no comando; do contrário, por que o mundo estaria nesta bagunça? Por que o povo de Deus, os judeus, estaria envolto em tantos problemas? Por que estrangeiros impiedosos, cruéis e blasfemos estariam no poder? Por que os próprios líderes judaicos pertencem ao grupo dos corruptos? E por que, além de tudo isso, meu filho está tão doente e minha mãe, paralítica? Por que soldados mataram o meu filho, meu primo, meu marido? É certo que, se Deus realmente estivesse no comando, então tudo isso, desde questões nacionais amplas até problemas familiares, seria retificado.

Jesus ia por toda parte lidando com questões com as quais se deparava. Todavia, também falava, o tempo todo, sobre Deus estar no comando em uma escala mais ampla. Pequenas ações remetiam a uma realidade maior, que serviam de sinais de que essa realidade estava se concretizando.

Quando digo que Jesus falava sobre Deus sendo rei, quero dizer que o estava *anunciando*. Em meu país, clubes de futebol e torcedores ficam empolgados com a chegada de um novo jogador. O anúncio é feito: "Temos uma nova estrela! Enfim, vamos marcar mais gols! Ele fará toda diferença.". No entanto, torcedores e clubes ficam ainda mais empolgados quando, após meses ou anos de uma gestão indiferente, um novo técnico (ou "gestor") é nomeado, especialmente se ele vem com uma reputação de alterar resultados e de levar o time de volta para o trajeto da vitória.

"Temos um novo chefe! A partir de agora, tudo será diferente!". Trata-se de um *anúncio* sobre algo que *aconteceu*, resultando no fato de que, como consequência, tudo será diferente. Não se trata de um pequeno conselho sobre como viver ou uma dica de como abrir mão de assistir ao jogo de futebol, já que o time tem jogado tão mal. É uma proclamação. Uma vez que o novo técnico foi anunciado, é melhor que os jogadores façam o que ele diz. Então, e somente então, as coisas funcionarão adequadamente.

O mesmo é verdade no contexto de um grande império. Quando o arauto de César chega a uma cidade e declara: "Temos um novo imperador", não se trata de um convite para o debate do governo imperial, nem da oferta de um novo sentimento interior. O anúncio corresponde a um fato novo, e é melhor que sua vida se readapte ao redor dele.

Naturalmente, no caso de um time de futebol, o que em geral acontece é que, depois de semanas, ou dias, o desapontamento começa a se manifestar. O time não começa a ganhar todos os troféus, como em um passe de mágica. Assim, um novo ciclo começa. "Talvez algum dia encontremos alguém realmente capaz de ajustar o time e levá-lo à vitória...".

Países também passam por esse ciclo. Lembro-me da empolgação e alegria quando Tony Blair venceu a eleição na Grã-Bretanha, em 1997. O país deu um suspiro de alívio, visto que o antigo governo se enchera de problemas e se esvaziara de ideias, tendo, deste modo, de deixar o comando. "Agora, ao menos temos uma nova visão! Um novo líder! Tudo ficará bem!" Entretanto, com a triste sabedoria que acompanha a retrospectiva, muitos se envergonham de quão entusiasmados ficaram na época. O "Novo Partido Trabalhista" demonstrou ser como todos os demais, acertando em alguns aspectos e errando em outros.

Observei outros países enfrentarem altos e baixos semelhantes. Recordo-me da alegria de muitos quando Barack Obama foi eleito presidente dos Estados Unidos, em 2008, e assisti a essa alegria transformar-se em frustração quando as coisas não melhoraram magicamente do dia para a noite. (Observei também o horror de muitos na mesma eleição, bem como esse horror transformando-se em paranoia). Tratamos nossos líderes políticos como heróis e semideuses; eles carregam nosso sonho, nossa fantasia e nosso anseio de como as coisas deveriam ser. Ao descobrirmos que políticos não passam de seres humanos, voltamo-nos contra eles, culpando-os pelos problemas intratáveis que eles, como seus predecessores, foram incapazes de resolver. Por que pessoas deveriam pensar que Jesus era diferente?

Os judeus já tinham experimentado desapontamentos. A longa história de Israel teve seus picos, mas, se juntássemos tudo que havia acontecido com a nação nos últimos mil anos, a sequência de frustrações é tão longa, repetitiva e desalentadora que seríamos capazes de perdoá-los por perderem totalmente a esperança.

Alguns a perderam. A maioria, não. E a razão pela qual a maioria continuou esperançosa nos serve de explicação sobre o que os judeus pensavam que aconteceria quando o seu Deus finalmente assumisse o comando. Nesse ponto, devemos tirar os óculos com os quais normalmente enxergamos o mundo, principalmente o mundo ocidental moderno, e colocar outros. Se é nosso desejo entender Jesus, teremos de aprender a ver o mundo como os contemporâneos dele o enxergavam. Já começamos a fazê-lo nos capítulos de abertura. Embora esse processo seja complicado para um historiador (visto que nossas fontes são poucas e limitadas), devemos dar um passo a mais no processo.

O QUE DEU ERRADO?

Colocando-o de maneira simples, judeus dos dias de Jesus criam que o seu Deus havia feito o mundo e continuava encarregado por ele. Eles não entendiam, da mesma forma que nós, como um mundo criado por um Deus bom acabou tomando o rumo errado, mas foi claramente isso que aconteceu. Sinais estavam por toda parte: corpos quebrados, vidas quebradas, sistemas quebrados, países quebrados.

A coisa toda precisava de conserto, de reparo, de retificação. E o povo judeu cria que a família de Abraão era parte da resposta, parte da operação de reparo, parte do plano de retificação.

Esboço cronológico da história judaica

Período Babilônico: 597—539 a.C.
- 597 Conquista de Jerusalém por Nabucodonosor II
- 587 Destruição de Jerusalém, povo exilado para a Babilônia
- 539 Queda da Babilônia

Período Persa/Grego: 538—320 a.C.
- 538 Retorno de (alguns) exilados; início da reconstrução do Templo (completado em 516)
- 450/440 Esdras e Neemias em Jerusalém
- 336 Alexandre, o Grande, chega ao poder
- 332 Alexandre conquista a Palestina
- 323 Morte de Alexandre; divisão do império

Período Egípcio: 320—200 a.C.
- Dinastia ptolomaica governa a Palestina; governo local sob a administração de sumo sacerdotes

Período Sírio: 200—63 a.C.
- 200 Antíoco III derrota os egípcios
- 175 Entronização de Antíoco IV Epifânio
- 171 Menelau (sumo sacerdote) favorece Antíoco; revolta judaica
- 167 Antíoco profana o Templo, constrói altar a Zeus
- 166 Judas Macabeus ("Judá, o Martelo") lidera um grupo revolucionário
- 164 Judas purifica o Templo
- 160 Morte de Judas

160—63 Governo semi-independente da dinastia dos macabeus (asmoneus).

Período romano: 63 a.C. em diante

63 Pompeu (general romano) conquista Jerusalém
44 Morte de Júlio César; guerras civis romanas
37 Herodes estabelecido como "rei da Judeia"
31 Otávio (Augusto) ganha a guerra civil e transforma a república romana em um império
7—4 a.C. (?) Nascimento de Jesus de Nazaré
4 a.C. Morte de Herodes; inquietações civis e movimentos "messiânicos"
4 a.C. Dividido o reino de Herodes; Antipas governa a Galileia; Arquelau, a Judeia
6 d.C. Arquelau é deposto após protestos; Judeia administrada por "governadores"
14 d.C. Morte de Augusto; ascensão de Tibério
26—36 Pôncio Pilatos "governador" da Judeia
30 (33?) Crucificação de Jesus de Nazaré

Desse modo, se o povo judeu, conforme cria, constituía o elemento-chave da operação de resgate global de Deus, era duplamente frustrante, duplamente enigmático, duplamente desafiador o fato de a própria vida nacional judaica ter permanecido, ela própria, por tanto tempo em tamanha bagunça. Pelo tempo em que Jesus andou por toda a parte da Galileia anunciando às pessoas que Deus agora estava no comando, fazia cerca de seiscentos anos desde a destruição de Jerusalém pela Babilônia, a maior superpotência da época. E embora muitos dos judeus haviam retornado do exílio babilônico e mesmo reconstruído o Templo de Jerusalém, eles sabiam que as coisas ainda não estavam certas. Uma nação pagã após a outra assumiu o controle, governando o Oriente Médio a seu próprio modo.

Em particular, o povo judeu cria que o Templo de Jerusalém era o local onde Deus deveria viver. O Templo era o lugar onde "céus" e "terra" realmente se encontravam. Israel via os "céus" como o espaço de Deus e a "terra" como nosso espaço, a ordem criada conforme a conhecemos, e criam que o Templo representava o local preciso na terra onde ambos se intercalavam. O Templo, porém, parecia vazio. Deus não havia retornado.

Então, de onde vinha a esperança? Como alguém consegue manter a esperança por mais de quinhentos anos enquanto observa um regime após o outro ir e vir, alguns prometendo coisas melhores, mas todos eles decepcionando no final? Como se pode continuar crendo, de geração em geração, que um dia Deus virá para assumir o comando?

REVIVENDO O ÊXODO

Resposta: você conta a história, canta as canções, continua celebrando a vitória de Deus — mesmo que ela continue não acontecendo. Conforme vimos, a história — a História acima de todas as demais para o povo judeu — era a história do Êxodo, o tempo quando Deus ouviu o clamor do seu povo em sua escravidão no Egito e desceu para libertá-lo, trazendo-o através do mar Vermelho na época da Páscoa, liderando-o através do deserto e conduzindo-o para o lar, na terra prometida. Visto que o próprio Jesus parece ter escolhido deliberadamente a história do Êxodo, a história da Páscoa, torna-se relevante pensarmos por um momento sobre as sete grandes características dessa história, cujos detalhes todo judeu do século I conheceria do princípio ao fim. Tudo isso — ainda estamos aprendendo a nos desprender dos óculos ocidentais modernos e colocar as lentes judaicas do século I! — é essencial se desejamos entender o que Jesus pensava fazer. Se não compreendermos isso, tudo o que fazemos é suprimir Jesus na pequena caixa da nossa própria imaginação em vez de vê-lo como ele era. Eis, então, os sete temas do Êxodo:

- Tirano ímpio
- Líder escolhido

- Vitória de Deus
- Resgate por sacrifício
- Nova vocação e estilo de vida
- Presença de Deus
- Terra prometida/herdada

Em primeiro lugar, a história do Êxodo diz respeito a um tirano ímpio — o faraó, o rei do Egito — que escravizou o povo de Deus. O faraó é, por assim dizer, o sintoma mais visível do problema que o povo enfrentava.

Em segundo lugar, Deus escolheu um líder. Moisés foi chamado, juntamente com seu irmão Arão e sua irmã Miriã, para contar às pessoas que Deus, enfim, viera ao seu resgate. Sob o comando de Deus, Moisés liderou o povo da escravidão para a liberdade.

Em terceiro lugar, Deus obteve uma grande vitória contra o faraó e o seu povo. O livramento assumiu a forma de juízo divino, começando com uma sequência de pragas e alcançando seu auge decisivo quando o mar Vermelho, que havia se dividido para que os israelitas passassem, voltou ao nível normal e afogou o exército egípcio. Essa vitória divina foi celebrada em uma grande canção, cuja linha final nos dá uma ligação direta ao que Jesus estava dizendo: "O Senhor reinará eternamente" (Êxodo 15:18). É isso que significa dizer que o Deus de Israel assumiu o comando. Ele está reinando. Obteve a vitória contra o tirano ímpio. Deus é o rei!

Em quarto lugar, o resgate do povo de Deus foi de tal modo alcançado a fim de deixar claro aos israelitas que esta era uma ação especial de favor e misericórdia. "Páscoa" [do hebraico *pessach*, "passagem"] recebe esse nome porque, na última praga, o anjo da morte, trazendo juízo sobre todo primogênito do Egito, "passou pela" morada dos israelitas, onde um cordeiro havia sido sacrificado, e seu sangue, manchado nas vigas das portas. A refeição familiar compartilhada daquela noite tem se repetido desde então, constituindo o povo como família resgatada e liberta de Deus. E foi durante a preparação para a Páscoa que Jesus entrou em Jerusalém, montando um jumento.

Em quinto lugar, os israelitas chegaram ao monte Sinai, onde a "aliança de casamento" entre eles e o seu Deus foi selada. Deus, por sua vez, deu-lhes sua lei, estilo de vida pelo qual deveriam mostrar ao mundo o que o seu criador tinha em mente.

Em sexto lugar, o próprio Deus acompanhou os israelitas em sua jornada, em um pilar de nuvem durante o dia e de fogo durante a noite. O livro de Êxodo fecha com a confecção do tabernáculo, onde Deus viria para habitar em meio ao seu povo. Meio milênio depois dos dias de Moisés, Davi e Salomão planejariam e construiriam uma versão permanente desse tabernáculo: o Templo de Jerusalém. Foi para o Templo que Jesus de Nazaré se dirigiu naquele dia a fim de realizar um gesto estranho, dramático e simbólico de debater com os mestres da lei, enquanto ventos começavam a soprar mais violentamente e a tempestade perfeita da história alcançava seu ponto máximo.

Em sétimo lugar, tudo isso aconteceu em cumprimento de promessas antigas. Deus prometera a Abraão, Isaque e Jacó que sua família teria a terra da Palestina como herança. Finalmente, tais promessas começavam a se concretizar. A esperança fora adiada por um longo tempo. Agora, porém, estava se cumprindo.

Tudo isso foi o que eu quis dizer ao afirmar anteriormente que a festa escolhida por Jesus como seu momento de agir era "detalhadamente densa e cheia de esperança". Para nós, a imagem deve ser montada, passo a passo; para os judeus, era como um cômodo de sua própria casa, cheio de fotografias e ornamentos que conheciam extremamente bem, nenhum deles sem significado. E o significado, para todo aquele que compartilhasse da festa, era esperança. O que Deus fez no passado, tornaria a fazer no futuro.

Obviamente, conforme a própria história bíblica demonstra abundantemente, as coisas nunca eram tão simples assim. Na época do Êxodo, o povo estava temeroso. Moisés mesmo tentou escapar de seu novo e perigoso papel. O povo murmurou e às vezes clamou para retornar ao Egito. Quando a lei sagrada foi revelada do Sinai, sua primeira função foi condenar o povo — incluindo Arão! — por confeccionar um ídolo, um bezerro de ouro, em vez de adorar o único Deus, cuja única "imagem" devida é um ser humano que vive e respira. A aliança foi quebrada antes mesmo de realmente começar, e por pouco Deus retira sua promessa de viajar pessoalmente com os israelitas. Seja o que as promessas antigas significassem, e o que seu novo cumprimento significaria, certamente ela não faria do povo puro, santo e fiel da noite para o dia.

Mas essa foi a história que sustentou os israelitas pelos próximos mil anos ou mais, até o tempo de Jesus — e, claro, sustenta o povo judeu até o dia de hoje. Essa era a história que Jesus conhecia desde a infância. Essa era a história — tirano, líder, vitória, sacrifício, vocação, presença de Deus, herança prometida — a partir da qual fazia sentido falar sobre Deus assumindo o comando. Essa era a história de como Deus se tornou rei.

Essa era a história cujos ouvintes de Jesus teriam lembrado ao ouvi-lo falar de Deus finalmente assumindo o controle. Visto que temos razões para crer que Jesus foi um dos maiores comunicadores de todos os tempos, devemos presumir que essa era a história que ele desejava evocar nos ouvintes. Ele devia saber o que estava fazendo, que tipo de imagens despertava na mente das pessoas. Ao falar sobre Deus assumindo o controle, Jesus estava falando sobre um novo Êxodo.

CAPÍTULO 7

A CAMPANHA COMEÇA AQUI

PERMANEÇA COM ESSES ÓCULOS, então, enquanto voltamos a Jesus e ao que ele dizia sobre Deus — sobre o Deus de Israel. Jesus andou por toda parte declarando, como alguém que transmitia uma proclamação pública, que o Deus de Israel estava, enfim, tornando-se rei: "O tempo está cumprido!", anunciava. "O reino de Deus está chegando! Retornem e creiam na boa notícia!" (Marcos 1:15). "Se é pelo dedo de Deus que expulso demônios", declarava, "então o reino de Deus chegou até vocês" (Lucas 11:20).

Pense por um instante sobre como uma "proclamação" como esta funciona. Nós, que vivemos em democracias modernas, estamos acostumados com a ideia de um novo governo tomando posse, um novo presidente ou primeiro-ministro. Estamos acostumados a ser informados sobre isso pelo rádio ou na televisão. Quando a troca acontece, a maioria simplesmente aceita o fato de que é assim que as coisas funcionam. Acreditamos na democracia. Mesmo quando não votamos no candidato eleito, conformamo-nos e reconhecemos que, desta vez, a maioria tem uma opinião diferente da nossa. A despeito do resultado, é improvável que todas as antigas leis e costumes sejam anulados, ou que o novo líder invente todo um conjunto de novas leis e espere que todos as sigamos, sem questionar. Certamente, algumas políticas penderão para um lado ou para o outro. Mas um novo líder, um novo governo, não transformará nossa vida de cima para baixo.

Imagine, porém, como seria se você vivesse por anos e anos sob o governo cruel e repressivo de um tirano estrangeiro. Você não tem nenhum sistema preparado para mudar as coisas. Nenhuma eleição é feita e, caso seja, há fraudes do começo ao fim. Imagine também que isso aconteça em um mundo sem rádio, televisão ou mídia impressa. A única forma de alguém ouvir a respeito das coisas é por rumores (muito eficientes na maioria dos casos e, às vezes, extremamente precisos) ou por algum tipo de proclamação pública — talvez quando as conversas finalmente chegam à sua cidade, longe do centro de poder.

Proclamações seriam usadas para anunciar uma mudança de governante, mas também a continuação de um sistema. O antigo imperador morre, porém, os mediadores do poder ao seu redor se certificarão de que, antes da divulgação da má notícia sobre o seu falecimento, a boa notícia do seu sucessor esteja firmemente segura. Então, arautos são enviados a províncias, cidades e vilarejos de todo império com uma mensagem que carrega peso, autoridade e um senso de que essa não é uma nova ideia sobre a qual você gostaria de pensar, mas um novo fato com o qual é melhor se acostumar. "Boas notícias: temos um novo imperador!" Desse modo, com a morte de Augusto, o antigo imperador, depois de quatro décadas como senhor do mundo ocidental, podemos imaginar Jesus, ao fim da adolescência — talvez na cidade recém-construída de Séforis, não distante de Nazaré — na praça central quando o arauto chegou para ler a proclamação: "Boa notícia: Tibério César é imperador!"

Pode bem ser que o arauto estivesse acompanhado por um destacamento de soldados, especialmente em áreas potencialmente problemáticas. Na época, todos sabiam, como no caso de pessoas que vivem sob o governo de líderes tirânicos hoje em dia, que mudança de governo representa o momento quando uma revolução pode irromper. A razão pela qual Séforis precisou de reconstrução — possivelmente com a ajuda de carpinteiros locais, como a de José ou do próprio Jesus — é que a cidade fora centro de uma grande revolta antirromana depois da morte de Herodes, o Grande, de modo que os romanos a destruíram por completo. Assim, a proclamação de um novo imperador carregava peso. Não se tratava de uma de negociação. Significava que, a partir de então, Tibério estava no comando — e que seus agentes locais, com seu apoio, deviam ser obedecidos. Do contrário, os rebeldes sofreriam as consequências.

CELEBRAÇÃO, CURA E PERDÃO

E quanto ao anúncio que Jesus faz do seu próprio reino? Sua trajetória ao redor da Galileia anunciando, como um dos arautos de César, que o *próprio Deus* agora se tornava rei teria sido um tapa na cara de pelo menos duas pessoas. Ao norte do país, onde Jesus inaugurava sua campanha, havia Herodes Antipas, um dos muitos filhos de Herodes, o Grande. Antipas não era particularmente poderoso, mas, embora não autorizado pelos romanos a manter o título de seu pai como "rei dos judeus", era o mais próximo do equivalente na época. De fato, foi Antipas que reconstruiu Séforis como sua capital. Ao Sul, havia os principais sacerdotes, com o sumo sacerdote (nomeado anualmente) como líder — uma pseudoaristocracia, como no caso do próprio Herodes Antipas, mantida no cargo com o consentimento de Roma. Romanos gostavam de administrar seu imenso império por intermédio de mediadores do poder locais, mantendo a população sob controle. Se Herodes ou o sumo sacerdote ouvissem que alguém ia de um lado para o outro anunciando que Deus estava tornando-se rei, sentiriam imediatamente o prenúncio de agitação.

Desse modo, enquanto Jesus ia de um lado para o outro anunciando que Deus estava no comando, não andava, por assim dizer, em território virgem. Não estava fazendo seu anúncio em um vácuo. Imagine como seria hoje, na Grã-Bretanha ou nos Estados Unidos, se, sem uma eleição ou qualquer outro mecanismo oficial para mudança de governo, alguém fosse para uma rádio nacional ou a um programa de televisão para anunciar que, a partir de agora, havia um novo primeiro-ministro ou presidente. "De hoje em diante", diz o proclamador, "temos um novo governante! Estamos sob uma nova administração! Tudo será diferente!" Não se trata apenas de uma conversa empolgante, mas de confronto. "Traição! Sedição! Com que direito esse homem diz essas coisas? Como pensa que escapará disso? De qualquer maneira, o que ele quer dizer?" Um anúncio como esse não é apenas uma proclamação, porém, *o começo de uma campanha*. Quando um regime já no poder simplesmente transfere esse poder ao sucessor, você apenas anuncia que o processo está acontecendo. Mas, quando você faz o anúncio enquanto algum outro parece estar no comando, está dizendo, na prática: "A campanha começa aqui".

Assim, o que Jesus *realmente* queria dizer? Quais características tinha sua campanha? Essas são as questões, podemos estar certos, na mente de seus ouvintes. De modo frustrante, para nós e para eles, a resposta de Jesus à pergunta: "O que ele realmente quer dizer?" parece, em parte, ter sido: "Espere e você verá". Nesse meio-tempo, porém, ele ainda demonstrava o que seu anúncio queria dizer, de modo direto e pessoal. Curas e celebrações eram parte do significado de como Deus se tornava rei. É com isso que esse governo se assemelhava.

Entretanto, como a cura de centenas ou milhares de pessoas corresponde a esperanças e anseios sobre os quais estudamos antes, isto é, o sonho de um novo Êxodo, uma batalha vitoriosa contra o antigo tirano, a reconstrução do Templo, a criação de justiça e paz?

Talvez devêssemos começar pelo último ponto. Justiça e paz dizem respeito a retificar o mundo. Contudo, se olharmos para Jesus de qualquer ângulo, perceberemos que ele estava preocupado não apenas com estruturas externas, mas com realidades cuja abrangência envolvia a totalidade do indivíduo, a comunidade inteira. Não há motivos para retificar o mundo se pessoas continuam "quebradas". Assim, pessoas quebradas serão curadas: paralíticos, epilépticos, endemoninhados, pessoas com doenças graves de pele, um servo à beira da morte, uma senhora com febre alta, cegos, surdos e mudos, uma menina já tecnicamente morta, uma senhora com hemorragia persistente etc. A lista elaborada por Mateus é tão grande que passamos a antecipar o que irá acontecer: alguém está doente; Jesus irá curá-lo.

Curas, porém, não eram tudo. Havia também festas, celebrações. É claro que Jesus passava longas horas em oração. Contudo, sentia-se também à vontade onde havia uma festa, uma festa do reino, uma celebração do fato de que Deus estava, enfim, assumindo o comando. E conforme sabemos, mas nem sempre entendemos, Jesus parece ter se especializado na celebração do reino de Deus com todo tipo de gente errada. Publicanos (sempre detestados; duplamente odiados quando a trabalho de Herodes, dos romanos ou de ambos) representavam um grupo à parte, e Jesus fazia todo o possível para encontrá-los, para comer com eles e celebrar com eles, para chamá-los a serem parte de sua equipe mais íntima. Mateus, contando a história de seu próprio chamado (9:9-13), posiciona-a entre uma longa lista de *histórias de cura*. Em princípio, a explicação é que essa era a forma na qual experimentara seu chamado. Prostitutas pareciam constituir outra especialidade. Jesus é retratado como alguém que também as recebia e, na parábola impressionante do filho pródigo, a qual será vista mais detalhadamente em breve, a acusação feita pelo irmão mais velho era que o mais novo havia gastado todo o dinheiro do seu pai com prostitutas (Lucas 15:30). A acusação reflete a queixa feita contra Jesus, e foi precisamente ela que precipitou a história ("Este homem recebe pecadores... até come com eles!" [v. 2]).

De fato, o Lucas 15 é uma exposição prolongada da *razão pela qual há uma festa acontecendo, para início de conversa*. "Algo está acontecendo", Jesus declara, "unificando céus e terra. Anjos estão celebrando no céu; certamente, então, devemos celebrar na terra". A razão para a celebração dos anjos é que pecadores conhecidos estão vendo o erro de suas ações e se arrependendo delas — ainda que justos e respeitosos, incapazes de suportar o pensamento de que algo esteja errado com *eles*, olhem para esse comportamento com desprezo.

Como no caso das curas, a ideia não é que Jesus estava simplesmente montando uma operação individual de resgate para almas perdidas e maltratadas — embora parecesse assim à época. Jesus, ciente como sempre das longas histórias do povo de Deus e da forma como essas histórias deviam se concretizar, sabia tão bem como qualquer outro mestre da lei que uma das maiores coisas que Israel tinha de fazer para que Deus inaugurasse seu grande movimento de renovação, seu novo Êxodo, era "voltar-se", arrepender-se, desviar-se dos caminhos malignos do coração e convergir para Deus, em contrição e fé. Isso fora dito pelo próprio Moisés, em Deuteronômio 30. Jeremias e Ezequiel estabeleceram a mesma ideia. É assim que deveria ser: quando israelitas ficassem muito mal, então eles se voltariam para Deus de todo o coração e alma, e Deus se voltaria para Israel, restaurando a nação e tornando-a, de fato, seu povo.

Por isso, Jesus insistirá que é hora de celebrar! Está acontecendo! Não talvez da forma como alguém antecipava, não ainda em escala nacional, porém, da maneira certa. "Quão alegres eles ficarão no céu por um pecador que se arrepende" (Lucas 15:7). "Este seu irmão estava morto e reviveu! Estava perdido, e foi achado!" (15:32). "Ressurreição, a esperança definitiva da nova vida para Israel, está acontecendo debaixo do nariz de vocês; mas vocês são incapazes de reconhecer isso. Mas àqueles entre vocês que conseguem enxergar — bem... estamos fazendo uma festa, a mesma festa que os anjos estão tendo no céu, e vocês não irão nos impedir". Ao que tudo indica, isso parece ser parte do que significa dizer que o reino de Deus está vindo "na terra como [é] no céu". Celebrações celestiais como sinais de renovação, primeiros raios de luz de um alvorecer que em breve inundará todo o céu, devem ser igualados pela multidão variada ao redor de Jesus de cidade em cidade; na casa de Mateus (Mateus 9:9-13); no lar de Zaqueu (Lucas 19:1-10); nesta taverna ou naquela; com Maria Madalena e seus amigos; e com qualquer outro que deseja se juntar ao festejo. É assim que a coisa se parece quando Deus está no comando. É assim que a campanha se desenvolve.

Isso nos introduz a outra ideia cujo tópico está interligado com os temas de cura e celebração. Jesus falava frequentemente de pessoas sendo *perdoadas*. Na verdade, perdão é um tipo de cura. Remove um fardo capaz de esmagar e paralisar alguém. Permite a você ficar em pé outra vez, sem fingimento. Espalha-se por comunidades inteiras. Pense em Desmond Tutu, presidindo sobre a perturbadora Comissão da Verdade e Reconciliação, na África do Sul. "Não há futuro sem perdão" era o *slogan*, que se tornou o título do livro de Tutu. Dizem que o perdão é a coisa mais poderosa do mundo, capaz de transformar como nada mais. Seu alcance varia do topo da escala, "perdão" de grandes dívidas financeiras, até o mais profundo, alcançando o horror silencioso e secreto de culpa e vergonha íntimas, cujos efeitos podem, literalmente, paralisá-lo.

Esse fora o caso em uma das primeiras e mais bem conhecidas histórias (Marcos 2:1-12). "Filho", diz Jesus ao homem deitado em uma maca, incapaz de mover-se, "seus pecados estão perdoados". "É perigoso dizer isso", pensamos. É como andar em uma cidade e declarar que temos um novo imperador. "O que você quer dizer? Como assim? Não é abusar demais da sorte? 'Perdão' não é o tipo de coisa que você recebe no Templo, sob a autoridade dos principais sacerdotes?" Sim, é exatamente desse modo que as coisas normalmente funcionam. Mas algo mais está acontecendo. Uma nova dimensão da proclamação Deus-no-comando está sendo revelada. "Querem a confirmação", prossegue Jesus aos que estavam presentes, "de que o filho do homem tem na terra autoridade para perdoar pecados?" Ele se volta ao paralítico: "Eu te digo: levante-se, tome a sua maca e vá para a casa". O homem obedece. E a multidão presente na casa, que não abria espaço para que o homem passasse, agora abre espaço, como o mar Vermelho, para deixar o homem sair.

Perdão e cura! Ambos andam tão próximos um do outro, pessoal e socialmente. Sociedades inteiras podem ficar paralisadas por rixas antigas, às quais se transformam em disputas e, enfim, em formas de guerra civil. Famílias podem ser divididas por um único incidente ou pelo comportamento de uma única pessoa, que, quando não tratada, não consegue se perdoar. Semelhantemente, sociedades, famílias e indivíduos podem ser reconciliados, encontrar nova esperança e novo amor através do perdão. Jesus estava lidando com um aspecto extremamente profundo da vida humana.

Todavia, como no caso de curas físicas, o perdão não parou com esse tipo de reconciliação. A fim de entendê-lo, precisamos pular do Êxodo para mais um momento de definição na história de Israel: o exílio. Já mencionamos o tempo quando o povo foi levado para a Babilônia. Conforme sabemos, profetas da época foram bem claros sobre o porquê de isso ter acontecido: por causa da iniquidade do povo. Como seus ancestrais distantes que dançaram em volta do bezerro de ouro no deserto, eles haviam se esquecido do seu verdadeiro Deus. Haviam adorado ídolos. Assim, em vez de luz para as nações, Israel virou sinônimo de nação abandonada por Deus. Pessoas olhavam para os israelitas e zombavam deles e do seu Deus, aquele que aparentemente os deixara indefesos. O exílio era visto, por toda parte das antigas escrituras, como punição pelo pecado de Israel. Em uma cultura em que honra e vergonha constituíam a base moral da sociedade, o exílio trouxe vergonha profunda e mortal sobre Israel. E, aos olhos de um mundo observador, sobre o Deus de Israel.

Dessa forma, perdão significava que o exílio havia, então, terminado. "Consolem, consolem o meu povo", cantou um dos maiores profetas. "Encorajem a Jerusalém e anunciem que ela já cumpriu o trabalho que lhe foi imposto, pagou por sua iniquidade e recebeu da mão do SENHOR em dobro por todos os seus pecados" (Isaías 40:1-2). Além disso, conforme a profecia seguinte elucida, tal palavra de perdão é parte da mensagem geral de que o Deus de Israel é, de fato, rei. Ele será conhecido como rei por meio de sua vitória sobre o reino tirânico e pagão da Babilônia e ao trazer de volta seu povo para a sua terra. O retorno do exílio devia ser o novo Êxodo: tirania, resgate, vocação, presença de Deus, herança. Da mesma forma como a cura física é uma versão particular e individualizada de como o mundo se parece quando Deus assume o controle com o objetivo de consertar e reparar o mundo todo, perdão individual é a versão particular e individualizada de como o mundo se parece quando Deus faz o que promete e restaura seu povo exilado. Conforme vimos, a maioria dos judeus dos dias de Jesus via a Babilônia e o exílio como apenas o início de um período muito mais longo da história, segundo o qual o povo de Deus permanecia não redimido, não resgatado e não perdoado. Ao anunciar perdão, em termos individuais e coletivos, Jesus contava uma história cuja narrativa as pessoas deviam ter em mente. De qualquer modo, essa é a história que Jesus planejava que tivessem.

PRIMEIRO ANÚNCIO

É assim que devemos entender grandes anúncios e palavras íntimas de consolo. O anúncio mais formal vem, no evangelho de Lucas (4:16-30), no início da carreira pública de Jesus. Após retornar à sua terra natal de Nazaré, Jesus vai, em um sábado, para a sinagoga — um lugar de adoração, mas também de "ponto de encontro" comunal (é isso que a palavra significa), lugar onde pessoas se reúnem para discutir e analisar questões, estudar a lei e meditar sobre seu significado. Jesus se levanta para ler um texto do profeta Isaías, e escolhe mais uma das grandes passagens sobre a nova criação vindoura, libertação da escravidão, novo Êxodo e restauração após o exílio, o qual constituía a esperança que sustentava boa parte da vida judaica de sua época. Esta é a passagem normalmente referida como "manifesto de Nazaré":

> Então ele foi a Nazaré, onde havia sido criado. No sábado, segundo seu costume, entrou na sinagoga e levantou-se para ler. Deram-lhe o pergaminho do profeta Isaías. Ao abri-lo, encontrou o lugar onde estava escrito:
>
> "O Espírito do Senhor está sobre mim
> Porque ungiu-me

Para levar aos pobres boa notícia.
Enviou-me para anunciar libertação dos cativos,
Dar vista aos cegos,
Libertar os feridos
Anunciar o ano da bondade de Deus".

Jesus fechou o pergaminho, devolveu-o ao assistente e assentou-se. Na sinagoga, todos os olhares estavam fitos nele.

"Hoje", começou, "se cumpriu a escritura que vocês acabaram de ouvir." (Lucas 4:16-21)

Naturalmente, a mensagem é de perdão, mas não apenas para indivíduos paralisados física ou emocionalmente como resultado de culpa, real ou imaginária. Trata-se de um tipo de perdão corporativo, tocando na antiga esperança judaica do "jubileu", ano em que todas as dívidas seriam perdoadas e escravos, libertos (Levítico 25). O jubileu é o sábado dos sábados. Se a cada sete anos, deve haver um ano sabático, no qual a terra fica sem cultivo e pessoas descansam, o jubileu é o sabático dos sabáticos, sete vezes sete anos, produzindo uma grande celebração de libertação, perdão e resgate de tudo que paralisou a vida humana. Era isto que Jesus estava anunciando. Particularmente, o leitor norte-americano deve conhecer bem este tema, já que Levítico 25 (v. 10, em itálico) está inscrito no famoso Sino da Liberdade, na Filadélfia:

> Contarás sete semanas de anos, sete vezes sete anos, de maneira que os dias das sete semanas de anos te serão quarenta e nove anos. Então, no mês sétimo, aos dez do mês, farás passar a trombeta vibrante; no Dia da Expiação, farás passar a trombeta por toda a vossa terra. Santificareis o ano quinquagésimo e *proclamareis liberdade na terra a todos os seus moradores*; ano de jubileu vos será, e tornareis, cada um à vossa possessão, e cada um à sua família. O ano quinquagésimo vos será jubileu; não semeareis, nem segareis o que nele nascer de si mesmo, nem nele colhereis as uvas das vinhas

não podadas. Porque é jubileu, santo será para nós outros; o produto do campo comereis. (Levítico 25:8-12, ARA)

Ouvintes de Jesus teriam entendido a passagem de Isaías nesse sentido. Teriam estado ávidos por saber exatamente como, segundo ele, essas grandes profecias seriam cumpridas. Como de costume, porém, a mensagem de Jesus é que elas *estão se cumprindo* — mas não da maneira como o povo imaginava. Sim, Deus está assumindo o comando. Sim, o grande ano do jubileu está nascendo, o tempo da libertação e do perdão. Todavia, ele não funcionará da forma como haviam antecipado. Em uma inversão abrupta, equivalente quase a um tapa na cara de seus ouvintes (incluindo, supomos, de sua própria família), Jesus declara que os beneficiários desse grande ato de Deus não serão, afinal, o povo de Israel em sua configuração atual. Veja o que ele diz em seguida para os seus ouvintes da sinagoga:

> Todos estavam admirados com ele, com as palavras que saíam de sua boca — palavras de pura graça.
> "Não é este o filho de José?", perguntavam.
> "Eu sei o que todos me dirão", Jesus disse. "Vocês citarão este provérbio: 'Médico, cura-te a ti mesmo!' 'Ouvimos das grandes coisas acontecendo em Cafarnaum; faça coisas semelhantes aqui, em tua própria terra!'
> "Digo-lhes a verdade", prosseguiu: "Profetas nunca são aceitos em sua própria terra. Esta é a verdade solene: havia muitas viúvas em Israel no tempo de Elias, quando o céu foi fechado por três anos e seis meses, e houve grande fome sobre toda a terra. Elias não foi enviado a nenhuma delas, exceto a uma viúva em Sarepta, cidade de Sidom.
> Também havia muitas pessoas com doenças graves de pele em Israel no tempo do profeta Eliseu, mas nenhuma delas foi curada — exceto Naamã, o sírio".
> Ao ouvirem isso, todos na sinagoga ficaram furiosos. (Lucas 4:22-28)

Beneficiados serão os de fora, as pessoas erradas, os estrangeiros. Talvez mesmo o comandante do exército inimigo. Naamã, o sírio, a quem Jesus se refere como único homem curado pelo profeta Eliseu, havia sido o comandante do exército que, na antiga história, andava atacando os israelitas (2Rs 5).

Embora impressionante, a declaração de Jesus corresponde a tudo que sabemos a respeito de seu ensino público. "Amem os inimigos", disse aos seus seguidores (Mateus 5:44), elaborando a mesma ideia a partir de diversos ângulos diferentes. O perdão estava no cerne de sua mensagem. Trata-se de um afastamento impressionante da prática quase universal dos mártires judeus, aos quais era motivo de honra evocar maldições do céu contra torturadores e executores. A história terrível da tortura e morte de sete irmãos e sua mãe em 2Macabeus inclui ameaças pronunciadas contra o rei Antíoco:

> Após este, fizeram achegar-se o sexto [irmão], que disse antes de morrer: "Não te iludas. Nós mesmos merecemos estes sofrimentos, porque pecamos contra nosso Deus. Em consequência, recebemos estes flagelos surpreendentes. Mas não creias tu que ficarás impune, após haveres ousado combater contra Deus". [...]
>
> [O sétimo irmão disse:] "Ímpio, não te exaltes sem razão, embalando-te em vãs esperanças, enquanto levantas a mão sobre os servos do céu. Tu ainda não escapaste ao julgamento do Deus Todo-poderoso que tudo vê! Enquanto meus irmãos participam agora da vida eterna, em virtude do sinal da Aliança, após terem padecido um instante, tu sofrerás o justo castigo do teu orgulho, pelo julgamento de Deus". (7:18-19;34-36, BAM)

Em contrapartida, tanto o próprio Jesus quanto Estêvão, o primeiro mártir, oraram pela misericórdia de Deus sobre aqueles que os matavam:

> "Pai", disse Jesus, "perdoa-lhes! Eles não sabem o que estão fazendo!" (Lucas 23:34)

Então Estêvão caiu de joelhos e bradou com toda a voz: "Senhor, não os consideres culpados deste pecado". Depois de dizer isto, adormeceu. (Atos 7:60)

Entretanto, conforme vimos, Jesus, ao expandir seu programa de jubileu (Lucas 4:24-27), explicou que ele não dizia respeito a Deus apenas perdoando Israel de sua dívida e punindo inimigos antigos e contemporâneos, isto é, nações pagãs ao redor. Antes, sua mensagem seria boa notícia até mesmo para as próprias nações pagãs!

A sinagoga local não suportou a mensagem. Todos conheciam Jesus e sua família. Quem ele pensava que era? Jesus foi expulso da cidade e, por pouco, escapou com vida. De fato, seu destino final paira por toda a narrativa de Lucas deste ponto em diante. De alguma forma, a mensagem de perdão faz mais do que reassegurar o povo de Deus de que, ao final, tudo acabará bem. Na verdade, a mensagem de Jesus tem o efeito contrário: adverte o povo de Deus de que, ao final, *não* acabará bem. Seu Deus não vem apenas para endossar suas ambições nacionais, mas está cumprindo o que prometera, ainda que não da forma como os judeus pensavam. Vez após vez, esse é o refrão de Jesus.

"SEUS PECADOS ESTÃO PERDOADOS"

Vemo-lo uma vez mais na história impressionante da mulher que se aproxima de Jesus, lava seus pés com lágrimas, enxuga-os com seus cabelos e unge-os com perfume. Na ocasião, Jesus estava, constrangedoramente, jantando na casa de um fariseu. Fariseus eram um grupo de pressão autoproclamado cuja crença era que deviam manter-se tão ritualisticamente puros como se estivessem no próprio Templo, dando o melhor de si para encorajar outros judeus ao mesmo tipo de piedade rigorosa, esperando, deste modo, apressar a vinda do reino de Deus. Assim, eles partilhavam do objetivo de Jesus, porém, diferiam radicalmente no modo como alcançá-lo. A história seguinte ilustra perfeitamente a ideia:

Jesus, convidado por certo fariseu para jantar, foi à sua casa e reclinou-se à mesa. Uma mulher da cidade, conhecida por sua má índole, descobriu que ele estava junto à mesa na casa do fariseu. Ela trouxe um frasco de alabastro. Colocando-se atrás de Jesus, a seus pés, chorando, começou a molhar-lhe os pés com suas lágrimas e, enxugando-os com seus cabelos, beijou-os e ungiu-os com perfume.

O fariseu que convidara Jesus viu o que estava acontecendo.

"Se este homem realmente fosse profeta", disse consigo, "saberia que tipo de mulher é esta que está lhe tocando. Uma pecadora!".

"Simão", disse-lhe Jesus, "tenho algo para lhe dizer".

"Dize, Mestre", respondeu.

"Certo credor tinha dois devedores. O primeiro lhe devia quinhentos denários; o segundo, um décimo desse valor. Nenhum dos dois tinha com que lhe pagar, de modo que perdoou a dívida de ambos. Qual dos devedores o amará mais?"

"Suponho que aquele cuja dívida perdoada foi maior", replicou Simão.

"Muito bem", disse Jesus.

Então, voltando-se para a mulher, disse a Simão:

"Você vê esta mulher? Entrei em sua casa, mas você não me deu água para lavar os pés; mas ela lavou os meus pés com lágrimas, enxugando-os com seus cabelos. Você não me saudou com um beijo, mas ela não parou de beijar meus pés, desde a hora que entrei. Você não ungiu minha cabeça com óleo, mas ela ungiu meus pés com perfume. Portanto, minha conclusão é esta: ela deve ter tido muitos pecados perdoados! Seu grande amor o prova! Mas se alguém foi pouco perdoado, amará apenas um pouco".

Então, Jesus disse à mulher: "Seus pecados estão perdoados".

Os demais convidados começaram a perguntar entre si: "Quem é este que até perdoa pecados?"

"Sua fé a salvou", Jesus disse à mulher. "Vá em paz". (Lucas 7:36-50)

Esta passagem traz muitas características interessantes; repare, por exemplo, na forma como Simão, o fariseu, critica Jesus mentalmente por não saber que tipo de mulher ela era, ao que Jesus demonstra não apenas saber o que se passa no coração da mulher, mas também no de Simão. Contudo, iremos nos concentrar no perdão em si.

Jesus, como de costume, conta uma história para explicar o que está fazendo. Desta vez, a história é sobre um homem que tinha dois devedores, um com uma dívida imensa e o outro, com uma pequena. Visto que nenhum dos dois podia pagá-la, o credor perdoa ambos. "Nessa situação", Jesus pergunta ao anfitrião, "qual dos devedores o amará mais?". "Evidentemente", vem a resposta, "aquele a quem o credor perdoou a maior dívida". "Precisamente", diz Jesus, explicando que este é o motivo pelo qual a mulher derramou um amor tão rico sobre ele — diferentemente de seu anfitrião, que sequer começara a demonstrar qualquer amor por Jesus. Em outras palavras, é como se Jesus dissesse: "tal gesto demonstra que esta mulher foi perdoada, isto é, grandemente perdoada". Ela sabe, em seu íntimo, que isso é verdade. Eis o porquê de tanto amor emanando de si. E se a mulher é alguém que participa do perdão, talvez isso mostre que ela já esteja usufruindo do fato de Deus tornando-se rei, enquanto aqueles que não experimentaram esse perdão permanecem incrédulos.

A história, e outras como esta, ressoam não apenas com o senso de um tão esperado jubileu, um resgate tão antecipado do exílio causado pelo pecado, mas também com um senso de que outro aspecto da grande história do Êxodo tem sido evocado. Ambas as vezes em que Jesus declara perdoados os pecados de alguém, há murmurações relacionadas à sua atitude. Convidados presentes na casa do fariseu perguntam: "Quem é este que até perdoa pecados?", e mestres da lei, observando o paralítico, destacam que o perdão dos pecados é algo que somente Deus pode fazer (Marcos 2:7). Não devemos pular as etapas nesse argumento particular. Normalmente, como Deus perdoa pecados em Israel? Ora, por meio do Templo e dos sacrifícios que lá acontecem. *Jesus parece reivindicar que Deus está fazendo, de modo íntimo e pessoal por intermédio dele, algo que normalmente se esperaria acontecer no Templo.* E o Templo, sucessor do tabernáculo do deserto, era, conforme vimos, o lugar onde céus e terra se encontravam. O lugar onde Deus vivia. Ou, mais precisamente, o lugar na terra onde a presença de Deus intersectava com a realidade humana e terrena.

O Templo também era o lugar onde o sumo sacerdote exercia autoridade suprema. Já podemos antecipar a reação das autoridades frente ao anúncio de Jesus de que um novo governo estava tomando posse, de que Deus estava no comando a partir daquele momento. Curas, celebrações, perdão daqueles que desesperadamente precisavam — tudo isso representava versões íntimas e pessoais do quadro mais amplo que, segundo Jesus sabia, ouvintes teriam captado toda vez que ele falasse de Deus tornando-se rei. Tais ações e dizeres martelavam a ideia, por mais perigosa que fosse, de que governantes da época estavam sendo chamados à prestação de contas e, de fato, substituídos. O momento de Deus assumir o controle havia chegado, o tempo de consertar e reparar as coisas, o tempo de retificar, começando com *você* aqui, com *aquele indivíduo* ali. Quer autoridades o aprovassem, quer não. Quer grupos de pressão autointitulados o aprovassem, quer não.

JOÃO E HERODES

Se o Templo e, por extensão, o sumo sacerdote, permaneciam nos bastidores enquanto Jesus perdoava pecados, a outra autoridade local movia-se para a frente do palco. O próprio primo de Jesus, João Batista, enviou-lhe uma mensagem — da prisão. Sua pregação destemida, principalmente seu ataque a Herodes Antipas, ocasionaram o aprisionamento de João.

O que aconteceu foi o seguinte: Antipas era casado com uma princesa estrangeira, mas então se apaixonou pela própria sobrinha, Herodias, que, na época, estava casada com Filipe, meio-irmão de Antipas. (Qualquer um que desejar entender a árvore genealógica da família Herodes deverá estar preparado para tirar um fim de semana prolongado, separar um grande pedaço de papel e uma compressa de gelo). A princesa estrangeira foi enviada de volta para o país de origem, e Antipas casou-se com Herodias.

João Batista denunciou publicamente o arranjo. Não acho que estivesse apenas preocupado com o comportamento imoral de Antipas, embora isso fosse escandaloso o suficiente. Acho que a ideia era, mais explicitamente, que qualquer que se comportasse dessa forma jamais poderia ser, em hipótese alguma, nem em um milhão de anos, considerado verdadeiro "rei dos judeus". João esperava por um verdadeiro "rei dos judeus"; Antipas já demonstrara sua total incapacidade de ocupar a posição. João o destacou. Não é de surpreender, então, que tenha acabado em uma das masmorras de Antipas.

Mas João cria que Jesus, seu primo, *era* o rei prometido! Ele era aquele por intermédio do qual Deus finalmente se tornaria rei — isto é, finalmente romperia o poder de tiranos e libertaria seu povo! Se isso devia acontecer, certamente o próprio João serviria de exemplo, não é? Afinal, a própria carreira pública de João alcançara seu auge ao inaugurar a missão de Jesus e ressaltá-lo como o homem de Deus do momento! Assim, por que Jesus não estava fazendo alguma coisa sobre a situação difícil de João?

> Enquanto isso, João, que estava aprisionado, ouviu sobre todo o alvoroço messiânico. João enviou uma mensagem por meio de seus discípulos:
>
> "Você é aquele que haveria de vir?", perguntou. "Ou devemos esperar algum outro?"
>
> "Voltem e digam a João", replicou Jesus, "o que vocês viram e escutaram. Cegos estão vendo! Paralíticos estão andando! Pessoas com doenças graves de pele estão sendo purificadas! Surdos estão escutando novamente! Mortos estão ressuscitando! Além de tudo isso, os pobres estão escutando a boa notícia! E que Deus o abençoe se você não se sentir incomodado pelo que estou fazendo".
>
> Enquanto os mensageiros saíam, Jesus começou a falar com as multidões a respeito de João.

"O que vocês esperavam ver?", perguntou, "ao saírem para o deserto? Um caniço sacudido pelo vento? Não? Então, o que esperavam ver? Alguém vestido de seda e cetim? Se alguém deseja ver pessoas como essas, terá de ir a algum palácio real. O que, enfim, vocês esperavam, *de fato*, ver? Um profeta? Ah, sim. Agora estamos chegando lá: sim, de fato — e muito mais do que um profeta! João é aquele de quem a Bíblia se refere quando diz:

'Eis que envio meu mensageiro adiante de ti
E ele preparará o teu caminho'.

Digo-lhes a verdade: o melhor filho de mulher que já existiu foi João Batista. Mas mesmo a pessoa mais insignificante no reino dos céus é maior do que ele. Do tempo de João Batista até agora, o reino dos céus tem procurado forçar sua passagem — e homens de força estão tentando agarrá-lo. Vejam, todos os profetas e a lei fizeram suas profecias até o tempo de João. Na verdade, se vocês puderem acreditar, ele é Elias, aquele que havia de vir. Quem tem ouvidos, ouça!

"Que imagem darei a vocês sobre essa geração?", perguntou Jesus. "É como um grupo de crianças sentadas nas praças, cantando canções umas às outras. É assim que cantam:

'Vocês não dançaram quando tocamos flauta;
'Não choraram quando entoamos lamentações!'

"O que quero dizer? Quando João apareceu, não comia e bebia como uma pessoa comum — e pessoas questionavam: 'O que há com ele? Algum demônio?' Logo em seguida, então, vem o filho do homem, comendo e bebendo normalmente, e pessoas dizem: 'Olhem só para ele! Comendo e bebendo, para lá e para cá com publicanos e outros tipos de ralé!' Mas como a sabedoria age, assim ela é — e a sabedoria será inocentada!" (Mateus 11:2-19)

Jesus deve ter se entristecido muito ao ter de enviar a mensagem de volta a João, mas foi isso que ele fez. Sim, o trabalho que ele estava fazendo realmente irrompia o reino de Deus. Entretanto, infelizmente, não estava dando certo, não da forma como muitos gostariam. E quando, dias ou semanas depois, trouxeram a Jesus a notícia de que Antipas havia decapitado João para atender aos caprichos de sua enteada sedutora, suspeito que boa parte da reação entristecida de Jesus (Mateus 14:13) tenha sido não só pela ironia — do fato de ele não ter sido capaz de fazer coisa alguma para resgatar João — quanto pela tristeza pela morte de seu primo, ou talvez por reconhecer de que ele mesmo seria o próximo da fila para receber o mesmo tratamento. Mais uma vez, a sombra da cruz paira sobre a história do reino.

    O que, então, Jesus estava fazendo? Como ele interpretava na época, e como devemos interpretar hoje, a ideia de vê-lo, de alguma forma, inaugurando o "governo dos céus", o "reino de Deus"? Por que João não podia ser liberto da prisão? Como aquilo que Jesus fazia e dizia pode ser visto, por qualquer ângulo imaginável, como alguém colocando em prática um programa cuja mensagem era: "É assim que as coisas se parecem quando Deus está no controle"? Essa é a pergunta que devia estar na mente e no coração de muitos na Galileia, cidade faminta por revolução. Eis aqui alguém falando sobre Deus tornando-se rei; visto que outros já haviam falado a mesma coisa, o que havia de novo? O que era diferente? O que este homem tinha a oferecer? Ele podia ser confiável? Jesus era um judeu leal, obediente a Deus e à lei, ou estava fazendo Israel desviar-se?

    Assim, quando a explicação vem — consideravelmente, na passagem em que Jesus envia os mensageiros de volta com uma resposta difícil para João, seu primo aprisionado — Jesus se apropria de uma vertente da antiga expectativa judaica que, desde sempre, interligava-se com o sonho da batalha final, da reconstrução do Templo e do retorno do Deus de Israel a Sião. Todavia, o tema não constava nos programas de outros pretensos movimentos messiânicos ou do reino de Deus — supostamente devido ao fato de os líderes de tais movimentos não serem dotados do dom de cura, ao passo que aqueles no mundo judaico da época que o exerciam (temos registros de alguns exemplos) não o viam como algo que os colocava a caminho de um movimento interligado ao reino de Deus. Contudo, Jesus faz a conexão. Ao dizer aos mensageiros de João que cegos veem, paralíticos andam, surdos ouvem etc., faz uma citação direta da visão de Isaías a respeito de um "retorno do exílio", o qual não seria nada menos que uma nova criação:

> *Então se abrirão os olhos dos cegos*
> *e se destaparão os ouvidos dos surdos.*
> *Então os coxos saltarão como o cervo,*
> *e a língua do mudo cantará de alegria.* (Isaías 35:5-6)

De modo interessante, uma linguagem semelhante também aparece em um fragmento dos manuscritos do mar Morto, mostrando que outros judeus, quase do mesmo período, liam a passagem de Isaías como predição do que o Messias faria:

> "Pois céus e terra escutarão ao seu Messias [...] pois ele honrará o devoto sobre o trono do seu reino eterno, libertando cativos, abrindo os olhos dos cegos, exaltando abatidos [...] e o Senhor fará obras maravilhosas, nunca antes feitas, conforme prometeu. Pois ele curará aqueles cujo ferimento é grave, e enviará boas notícias aos aflitos". (4Q521, col. 2; tradução minha)

Então Jesus complementa, como uma advertência, que se alguém deseja entender o que está acontecendo, terá de refletir seriamente e estar preparado para um posicionamento político perigoso. "E que Deus o abençoe se você não se sentir incomodado pelo que estou fazendo". Em outras palavras, eles não deveriam olhar para a obra de Jesus e imaginar que ele talvez fosse algum charlatão em busca dos próprios interesses, coligado com o Diabo ou a caminho de alguma viagem fantasiosa que em nada diz respeito às aspirações de Israel, às antigas promessas de Deus ou à esperança do mundo em geral. Ninguém deveria olhar para tudo isso e imaginar que em nada dizia respeito sobre Deus tornando-se rei — com Deus assumindo o controle, chamando o velho e conhecido tirano à prestação de contas.

Pelo contrário. As obras de Jesus representam o ponto culminante do que Deus está fazendo. Estude os textos e você verá. Quando Deus faz grandes coisas, pessoas desprivilegiadas também são atraídas. Sistemas humanos normalmente se esquecem disso, mas Deus, não. Leia Isaías 40: o Deus que vem em poder e glória, que estende os céus como cortina e abaixa-se para ver os príncipes da terra como grãos de areia, também é o Deus que alimenta seu rebanho como um pastor, ajunta os cordeirinhos nos braços, e guia mansamente a ovelha mãe. Abençoados são os que podem vê-lo, que podem detectar o que está acontecendo, que estão preparados para ir com Jesus, e não com os supostos príncipes da terra, mesmo que as obras dele não correspondam ao que esperavam.

De modo revelador, o próprio Jesus prossegue para *comparar* João Batista com Herodes Antipas. Jesus é astuto demais para fazê-lo diretamente; por isso, refere-se a Antipas por meio do símbolo que o próprio Antipas escolheu para suas moedas. Judeus não podiam fazer imagens de rosto humano e, por isso, escolhiam símbolos no lugar. O símbolo de Antipas era um tipo particular de caniço, que cresce junto ao mar da Galileia. Desse modo, Jesus pergunta: "O que vocês esperavam ver ao saírem para o deserto? Um caniço sacudido pelo vento?". Em outras palavras: "Ao irem até João, vocês estavam à procura de outro governante, semelhante ao que já têm?". Certamente não, é o que ele sugere.

Em seguida, Jesus repete a pergunta, jogando um pouco mais de luz à analogia: "Então, o que esperavam ver? Alguém vestido de seda e cetim? Se alguém deseja ver pessoas como essas, terá de ir a algum palácio real".

Mais uma vez, a resposta esperada é: "Não. Já temos pessoas assim, e estamos fartos delas. Queremos algo diferente. Queremos que o próprio Deus seja rei".

"O que, enfim", Jesus insiste na pergunta, "vocês esperavam, *de fato*, ver? Um profeta?" Alguém anunciando o reino de Deus? "Sim, de fato — e muito mais do que um profeta!". Jesus então cita Malaquias 3:1, passagem em que Deus promete enviar seu mensageiro adiante de si, a fim de preparar o caminho. "Tudo bem", Jesus parece dizer, "vocês queriam que Deus fosse rei; por isso, foram à procura de um profeta, esperando que ele lhes dissesse que a profecia estava finalmente se cumprindo. *E vocês estavam certos: foi o que João fez.* Desde o tempo curto da obra de João, o reino de Deus tem realmente sido introduzido, embora homens violentos procurem impedi-lo". "Na verdade", conclui, "se vocês puderem acreditar, ele é Elias, aquele que havia de vir" — outra referência a Malaquias, desta vez a 4:5, no qual o texto afirma que mensageiro-antes-da-manifestação-divina é Elias. Por fim, Jesus acrescenta, como lhe é característico: "Quem tem ouvidos, ouça!".

O que está acontecendo? Por que Jesus se expressa dessa maneira? Porque *a campanha já começou*, e se João é o "mensageiro preliminar" de Malaquias 3:4, isso só pode significar uma coisa. João enviou mensageiros para perguntarem se Jesus era, de fato, "aquele que haveria de vir", e a resposta, dada de modo enigmático, mas claro o suficiente para os que têm ouvidos para ouvir, foi um "sim" enfático. Jesus estava bem ciente de que suas obras não se encaixavam com as expectativas do povo, porém, cria que estava realmente inaugurando a campanha do reino de Deus. Jesus era aquele em cuja presença, obra e ensinamento o Deus de Israel estava, de fato, tornando-se rei.

A campanha de Jesus não se assemelha a alguém que concorre a um cargo como hoje, no contexto de nossa democracia moderna. Jesus não está indo por toda parte tentando conseguir apoio, como fazem os políticos atuais. Sua atitude se assemelha muito mais à de um líder rebelde em um país governado por um tirano, formando uma administração alternativa, estabelecendo seu governo, fazendo coisas acontecerem de maneira nova. Ele escolhe doze de seus seguidores mais próximos e os separa como ajudadores especiais. Para qualquer um que tem olhos para ver, seu gesto diz claramente que Jesus está reconstruindo o povo de Deus, Israel, ao redor de si mesmo. Israel estava sem doze tribos desde o século VIII a.C., quando assírios vieram e capturaram o reino do norte, deixando apenas Benjamim e Judá ("os judeus") no Sul, mais qualquer outro levita que permanecia entre eles. No entanto, alguns dos profetas falaram do dia quando todas as tribos seriam reunificadas outra vez. Ao escolher os doze, Jesus parece indicar, simbolicamente, que é assim que ele desejava que sua obra fosse vista. Isto é uma campanha. Um movimento rebelde, um movimento arriscado, um movimento de aspirações reais debaixo do nariz do suposto "rei dos judeus" da época: o próprio Herodes Antipas.

Antes, porém, de explorarmos um pouco mais essa ideia, devemos examinar, com mais detalhes, histórias que Jesus estava contando. Elas dizem respeito a quê? Como explicam este novo e estranho anúncio de que Deus está no comando? Como ajudam a campanha a ir adiante?

CAPÍTULO 8

HISTÓRIAS QUE EXPLICAM E UMA MENSAGEM QUE TRANSFORMA

JESUS, CONFORME VIMOS, tinha um método particular de explicar o que estava acontecendo. Como parte de sua campanha, ele contava histórias. Não qualquer história antiga. Em grande medida, elas não eram "ilustrações", truques de pregadores como forma de enfeitar um pensamento abstrato ou difícil, um tipo de disfarce para ensinamento complicado. Na realidade, as histórias de Jesus tinham a função oposta. Seu objetivo era despertar curiosidade, vestir a mensagem alarmante e revolucionária do reino de Deus em um manto que deixava ouvintes imaginando, tentando entender, incapazes (exceto no final) de interpretar o que Jesus queria dizer. Histórias que, com o tempo, levaram alguns a decodificar sua mensagem profunda e rica de modo a elaborar uma acusação contra ele, seja de blasfêmia, de sedição ou de "desviar o povo".

Tais histórias eram cheias de ecos, ressoando com antigas promessas bíblicas; lembravam aos leitores as esperanças futuras de Israel e reivindicavam, por extensão, que essas esperanças estavam sendo agora cumpridas, mesmo que não da forma como haviam imaginado. Essas histórias explicativas, as "parábolas", não pertencem, segundo crianças às vezes são instruídas na escola dominical, à categoria de "histórias terrenas com significado celestial", embora algumas delas o sejam, por assim dizer, por acidente. De fato, algumas são histórias celestiais, contos de situações relacionadas a outro mundo, mas definitivamente com significado terreno. É exatamente isso que devemos esperar se o anúncio do reino feito por Jesus corresponde ao que descrevemos, isto é, com o reino de Deus vindo à terra como é no céu.

Um bom exemplo é Lucas 16:19-31, texto em que o estranho conto de dois mortos habitando mundos diferentes tem como ponto principal uma advertência em relação ao cuidado do pobre e a necessidade urgente de arrependimento:

> "Certo homem rico", disse Jesus, "vestia-se de púrpura e linho fino e festejava com luxo todos os dias. Um homem pobre chamado Lázaro, coberto de chagas, permanecia do lado de fora do portão. Lázaro ansiava por comer das migalhas que caíam da mesa do homem rico. Até cães vinham lamber suas feridas".
>
> "No devido tempo, o homem pobre morreu e foi levado por anjos para o seio de Abraão. O homem rico também morreu e foi sepultado. Enquanto em tormentos no Hades, olhou e viu Abraão de longe, e Lázaro ao seu lado."
>
> "'Pai Abraão!', clamou. 'Tem misericórdia de mim! Envie Lázaro para molhar a ponta do dedo na água e refrescar minha língua! Estou em agonia neste fogo!'"

"'Meu filho', replicou Abraão, 'lembre-se de que durante a sua vida você recebeu coisas boas, da mesma forma como Lázaro recebeu coisas más. Agora, Lázaro está sendo consolado aqui, e você, atormentado. Além disso, há um grande abismo entre nós. Aqueles que querem atravessar daqui até você, ou do seu lado para cá, não podem'."

"'Por favor, pai", disse o rico, "ao menos envie Lázaro para a casa do meu pai. Tenho cinco irmãos. Deixa que ele os avise, para que não venham parar nesta câmara de tortura'."

"'Eles têm Moisés e os profetas', respondeu Abraão. 'Que os ouçam'."

"'Não, pai Abraão', replicou, 'mas se alguém dentre os mortos fosse até eles, então se arrependeriam!'."

"'Se não ouvem a Moisés e aos profetas', veio a resposta, 'tampouco seriam dissuadidos, mesmo que alguém ressuscitasse dentre os mortos'."

A mensagem, então, continua a cobrir o que acontece agora na "terra", não apenas no "céu".

Muitos dos dizeres de Jesus se apropriam de histórias antigas, narrativas sobre Deus e Israel, o Êxodo, a criação do mundo, tribulações e provações de Deus e do seu povo e, mais especificamente, o horrível exílio babilônico — incluindo as recorrentes promessas de Deus sobre a restauração final da sorte do seu povo. Essa ideia em particular é a razão por que algumas entre as parábolas-chave de Jesus retratam o lançar de sementes. A ideia de um fazendeiro semeando — certamente uma das cenas mais naturais e comuns de uma economia agrária — havia sido usada séculos antes por profetas como forma de prometer que o Deus de Israel, tendo desarraigado sua planta Israel, retornaria e semearia mais uma vez sementes que dariam fruto — fruto que, desta vez, permaneceria (cf., e.g., Isaías 1:9; 6:13; 37:31-32; Jeremias 31:27; Esdras 9:2). Eis a parábola do semeador, segundo registrada em Mateus (textos paralelos encontram-se em Marcos 4:1-20 e Lucas 8:4-15):

Jesus saiu de casa naquele mesmo dia e assentou-se à beira-mar. Juntaram-se grandes multidões ao seu redor, de modo que entrou em um barco e assentou-se. Toda a multidão estava em pé, na praia. Jesus tinha muitas coisas para falar, porém falou tudo por parábolas. "Escutem!", disse. "Certo semeador saiu a semear. Enquanto semeava, algumas sementes caíram à beira do caminho, e as aves vieram e as comeram. Algumas sementes caíram em solo rochoso, onde não havia muita terra; e logo brotou, já que o solo não era profundo. Mas quando o sol estava forte, as plantas se queimaram e secaram, visto não terem nenhuma raiz. Outras sementes caíram entre espinhos, que cresceram e sufocaram as plantas. Outras caíram em boa terra e produziram uma colheita: algumas cem, outras sessenta e outras trinta vezes mais. Se você tem ouvidos, ouça!"

Os discípulos se aproximaram dele.

"Por que você está falando por parábolas?", perguntaram.

"A vocês foi concedida a dádiva de conhecer os segredos do reino dos céus", respondeu, "mas não a eles. A quem tem será dado mais, e terá em abundância. Mas a quem não tem — mesmo o que tem lhe será tirado! Por essa razão é que eu lhes falo por parábolas, para que vendo, não vejam e, ouvindo, não entendam, nem percebam. A profecia de Isaías está se cumprindo neles:

'Ouçam sempre, mas não entendam,
Vejam sempre, mas não percebam.
O coração deste povo se tornou flácido e gordo,
seus ouvidos ouviram de má vontade,
seus olhos se escureceram e fecharam.
Assim, eles não verão com seus olhos
não ouvirão com seus ouvidos, nem com seu coração,
nem se voltarão para mim outra vez para que eu os restaure'.

"Mas há uma ótima notícia para os olhos de *vocês*: eles podem ver! E para os ouvidos de *vocês*: eles podem ouvir! Digo-lhes a verdade: muitos profetas e santos desejaram ver o que vocês veem, mas não viram, e ouvir o que vocês escutam, mas não ouviram".

"Muito bem, então", continuou Jesus, "este é o sentido da história do semeador. Quando alguém escuta a palavra do reino e não a entende, o maligno vem e arranca o que lhe foi semeado no coração. Esse é o caso da semente que foi semeada à beira do caminho. A que foi semeada em terreno rochoso corresponde à pessoa que escuta a palavra e imediatamente a recebe com alegria, não tendo, porém, raiz própria. Alguém assim dura apenas por pouco tempo; assim que surge a tribulação ou a perseguição por causa da palavra, ele logo tropeça. A semente lançada entre espinhos representa aquele que escuta a palavra, mas as preocupações do mundo e a sedução das riquezas sufocam a palavra, tornando-a infrutífera. Mas a semente que caiu em bom solo é aquele que ouve a palavra e a entende, dando uma colheita de cem, sessenta ou trinta vezes mais". (13:1-23)

Ao contar histórias sobre um semeador que lança sementes, joio no meio do trigo (Mateus 23:24-30), o crescimento inexplicável de uma semente (Marcos 4:26-29) e uma vinha em que lavradores se recusam a dar o fruto ao proprietário (Marcos 12:1-12), Jesus está deixando que esses ecos antigos tomem raiz na mente fértil e biblicamente encharcada de seus ouvintes, tentando transmitir-lhes a mensagem de que aquilo que há muito ansiavam estava finalmente acontecendo — mas não da forma como esperavam! Finalmente, Deus está realizando algo novo, aquilo que sempre prometera a Israel — mas as pessoas erradas é que parecem compreender a mensagem, enquanto muitas entre as pessoas certas estão totalmente no escuro!

De fato, parábolas são contadas como explicações do reino para as ações de Jesus, também relacionadas ao reino. Elas estão dizendo: "Não se surpreenda, mas *é assim* que as coisas se parecem quando Deus está no comando". Parábolas não são "ensino abstrato"; na verdade, se as abordarmos dessa forma, não as entenderemos. Especialistas que estudaram a forma como a linguagem de Jesus funciona descrevem um efeito do tipo "atos da fala", segundo o qual contar uma história cria uma situação, um mundo totalmente novo. Era isso que Jesus realmente desejava fazer, e seu empreendimento foi bem-sucedido. Todavia, o que tais estudos especializados normalmente não destacam é a forma como esse novo mundo se assemelhava, ou seja, o novo mundo no qual Deus está finalmente no comando, na terra como [é] no céu. Deus estava consertando as coisas, reparando as coisas — isto é, reparando *pessoas*, fazendo surgir uma nova vida. Este era o novo mundo, onde promessas estavam se concretizando, no qual a nova criação estava tomando forma, no qual um verdadeiro "retorno do exílio" estava acontecendo no coração, na mente e na vida de pecadores conhecidos e de pessoas há muito paralisadas por doenças.

A famosa parábola do semeador também tem outra dimensão. Primeiro encontramos uma história ("Certo semeador saiu a semear..." — v. 1-9), seguida por uma pergunta quanto ao seu significado ("Por que você está falando por parábolas?" — v. 10-17), seguida por uma explicação ponto por ponto ("este é o sentido da história do semeador..." — v. 18-23). Mais uma vez, o leitor erudito da nossa época meneia a cabeça: "Não é assim que as parábolas devem funcionar", protesta. "Tudo que você precisa é da história — a parte curta do início, na qual o semeador lança sua semente. A explicação extra não passa de uma alegoria, não de uma parábola!". Segundo alguns eruditos, Jesus não podia contar uma história como essa; afinal, uma parábola explicada tem tanta utilidade quanto uma piada explicada. Alguém mais, algum "redator" habilidoso, obviamente acrescentou a "explicação" em um estágio posterior.

Mais uma vez, a ideia é interessante, mas a conclusão está errada. De fato, o elemento principal da parábola normalmente é omitido. A parábola do filho pródigo, que já mencionamos, serve-nos de exemplo. A história termina sem resolução, com o pai procurando dissuadir o filho mais velho. Queremos saber o que acontece em seguida e, ao que tudo indica, Jesus desejava que seus ouvintes refletissem e aplicassem o que estavam pensando à sua própria situação. Como um bom comercial, a parábola pode ser muito mais poderosa quando deixa implícita a ideia que quer transmitir. Mas em Mateus 13 (e textos paralelos), há algo mais acontecendo. Nesse contexto, deparamo-nos não tanto com uma "alegoria" em algum sentido técnico, mas com algo que se assemelha mais a *uma visão apocalíptica*.

Como sempre, o livro de Daniel é importante aqui. Em Daniel 2, o rei tem um sonho; primeiramente o profeta lhe conta o sonho e, então, ponto por ponto, interpreta-o: quatro reinos se desabarão e serão substituídos por um grande novo reino, de duração eterna. Outro sonho e sua interpretação são fornecidos em Daniel 4 (a loucura de Nabucodonosor); então outra visão estranha, com uma interpretação ponto por ponto, é dada no capítulo 5 (o banquete de Belsazar). Em seguida, no capítulo 7, temos a visão central do livro; dessa vez, porém, o próprio Daniel tem o sonho e um anjo o interpreta. Mais uma vez há quatro reinos, seguidos por um quinto, diferente, que julgará todos os demais e governará a terra.

Essas histórias vivas e multicoloridas constituem a essência do livro de Daniel: o reino de Deus e os reinos do mundo. E adivinhe: é precisamente sobre isso que Jesus também está falando. Por isso, não devemos nos surpreender quando o vemos empregar técnicas semelhantes para estabelecer seu ponto. O livro de Daniel foi projetado para ser subversivo, para funcionar como "literatura de resistência", a fim de ajudar judeus a enfrentarem a perseguição. Jesus parece ter projetado suas parábolas com um propósito semelhante — ainda que, no contexto de sua época, para ajudar seguidores a entenderem um ponto mais profundo e estranho, a saber, que ele estava chamando à existência um "Israel" renovado em oposição não apenas ao poderio de um império pagão, mas contra estruturas oficiais do próprio judaísmo (Herodes, principais sacerdotes etc.).

Sonhos e visões de Daniel seguem exatamente o padrão que temos em Mateus 13 e textos paralelos. Primeiro, uma grande história; em seguida, uma pergunta sobre como interpretá-la e sobre o seu significado; então, uma interpretação minuciosa. Além disso, antes de explorarmos o conteúdo, precisamos captar um conceito vital se quisermos entender a figura geral do reino nos evangelhos. Visões apocalípticas não dizem respeito apenas a revelações divinas especiais em si. Tampouco remetem, por outro lado, ao "fim do mundo". Visões apocalípticas desse tipo têm relação com *a vinda do reino de Deus na terra como [é] no céu*. A ideia central do "apocalíptico" é que o profeta, o visionário — Daniel, Jesus — é capaz de vislumbrar o que está acontecendo no céu e, empregando a técnica narrativa, a história-estranha-seguida-de-interpretação, é capaz de desvendar e, portanto, antecipar propósitos do céu sobre a terra. Assim, a própria *forma* da parábola incorpora o *conteúdo* que ela tenta comunicar: o céu aparecendo na terra.

Por isso, seu conteúdo também não deixa a desejar. Eis um semeador que lança a semente. O judeu sábio do século I talvez suspeitasse, ao ouvir isso, que a parábola concernia a Deus semeando Israel outra vez após o tempo da tragédia, a tristeza do exílio. Sim, diz Jesus, mas vemos qual será a perspectiva celestial sobre o assunto. É verdade que Israel deverá ser semeado outra vez. Mas muitos verão sempre, e não perceberão; ouvirão sempre, mas não entenderão. Muitas sementes cairão pelo caminho, em solo rochoso e entre espinhos. Israel não poderá ser reafirmado em sua forma atual. João Batista acertou: judeus não podem apenas reivindicar: "Abraão é o nosso pai", visto que o machado está posto à raiz da árvore (outra metáfora bíblica para o juízo de Israel), e "destas pedras Deus pode fazer surgir filhos a Abraão" (Mateus 3:9-10, NVI). Jesus ecoa a mesma ideia em outro lugar: muitos virão do Oriente e do Ocidente e se assentarão com Abraão, Isaque e Jacó no reino dos céus, enquanto os filhos do reino — aqueles cuja confiança se apoia na herança ancestral em vez de se apegarem à chance de participar do reino agora presente — serão lançados fora (Mateus 8:11-12). Jesus está ensinando seus contemporâneos que o veredito celestial é agora; está demonstrando com o que a ação celestial sobre a terra se assemelha agora, empregando, para isso, o melhor meio possível: a tradição apocalíptica de história-seguida-de-interpretação, que permite produzir efeito à visão bifocal de céu e terra, à tradução simultânea de uma língua para a outra.

Nem todas as histórias, claro, funcionam dessa maneira. Jesus não se assemelha em nada a um mestre incompreensível e monótono, a um violino de uma só corda ou a um talentoso instrumentista de uma única melodia. Algumas das histórias se resumem a dizeres concisos ou metáforas estendidas, cheias de emoções escondidas de um novo mundo aguardando por nascer. Pense nos convidados da festa incapazes de jejuar, em vista de o noivo estar com eles; ou no vinho novo, aguardando por novos odres:

> Então os discípulos de João se aproximaram dele com uma pergunta:
> "Por que", questionaram, "nós e os fariseus jejuamos bastante, mas seus discípulos nunca jejuam?"
> "Convidados para a festa não podem jejuar", respondeu Jesus, "enquanto o noivo está com eles, não é? Cedo ou tarde, porém, o noivo lhes será tirado; então jejuarão".
> "Ninguém", prosseguiu Jesus, "costura remendo de pano novo em roupa velha, visto que o remendo forçará a roupa, tornando pior o rasgo. Pessoas não põem vinho novo em odres velhos; se o fizerem, o odre rebentará, o vinho se derramará e o odre ficará arruinado. Antes, põem vinho novo em odres novos; e ambos se conservam". (Mateus 9:14-17)

Outras histórias são carregadas de diferentes maneiras, com a percepção triste de que Israel como um todo não está interessado na visão de reino exposta por Jesus — rejeitando-a, na verdade, de modo até violento, visto que a violência passou a caracterizar o estilo de vida da nação. Então a sequência de quatro movimentos, culminando com o mais crucial, retorna, mas desta vez em forma de profetas rejeitados e filho rejeitado. Profetas rejeitados correspondem à semente que cai no tipo de solo errado, enquanto o filho corresponde à semente que produz uma grande colheita:

> "Ouçam outra parábola", prosseguiu Jesus. "Certo proprietário plantou uma vinha, construiu-lhe uma torre, cavou um tanque para prensar uvas e edificou uma torre. Então, arrendou-a a lavradores e saiu de viagem".

"Ao chegar o tempo da colheita, o proprietário enviou seus servos aos lavradores para receber sua produção. Os lavradores agarraram os servos: a um espancaram, a outro mataram e apedrejaram o terceiro. O proprietário tornou e enviar outros servos, em maior número do que antes, mas os lavradores os trataram da mesma maneira. Finalmente, o proprietário enviou-lhes seu filho".

"Certamente, respeitarão o meu filho", disse.

"Quando, porém, os lavradores viram o filho, disseram entre si: 'Este é o herdeiro! Vamos matá-lo; então, tomaremos posse da propriedade!'"

"Assim eles o agarraram, lançaram-no fora da vinha e o mataram".

"Em vista disso, quando o proprietário da vinha retornar, o que fará aos lavradores?"

"Irá matá-los brutalmente, estes perversos!", disseram. "Então, arrendará a vinha a outros lavradores, os quais lhe darão a produção no tempo da colheita".

"Vocês nunca leram o que a Bíblia diz?", perguntou-lhes Jesus:

'A pedra que os construtores lançaram fora
Tornou-se agora a pedra angular;
isso vem do Senhor
e é maravilhoso aos nossos olhos'.

"Assim, deixe-me dizer-lhes isto: o reino de Deus será tirado de vocês e entregue a uma nação que produzirá frutos. Qualquer que cair sobre esta pedra ficará despedaçado; e aquele sobre quem ela cair será esmagado".

Quando os principais sacerdotes e fariseus ouviram as parábolas, compreenderam que ele falava a respeito deles. Tentaram prendê-lo, mas temiam as multidões, que consideravam Jesus como um profeta. (Mateus 21:33-46)

Multidões entenderam essa última parábola sem nenhum problema, sem a necessidade de explicação. Assim também os principais sacerdotes e fariseus, que viram corretamente que a história havia sido contada contra eles.

"NÃO DEIXE DE ENTENDER"

Histórias de Jesus progridem como um crescendo musical, acompanhando a narrativa mais ampla de sua breve carreira pública. O reino está vindo, na terra como [é] no céu; mas as pessoas do reino, "os filhos do reino", não estão entendendo! Finalmente, tudo está sendo retificado — mas tudo está dando errado ao mesmo tempo. Há uma reviravolta obscura na forma como os planos de Deus estão se desenvolvendo, na forma como o destino de Israel está sendo cumprido. Qualquer sugestão de que Jesus não passava de "um grande mestre religioso", contando aos seus contemporâneos um novo padrão de espiritualidade ou um novo esquema de salvação, deve ser abandonada (a menos, claro, que reescrevamos por completo a história dos evangelhos, opção seguida por muitos em seu esforço de domesticar Jesus e sua mensagem). As parábolas de Jesus, a despeito de qualquer outra coisa que saibamos sobre ele, falam por si, mas também em seu conteúdo recorrente e cada vez mais direto, que os propósitos do céu estão realmente se cumprindo na terra, mas que as pessoas que em teoria ansiavam pelo acontecimento estão voltando-lhe as costas, justo quando o reino está à porta:

> Jesus lhes falou mais uma vez por parábolas:
> "O reino dos céus", disse, "é como um rei que preparou uma festa de casamento para o seu filho. Enviou servos para chamarem os convidados para o casamento, mas eles não quiseram ir".
> "Mais uma vez, enviou outros servos com as seguintes instruções: 'Digam aos convidados que preparei meu banquete: meus bois e novilhos foram abatidos, e tudo está pronto. Venham para a festa de casamento!'"
> "Eles, porém, não deram atenção. Cada qual se foi, um para a sua fazenda, o outro para o seu negócio. Outros agarraram os servos e, depois de maltratá-los, mataram-nos. (Furioso, o rei enviou seus soldados para destruírem esses assassinos e queimarem a cidade). Então, disse aos seus servos: 'A festa de casamento está pronta, mas os convidados não eram dignos. Por isso, andem pelas ruas fora da

cidade e convidem para a festa todos que encontrarem'. Os servos saíram pelas ruas e reuniram todos que encontraram, gente má e gente boa. E a sala da festa do casamento ficou cheia de convidados."

"Mas quando o rei chegou para ver os convidados, percebeu um homem que não trajava veste nupcial".

"'Amigo', perguntou ao homem, 'como você entrou aqui sem veste nupcial?' O homem permaneceu calado. Então o rei disse aos seus servos: 'Amarrem suas mãos e pés e lancem-no para fora, nas trevas, onde pessoas choram e rangem os dentes'."

"Vejam: muitos são chamados, mas poucos são escolhidos." (Mateus 22:1-14)

"Assim", prosseguiu, "o reino dos céus é como um rei que desejava acertar contas com seus servos. Enquanto o fazia, um homem foi trazido à sua presença, o qual lhe devia mil talentos. Ele não tinha como pagar, de modo que o senhor ordenou que ele fosse vendido, com sua mulher e filhos e tudo quanto possuía, para cobrir o pagamento".

"Então o servo se prostrou diante do senhor e implorou: 'Seja paciente comigo, e pagarei tudo!'"

"O senhor teve muita pena daquele servo e o deixou ir perdoando-lhe o empréstimo."

"Mas o servo saiu e encontrou um de seus conservos, o qual lhe devia cem denários. Ele o agarrou e começou a sufocá-lo: 'Pague-me o que me deve!', exigiu."

"O colega se ajoelhou e começou a implorá-lo: 'Seja paciente comigo, e pagarei!'"

"Contudo, ele recusou, lançando-o na prisão até que pagasse a dívida. Assim, quando seus conservos viram o que havia acontecido, ficaram muito entristecidos e foram contar ao seu senhor tudo que havia acontecido. Então, o senhor convocou o servo."

"'Você é uma vergonha de servo!', disse-lhe. 'Perdoei toda a sua dívida porque você me pediu. Você não deveria ter tido pena do seu colega, como eu tive pena de você?'"

> "Irado, seu senhor o entregou aos atormentadores, até que toda a dívida fosse paga. E é isso que meu pai celestial fará a vocês, a menos que cada um perdoe o seu irmão ou irmã de coração."
> (Mateus 18:23-35)

Mesmo a história do grande banquete para o qual todo tipo de convidado é chamado carrega consigo uma nota sombria de advertência: não pense que você pode entrar na festa de Deus sem colocar a roupa adequada. Mesmo a grande história de perdão espetacular é virada ao avesso quando o servo, cujo perdão fora grande, recusou-se a perdoar seu conservo, que lhe devia uma pequena quantia. Se é assim que as coisas se parecem quando o reino de Deus vem à terra como é no céu — se é assim que as coisas se parecem quando Deus está no comando — então deve haver mais coisas erradas com a "terra" do que qualquer um imaginara.

De fato, é a esta conclusão que somos forçados a chegar a cada momento. Não que Deus, vindo para reinar na terra, seja caprichoso ou ranzinza, determinado a encontrar falhas. Antes, a questão é que o paciente está mortalmente enfermo, de modo que o médico deve prescrever um curso drástico, mas adequado, de tratamento. A questão é que as ovelhas correm o risco de se perderem totalmente, visto que parecem não ter qualquer pastor. Jesus retrata a si mesmo, mais de uma vez, como médico, e mais de uma vez como pastor (Marcos 2:17; Lucas 4:23; Mateus 9:36; João 10:11; Marcos 14:27).

Há, porém, outros médicos à sua volta prescrevendo outros remédios. Há outros pastores (palavra normalmente usada, conforme vimos no Capítulo 5, para designar reis de Israel ou outros governantes), e eles estão falhando em sua tarefa, ou coisa pior. A ideia de Herodes Antipas, filho desregrado e degenerado de um pai tirano, como verdadeiro pastor de Israel é motivo de piada. O mesmo poderia ser dito da falsa "aristocracia" de Jerusalém, os "principais sacerdotes" e "saduceus", mantidos no poder pelos romanos por serem ricos e bem-sucedidos (romanos, segundo vimos, prefeririam governar por intermédio de "elites" existentes), não por representarem o povo ou ensinarem as tradições verdadeiras e antigas de Israel. Jesus se posicionou contra isso. Se Deus fosse se tornar rei — só poderia ser — por algum tipo de confrontação com essas forças, ou antes com forças que estavam por trás do poder humano.

A campanha de Jesus nunca esteve destinada a ser uma trajetória simples e tranquila para o poder. Ele bem o sabia, ainda que seus seguidores esperassem por um mover instantâneo, no qual Jesus faria por arranjos políticos e sociais de Israel o que andava fazendo pelo corpo, pela mente e pelo coração das pessoas.

Isso torna a situação ainda mais relevante, visto que aquilo que Jesus estava fazendo era, naquele nível, extremamente desafiador, por si só. Jesus compreendera que, se Deus havia de se tornar rei na terra como [é] no céu, seria necessário algo mais profundo do que uma reforma exterior. Não seria o suficiente apenas restringir ainda mais algumas leis e regulamentos existentes e fazê-los cumprir de modo mais estrito. Era isso que os fariseus desejavam fazer; como um grupo de pressão popular, insistiam numa reforma moral como parte de sua própria visão de como Deus se tornaria rei. Mas Jesus tinha em mente um tipo diferente de "reforma moral".

CORAÇÕES TRANSFORMADOS

Em duas passagens impressionantes, Marcos 7:1-23 e 10:1-12 (com textos paralelos em Mateus 15:1-20 e 19:1-12), Jesus se apropria de mais um tema relacionado às promessas antigas de Israel. Com o que as coisas se assemelharão quando Deus se tornar rei? *Corações serão transformados*. É assim que o assunto se desenvolve na primeira das passagens em questão:

> Fariseus reuniram-se a Jesus, juntamente com alguns mestres da lei vindos de Jerusalém. Eles viram que alguns de seus discípulos comiam com as mãos impuras, isto é, por lavar.
> (Fariseus — e de fato todos os judeus — não comem sem lavar as mãos cerimonialmente. Isso acontece para manterem a tradição

dos anciãos. Ao chegarem da rua, não comem sem antes se lavarem. Há ainda muitas outras tradições que guardam: lavagem de copos, jarros e vasilhas de bronze).

Então fariseus e mestres da lei perguntaram a Jesus: "Por que seus discípulos não seguem a tradição dos anciãos? Por que comem sem lavar as mãos?"

"Isaías resumiu corretamente a postura de vocês", respondeu Jesus. "Hipócritas, todos vocês! O que ele disse foi isto:

'Com os lábios este povo me honra,
Mas seu coração está longe de mim;
Em vão me adoram;
Tudo que ensinam são mandamentos humanos'"

"Vocês abandonam o mandamento de Deus e mantêm a tradição humana!"

"Por isso", prosseguiu, "vocês sempre encontram uma maneira de pôr de lado o mandamento de Deus a fim de manter sua própria tradição. Eis um exemplo: Moisés disse: 'Honra teu pai e tua mãe', e 'Qualquer que amaldiçoar pai ou mãe seja executado'. Mas vocês dizem: 'Se alguém diz a pai ou mãe: "Qualquer ajuda que eu podia lhes dar é Corbã" (cujo significado é 'oferta dedicada a Deus'), vocês o desobrigam de fazer qualquer coisa pelo pai ou pela mãe! Assim, o resultado é que vocês invalidam a palavra de Deus por essa tradição que transmitem. E há ainda muitas outras coisas semelhantes que vocês fazem".

Jesus convocou a multidão outra vez.

"Escutem, todos vocês", disse, "e entendam: o que entra no ser humano não o contamina, mas sim o que sai dele".

Ao retornarem para dentro da casa, longe da multidão, seus discípulos lhe perguntaram sobre a parábola.

"Vocês também não entendem?", perguntou. "Não percebem que aquilo que vem de fora de alguém não pode torná-lo impuro? Porque não entra no coração; antes, vai para o estômago e continua, até ser eliminado". (Resultado: todos os alimentos são puros).

"O que torna alguém impuro", continuou, "é o que sai de dentro dele. Más intenções vêm de dentro, do coração das pessoas: imoralidade sexual, roubo, homicídio, adultério, ganância, impiedade, traição, devassidão, inveja, calúnia, orgulho, estupidez. Essas coisas malignas vêm de dentro. São elas que tornam alguém impuro". (Marcos 7:1-23)

A história começa como uma controvérsia quanto a Jesus e seus seguidores manterem regulamentações detalhadas da lei em relação à forma de se preparar para comer. A questão do alimento — o que você come, com quem come e quão puro deve estar para comer — representava um dos maiores símbolos da identidade judaica da época. À medida que a história continua, porém, Jesus vai à raiz do problema. "Não é aquilo que entra em você que o torna impuro, mas o que sai de você", declara.

Não se trata apenas de uma declaração enigmática (do que ele está falando? Excremento?); antes, trata-se de uma declaração positivamente subversiva. É por isso que apenas quando Jesus e seus seguidores retornam para casa, longe das multidões, ele vai explicar seu significado. Regras de purificação, repletas no judaísmo de antigamente e em grande medida no judaísmo de hoje, são, segundo Jesus, irrelevantes. (Faça uma pausa e, com os olhos da imaginação, repare na inspiração profunda daqueles entre os ouvintes de Jesus — ou seja, a maioria dos discípulos — que conheciam histórias dos mártires macabeus, torturados e mortos por se recusarem a comer carne de porco). O que entra de fora é processado pelo seu corpo e eliminado. A verdadeira impureza vem do coração. É lá que se escondem pensamentos que levam a todo tipo de maldade, tais como: homicídio, adultério, imoralidade, roubo, mentira e difamação. O coração é a fonte da qual eles borbulham espontaneamente e se traduzem em ações e palavras. É isso que realmente o torna "impuro", não o fato de você comer sem lavar as mãos ou ingerir alimento "impuro".

O que Jesus está dizendo, então? Que algumas pessoas simplesmente se encontram em um estado permanente de impureza — a saber, aquelas que percebem esses pensamentos borbulhando em seu coração? Provavelmente não. Não existiriam muitas pessoas "puras" por aí, se a ideia fosse essa. Não. A ideia de Jesus é que quando Deus se torna rei, *ele provê uma cura para a impureza do coração*. Vez após vez a ideia é ressaltada, no Sermão do Monte (Mateus 5—7), ao fim de cada declaração, uma seguida da outra. Quando Deus se tornar rei, virá com uma mensagem de perdão e cura, cujo propósito não é apenas remover a antiga culpa ou a antiga doença, mas renovar o indivíduo como um todo, de dentro para fora. *Este é o ponto no qual o plano de Jesus abarca o aspecto "vocacional" da antiga história do Êxodo.*

Este mesmo ponto emerge outra vez, embora o faça agora de forma enigmática, em Marcos 10:1-12:

> Jesus deixou a região e foi para os distritos da Judeia, ao longo do Jordão. Uma grande multidão se reuniu ao seu redor e, mais uma vez, conforme o seu costume, ele passou a ensiná-la.
>
> Alguns fariseus o abordaram com uma pergunta: "É permitido a homem divorciar-se de sua mulher?", questionaram.
>
> "Bem", respondeu Jesus, "o que Moisés ordenou?"
>
> "Moisés nos permitiu", replicaram, "escrever uma certidão de separação e completar o divórcio".
>
> "Moisés lhes deu essa lei", disse Jesus, "por causa da dureza do coração de vocês. Mas desde o início da criação:
>
>> 'homem e mulher os criou; e é por isso que
>> o homem deve deixar seu pai e sua mãe
>> e unir-se à sua mulher; assim, os dois
>> serão uma só carne'."
>
> "Ei-lo, então: eles não são mais dois, mas uma só carne. O que Deus uniu, o ser humano não deve separar."
>
> Quando estavam em casa novamente, os discípulos lhe questionaram a esse respeito.
>
> "Qualquer que se divorcia de sua mulher", disse Jesus, "e se casa com outra comete adultério contra ela. E se a mulher se divorcia do seu marido e se casa com outro homem, comete adultério."

No início, a impressão que temos é que a discussão apenas remete a um ponto particular de ética familiar, a saber, a questão do divórcio. Entretanto — lembre-se de Herodes Antipas e da razão pela qual João Batista entrou em apuros! — a ideia nunca é tão simples assim. Na verdade, a pergunta é extremamente capciosa, contendo todo o peso da questão de como são as coisas quando Deus se torna rei.

Interlocutores de Jesus relembram-no de que Moisés deu permissão para o divórcio. Jesus concorda, mas argumenta que não foi assim desde o princípio. Jesus retorna à história da criação, na qual homem e mulher são unidos permanentemente, como "uma só carne". Naturalmente, no contexto da própria história de Gênesis, trata-se de um simbolismo poderoso: a união de homem e mulher é um sinal da interligação entre céu e terra, da integração da criação assombrosamente variada de Deus. O que Jesus está reivindicando é que, quando Deus se torna rei, a própria criação é renovada, de modo que o governo do reino corresponde ao governo segundo a intenção estabelecida, desde o princípio, para a criação. E isso inclui casamentos duradouros, fiéis e monogâmicos.

Este é, sem dúvida, um desafio tanto para a época atual quanto o foi para os primeiros ouvintes de Jesus (Mateus 19:10). Contudo, o ponto subjacente jaz na resposta de Jesus aos fariseus depois de ser questionado quanto ao porquê de Moisés permitir o divórcio; afinal, a intenção de Deus não era que o casamento durasse por toda a vida? A resposta de Jesus é: "por causa da dureza do coração de vocês", remetendo-os de volta ao princípio, à história da criação, em Gênesis 1—2 — ou seja, para o verdadeiro padrão. O que, então, Jesus quer dizer? Que forçará esse novo programa sobre as pessoas, ainda que o coração delas continue endurecido? Não. Juntando essa passagem com outras a respeito do coração, podemos dizer com confiança que o ponto de Jesus é este: quando Deus se torna rei, na terra como [é] no céu, *provê uma cura para a dureza do coração*. A cura que Jesus ofereceu para corpos enfermos devia alcançar as profundezas do ser humano. Vidas transformadas, de dentro para fora, devem ser a ordem do dia quando Deus se torna rei.

Nenhum desses casos dá qualquer chance para que o ensino de Jesus se desfaça em piedade particular. Ninguém pode concluir, à luz das passagens citadas, que Jesus está "realmente" ensinando sobre uma "religião do coração", que em nada diz respeito à vida pública. Tomando a primeira passagem como exemplo (Marcos 7:1-23; Mateus 15:1-20), a questão de Jesus e seus seguidores estarem sendo leais à lei de Israel se resume à questão de Jesus ser um mestre verdadeiro ou falso. A lei é específica (ao menos conforme interpretada pelas mentes mais estritas da época): se Jesus e seus discípulos a estão transgredindo, isso mostra que estão no caminho errado; também mostra que a reivindicação de Jesus como aquele que anuncia e encabeça o movimento do reino de Deus deve ser falsa, iludida ou até mesmo demoníaca. Trata-se de uma acusação não apenas religiosa, mas também decididamente política. E isso, por sua vez, explica novamente o motivo pelo qual Jesus dá apenas uma resposta enigmática em público e espera até que esteja em particular para revelar a coisa realmente explosiva: que aquilo que você come é irrelevante para a pureza genuína. Isso é o mesmo que queimar uma bandeira ou pichar um *slogan* revolucionário nas paredes de um palácio. Não é de admirar que Jesus teve de dizê-lo em particular.

Também no segundo caso (Marcos 10:1-12; Mateus 19:1-12), há muito em risco. A questão do divórcio não corresponde a um problema ético abstrato. Lembro-me de quando, certa vez, um repórter pediu minha opinião sobre casamento e divórcio — justo na época em que o príncipe Charles, o príncipe de Gales, divorciava-se da princesa Diana. Recordo-me de ter pensado na época que uma pergunta "inocente" sobre divórcio e novo casamento, colocada por um jornalista a um líder eclesiástico em meados da década de 1990, era tão "inocente" quanto a pergunta dos fariseus a Jesus. Mateus e Marcos localizam o incidente em questão nos "distritos da Judeia, ao longo do Jordão". Memórias são aguçadas. João batizava nesse local. Foi lá que João denunciou Herodes Antipas por tomar a esposa de seu irmão. Fazer a pergunta sobre divórcio nesse contexto não se tratava apenas de um mero questionamento teórico. Antes, era um convite para que Jesus se autoincriminasse, dissesse algo que pudesse levar Antipas a fazer com Jesus o que fizera com João.

Jesus adere à escritura, visto que jamais a acusariam de inconsistência. Ao fazê-lo, porém, demonstra falar a partir de um mundo onde Deus, tornando-se rei na terra como [é] no céu, transforma até o coração humano como parte do seu projeto de nova criação. Ouvintes de Jesus, partindo de um mundo onde a legislação para duros de coração ainda se aplicava, não podiam sequer reconhecer o reino irrompendo bem diante de si.

Muitas outras passagens apontam para a mesma direção. Em particular, alguns dos discursos do evangelho de João, atingindo o ponto culminante na chamada oração sacerdotal de Jesus, no capítulo 17, exploram com muito mais profundidade a transformação multifacetada que Jesus parecia crer estar acontecendo quando aqueles que o seguiam descobriam o que significava o fato de Deus tornar-se rei. Ao que parece, grande parte do programa de Jesus consistia nisso.

Assim como um político precisa hoje em dia de um conjunto coerente de políticas em questões aparentemente diversas (imigração, política externa, economia, educação etc.), da mesma forma, a campanha de Jesus em prol do reino parecia incluir todos os elementos que descrevemos até agora — cura, celebração, perdão, coração renovado — e muitos outros. Mas o que devemos, então, dizer sobre a própria visão de Jesus sobre o reino? Segundo ele, o reino já estava aqui ou ainda era uma realidade futura? Ou, em certo sentido, ambas as opções? Se sim, como?

CAPÍTULO 9

REINO PRESENTE E FUTURO

QUANDO JESUS CURAVA PESSOAS; quando celebrava festas com todos, sem distinção; quando oferecia livremente o perdão às pessoas, como se substituísse o próprio Templo pelo seu trabalho — de todas essas formas estava claro, ou pelo menos Jesus planejava que o estivesse, que suas obras não eram apenas uma amostra de uma realidade futura; antes *eram* a própria realidade. Era assim que as coisas se pareciam quando Deus estava no comando. O reino de Deus estava vindo, conforme ensinou seguidores a orar, "na terra como no céu". Em certa ocasião, Jesus falou claramente àqueles que o acusavam de coligação com o Diabo: "se é pelo [Espírito] de Deus que eu expulso demônios, então o reino de Deus chegou a vocês" (Lucas 11:20). Boa parte do que Jesus realizava e falava só faz sentido com base no pressuposto de que ele realmente acreditava que Deus estava, segundo prometera, tornando-se rei de uma forma nova. Estava acontecendo, e suas ações demonstravam com o que o reino se parecia.

Entretanto, há dicas constantes, por toda carreira pública de Jesus, que a vinda do reino dependeria de acontecimentos futuros, ainda não cumpridos. Vez após vez, Jesus fala de um cataclismo vindouro — um grande desastre, um juízo, acontecimentos terríveis que virariam o mundo de cabeça para baixo. Em uma passagem conhecida, fala do sol e da luz escurecendo-se e de estrelas caindo do céu (Mateus 24:29, citando Isaías 13:10). Claramente, fala da "vinda do filho do homem" (Mateus 24:30, citando Daniel 7:13). Então, como o reino pode ser tanto presente quanto futuro? O que Jesus estava tentando dizer? Como isso afeta nossa visão de "campanha", segundo vimo-lo continuar até este ponto?

A fim de responder a essas questões, devemos tirar um pouco o foco das histórias antigas de Israel e olhar brevemente para quatro homens, dois que precederam Jesus e dois que o sucederam, cujas carreiras incorporam algo da mesma tensão presente e futura. Então, nosso caminho ficará livre para entendermos o propósito de Jesus.

JUDÁ, O MARTELO

Primeiro, havia "Judá, o Martelo" — ou Judas Macabeus, conforme é normalmente conhecido. Ele alcançou proeminência durante a crise de 160 a.C., quase exatamente duzentos anos antes da carreira pública de Jesus de Nazaré. Como Jesus, a parte crucial de sua carreira foi uma campanha de três anos, culminando em uma entrada triunfal em Jerusalém e uma "purificação" do Templo. Mas o paralelo acaba aqui.

JUDÁ, O MARTELO	JESUS DE NAZARÉ
167/6 • Começa uma revolução	27/8 d.C. • Começa um movimento do "reino"
164 • Purifica o Templo	30 • Purifica o Templo

Nos dias de Judá, Jerusalém havia sido tomada pela Síria, imediatamente ao norte. O rei sírio, Antíoco Epifânio (i.e., Antíoco "aparição divina"), profanou o Templo, dedicando-o a Zeus, o deus pagão; além disso, Antíoco tentou esmagar o espírito resistente dos judeus, forçando-os à quebra da lei ao comerem carne de porco. A resistência foi liderada por uma família, cuja figura mais importante — Judá, o Martelo — promoveu uma guerra de três anos, ao fim dos quais o Templo foi purificado de elementos pagãos. Esse é o acontecimento ainda comemorado anualmente na festa judaica da Dedicação, ou *Hanukkah*. Judá e sua família celebraram sua campanha bem-sucedida com desfiles, cânticos e, mais relevantemente para a nossa história, carregando ramos de palmeira.

A vitória de Judá, consolidada posteriormente por seus irmãos, foi o bastante para estabelecer sua família nos papéis de sumo sacerdote e rei dos judeus, ainda que não pertencessem às famílias certas para deterem ambos os ofícios. Igualmente importante é o fato de terem aguçado o enredo antigo: tirano ímpio oprimindo o povo de Deus; líder nobre e heroico, lutando a batalha-chave, arriscando tudo; Templo purificado e Israel liberto mais uma vez para seguir a Deus e sua lei. Esta havia sido a história de Moisés, do Egito e do Êxodo; a história de Davi, Salomão, dos filisteus e do Templo; a história da derrota babilônica e do retorno do exílio.

O livro que mais explicitamente se apropria desse enredo é Daniel. O livro conta a história dos heróis judeus, Daniel e seus amigos, resistindo a reis pagãos e sendo inocentados por Deus. Conforme vimos, este é o livro que, com imaginário estranho e lúrido, fala do poder de reinos pagãos alcançando seu terrível auge, do próprio povo de Deus sofrendo nas mãos deles e, então, de Deus fazendo algo novo, estabelecendo seu governo soberano de uma vez por todas. Em termos da imagem que usamos anteriormente, a história corresponde ao vendaval, o sistema de alta pressão e o furacão: o fortalecimento do poder pagão, a esperança de Israel e a vitória de Deus. É a história do Êxodo, voltada para uma nova direção. É a história de Davi, apenas agora em uma nova dimensão. É a história do exílio e da restauração, agora, porém, com um novo destino. Algumas pessoas criam que tudo havia se cumprido na história de Judá e seus irmãos.

Em particular, o livro de Daniel estabelece o próprio quebra-cabeça, o próprio enigma. O profeta pergunta "Por quanto tempo durará o exílio? Quanto tempo temos até que Deus efetue sua grande operação final de resgate? Setenta anos, conforme alguns previram?". A resposta é não. Serão setenta vezes sete — isto é, 490 anos (Daniel 9:24). Não se sabia ao certo a partir de quando a contagem deveria começar e, assim, ninguém sabia quando o grande momento finalmente chegaria; muitas pessoas, porém, nos séculos antes e depois de Jesus de Nazaré ansiavam por descobri-lo. Diferentes teorias eram propostas. Cada geração esperava que a aritmética divina funcionasse em seu favor.

Somente pessoas da geração seguinte vieram a descobrir gradativamente o problema atrelado à história de Judá, o Martelo. O problema era que, com relação à empolgação inicial e ao entusiasmo contínuo de alguns, tornou-se evidente que as profecias ainda não haviam sido cumpridas. A utopia ainda não havia surgido. Asmoneus, os descendentes da família de Judá, estavam eles próprios longe de serem governantes perfeitos. Grupos de pressão surgiram, tentando forçar a questão. O mais famoso passou a ser conhecido como "fariseus", que, conforme vimos, constituíam um movimento populista profundamente leal às tradições antigas conforme as interpretavam, esperando fervorosamente que o seu Deus agisse mais uma vez. A grande história estava gravada na mente dos fariseus e em seu hábito de leitura bíblica: governantes ímpios, pessoas sofrendo, surgimento do herói, batalha, vitória, governo sobre as nações circunvizinhas, estabelecimento da habitação de Deus. Era por isso que as pessoas oravam, esperavam e ansiavam quando Jesus de Nazaré entra em cena.

SIMÃO, A ESTRELA

Antes de retornarmos a Jesus, precisamos dar um salto para frente, para além de seus dias, para outro movimento que nos diz muito sobre como alguns contam a história e procuram vivê-la.

Voltamo-nos de Judá, o Martelo, para Simão, a Estrela. Ou antes, para Simão, Filho-da-Estrela. O ano é 132 d.C., quase exatamente cem anos após a carreira pública de Jesus de Nazaré e, portanto, quase exatamente trezentos anos após Judá, o Martelo.

CRONOLOGIA DE SIMÃO, FILHO-DA-ESTRELA

d.C.	
115-17	Revoltas judaicas fracassadas contra Roma no Egito, em Cirene e em Chipre
117	Adriano torna-se imperador
132	Adriano institui legislação antijudaica, constrói o templo de Júpiter em Jerusalém
133	Início da rebelião de bar-Kochba; Rabi Aquiba conclama bar-Kochba como o Messias
133	Moedas com inscrição "ano 1"
134	Moedas com inscrição "ano 2"
135	Moedas com inscrição "ano 3"
135	Roma esmaga a rebelião; bar-Kochba e Aquiba são mortos

A história começa da forma usual. Outro rei ímpio; outro tempo de intenso sofrimento; emerge um outro herói, ganhando (ao que parece) algumas vitórias iniciais. Outra campanha de três anos. O objetivo era o mesmo: derrotar o inimigo pagão, reestabelecer o Templo, libertar judeus e estabelecer um novo rei como senhor de seu próprio reino, talvez com uma abrangência um pouco mais ampla.

Dessa vez, o rei ímpio é o imperador romano Adriano. Pessoas em meu país ainda conhecem esse nome, visto que Adriano construiu uma muralha[1] ao longo do norte da Inglaterra, a mais de 3200 quilômetros de Jerusalém, a fim de manter seu império seguro das tribos selvagens da Escócia. Como muitos outros imperadores

---

[1] Foi erguida de 122 d.C. a 126 d.C., sua estrutura se estendia por cerca de 118km; fica hoje na região que faz parte do território da Escócia. [N. E.]

bem-sucedidos, Adriano era brilhante e cruel. Dois de seus predecessores, Vespasiano e Tito, haviam derrotado rebeldes judeus em uma guerra famosa e amarga, culminando na queima do Templo, em 70 d.C. Agora, Adriano, impulsionado talvez pela possibilidade de outros levantes judaicos, decidiu tomar medidas drásticas. Como fizera Antíoco Epifânio, Adriano transformou Jerusalém em uma cidade pagã, dando-lhe um novo nome: Aelia Capitolina. Antíoco, conforme recordamos, atacara os maiores símbolos da vida e tradição judaicas, até mesmo as leis alimentares (tentando forçar pessoas a comerem carne de porco). Da mesma forma, Adriano atacou símbolos judaicos, com um foco particular no banimento da prática da circuncisão.

Também outros fatores levaram à revolta. Em determinado ponto, Roma sugeriu que os judeus poderiam reconstruir o Templo; logo, quando, em vez disso, a cidade foi transformada em um centro pagão, teria surgido uma mistura tóxica, mas compreensível, de desapontamento e indignação. Pode ter havido também uma linha cronológica perceptível. Jerusalém fora destruída em 70 d.C.; Jeremias falara de setenta anos de desolação, seguidos por restauração; talvez, enfim, Deus planejasse libertar seu povo por volta de 140 d.C. Digno de nota é o fato de a última grande revolta, em 66 d.C., ter acontecido quase setenta anos após o estabelecimento original do governo romano na Judeia. Normalmente, rebeldes agem durante uma transição de regime, quando percebem um potencial vácuo de poder. Mas rebeldes que creem que Deus lhes revelou seu plano podem escolher atacar em um tempo quando, segundo a revelação, Deus prometeu agir. Possivelmente os rebeldes pensavam que, a fim de prepararem a ocasião para a ação de Deus, deveriam iniciar um movimento de libertação alguns anos antes.

Alguns dos fatores citados, ou todos eles, contribuíram para que o povo se preparasse para arriscar tudo e se dispusesse ao novo líder. Ele, Simão bar-Kosiba ("Simão, filho de Kosiba") foi conclamado "bar-Kochba", "filho da Estrela", ecoando uma profecia antiga:

> *Uma estrela surgirá de Jacó;*
>   *um cetro se levantará de Israel.*
> *Ele esmagará as frontes de Moabe*
>   *e o crânio de todos os descendentes de Sete.* [...]
> *De Jacó sairá o governo;*
>   *ele destruirá os sobreviventes das cidades.* (Números 24:17-19)

Não seria necessária muita imaginação para transferir essas vitórias antigas contra Moabe, descendentes de Sete e "sobreviventes das cidades" para o mundo do século II. Simão era o homem certo para a tarefa! Alguns diziam que ele fazia milagres; outros, posteriormente, que ele se autoproclamou como "grande luz celestial". Uma tradição diz que o maior mestre judaico da época, Rabi Aquiba, declarou que Simão era de fato o Messias, o tão aguardado rei de Israel.

Na verdade, temos relíquias de bar-Kochba em primeira mão, o que faz dele um dos pouquíssimos líderes de qualquer país antigo dos quais temos esse tipo de informação. Ele escreveu cartas, algumas das quais sobreviveram; ele era extremamente devoto da tradição judaica, mas também cruel em sua exigência por lealdade e obediência. Bar-Kochba também cunhava moedas, algo que, por si só, conta muito sobre sua história. Como os revolucionários franceses, bar-Kochba recomeçou o calendário: a emissão das moedas corresponde aos anos um, dois e três. Elas falam da "libertação de Jerusalém", que estava para acontecer. Uma das moedas traz a imagem do Templo, o qual, evidentemente, já havia sido destruído; tratava-se de uma declaração de intenções. Por este tempo, o programa já era familiar: Deus proveria uma grande vitória e libertaria o seu povo; o Templo seria reconstruído; e o próprio bar-Kochba seria estabelecido como verdadeiro rei. O mesmo conjunto de temas que ouvimos antes, enraizados nas mesmas escrituras antigas.

A numeração das moedas, em particular, fala-nos muito sobre a forma como a grande história funcionava. Bar-Kochba não estava aguardando pelos acontecimentos finais antes de deixar claro que o novo tempo havia começado. Bar-Kochba estabelecera sua regra, mesmo que a grande vitória estivesse por vir e o Templo estivesse por ser reconstruído. Assim, três anos de governo servem de um tipo de período interino: o novo dia havia alvorecido, e o novo dia estava por alvorecer! Pensando em termos de política real da época, faz muito sentido. Na linguagem que usamos anteriormente, tratava-se tanto de *escatologia retrospectiva* quanto de uma *escatologia prospectiva*: uma longa história *já* havia alcançado seu auge (o rei está aqui!), e a mesma longa história *estava por* alcançar seu auge (o rei está a caminho de sua grande vitória!). Negar o alvorecer do novo dia era negar bar-Kochba como Messias. Imaginar, porém, que nada mais devia ser feito em vista do novo alvorecer era perder de vista o panorama geral. Era tempo de planejamento para a grande vitória, para manter-se santo e fazer orações fervorosas, organizar a continuação da revolta antirromana e desenvolver o projeto para a reconstrução do Templo. Moedas de bar-Kochba falam de um período na história que começou com uma explosão, mas que devia ser completado com ações decisivas maiores, caso se desejassem consolidar e validar esse início.

Não deu em nada — ou melhor, levou a um sofrimento ainda maior. Simão, a Estrela, parece ter obtido algumas vitórias iniciais e estabelecido uma administração por pelo menos parte da antiga terra judaica. Bar-Kochba estava no comando — pelo menos por um tempo e sobre um pequeno território. Contudo, os romanos atacaram com força devastadora, compelindo bar-Kochba e seus seguidores a recuar, para, então, persegui-los em cavernas e em outros esconderijos. A arqueologia revelou o bastante dessas cavernas para que percebêssemos quão horrível parece ter sido o fim de Simão e de muitos outros.

Às vezes, escritos judaicos posteriores falam de Simão não como bar-Kochba, "filho da Estrela", nem por seu nome próprio, bar-Kosiba, "filho de Kosiba", mas por um trocadilho diferente: bar-Koziba, "filho da mentira". Assim, criam que ele era um falso messias.

De fato, muitos na época concluíram ser falso sequer esperar um messias. De qualquer maneira, não houve mais insurreições judaicas. Daquela época em diante, os judeus contentaram-se em viver sua obediência a Deus e à sua lei no âmbito particular e em deixar outras pessoas administrarem o mundo, se assim desejassem. Alguns mestres judeus já advogavam essa política por um tempo. Desde então, ela foi adotada sem maiores questionamentos.

A história de Simão, a Estrela, trezentos anos após Judá, o Martelo, indica um padrão comum impressionante, mesmo que os resultados tenham sido diferentes. O enredo é mais uma vez o mesmo, ecoando o Êxodo, Davi e Salomão e o retorno da Babilônia: rei pagão ímpio, sofrimento e perseguição, surgimento de um herói, vitórias, purificação e restauração do Templo e estabelecimento de um novo regime. No caso de Judá, tudo ocorreu de acordo com o plano; foi apenas gradualmente, nos anos que se seguiram, que pessoas começaram a duvidar se aquela havia sido a tão aguardada libertação divina. No caso de Simão, tudo ocorreu conforme o plano, durante três anos; então, em vez da vitória final e da reconstrução, ocorreu um desastre tão grande que, por muitas gerações, ele foi lembrado — se é que foi lembrado — com pavor. O grande vendaval do poder imperial romano extinguira o sistema de alta pressão da aspiração judaica, deixando um ponto de interrogação perturbador sobre o terceiro elemento: o que o Deus de Israel intentava fazer? Entretanto, a história vivida por Simão e seus seguidores era a mesma. Ela era, segundo criam, a história bíblica, a história em que promessas bíblicas seriam cumpridas, a história que estava na mente e no coração daqueles que primeiro ouviram de Jesus de Nazaré, falando sobre como Deus finalmente tornava-se rei — a história que transformaram em canção enquanto Jesus, montado em um jumento, dirigiu-se a Jerusalém.

Antes de retornarmos ao próprio Jesus, porém, precisamos ver ainda outros dois reis. Ambos falharam, embora por razões muito diferentes.

HERODES, O GRANDE

Hoje, ao fazer um *tour* guiado pela Terra Santa, uma das coisas que talvez chame sua atenção é um nome que surge vez após vez.

Ouvi turistas reclamarem que, em vez de descobrirem algo a respeito de Jesus, acabam aprendendo mais sobre Herodes. Herodes, o Grande (o famoso Herodes que, segundo o evangelho de Mateus, matou bebês em Belém em uma tentativa vã de livrar-se de um potencial rival ao seu trono) foi realmente um líder famoso em seu próprio tempo e permaneceu, depois de sua morte, um nome conhecido e respeitado. Se alguém era "rei dos judeus" na época de Jesus, esse alguém era Herodes.

Herodes, o Grande, cumpriu ao menos parte da história que temos acompanhado. Ele começou sua carreira como líder militar, econômico e político bem-sucedido. Cerca de cem anos depois da época de Judá, o Martelo, ocorreu um novo vácuo de poder no Oriente Médio. A casa real dos asmoneus estava em desordem. Romanos ganhavam poder e Pompeu, seu famoso general, capturou Jerusalém, em 63 a.C. Conforme vimos anteriormente, romanos preferiam, quando possível, governar nações subjugadas por meio de elites locais; assim, a família dos asmoneus foi autorizada a continuar com o cargo de sumo sacerdote.

Entretanto, o mundo romano estava prestes a mergulhar no caos. Pompeu foi morto em 48 a.C. e Júlio César, assassinado em 44 a.C., ocasionando guerras civis das quais, segundo vimos, o filho adotivo de César, Otávio, emergiria como primeiro imperador romano. Enquanto isso, a antiga inimiga de Roma, Pártia (cujo território correspondia aproximadamente aos atuais Iraque, Irã e Afeganistão), aproveitou o momento para invadir territórios romanos no Oriente Médio, incluindo Jerusalém. Longas memórias judaicas de Assíria, Babilônia, Pérsia e Síria significavam que Pártia estava fadada a ser vista pelos judeus como novo reino ímpio. Além disso, Herodes, o Grande, o líder militar mais eficaz do momento e já reconhecido por Roma como "rei dos judeus" por fundamentos puramente pragmáticos, derrotou os partos e recapturou Jerusalém — em favor de Roma. Herodes sabia onde jaziam seus interesses.

CRONOLOGIA DE HERODES

a.C.	
44	Morte de Júlio César; guerras civis irrompem no mundo romano
40	Partos invadem Síria/Judeia, instalando um "rei" fantoche em Jerusalém
40	Roma declara Herodes como "rei da Judeia"
37	Herodes retoma Jerusalém para Roma após a invasão parta
31	Otávio ("Augusto") derrota Marco Antônio, na batalha de Ácio, terminando a guerra civil; Augusto confirma Herodes (antes apoiador de Marco Antônio) como rei da Judeia
19	Herodes começa a reconstruir o Templo de Jerusalém
9	Novo Templo é consagrado (embora a construção continue; foi completado em 63 d.C.)

Já conseguimos vislumbrar o mesmo padrão. Vitória contra uma potência estrangeira, retomada da cidade santa — Herodes, o Grande, começava por uma trilha familiar. É verdade que ele precisava do apoio romano para obter e manter o poder, mas ele, como bom articulador político, conseguiu a autorização que desejava. Isso o iniciou em uma grande carreira na construção de obras públicas, razão pela qual muitos turistas veem marcas dele hoje em dia. Herodes persistia em sua busca de apoio de comunidades judaicas ao redor do mundo. E, no cerne de todo o projeto, ele começou a reconstruir o próprio Templo. Agora, enfim, o edifício readquiriria a glória que tinha nos dias de Salomão, mil anos antes! E agora, por fim, tal empreendimento legitimaria Herodes e sua família como verdadeiros reis dos judeus. Não apenas fantoches romanos, mas verdadeiros reis.

Herodes, o Grande, não tinha linhagem familiar para dar suporte a essa reivindicação. Herodes não descendia de Davi, nem sequer era plenamente judeu, já que tinha sangue edomita. No entanto,

Herodes entrou na família real (da época) ao tomar Mariane como uma entre suas muitas esposas, uma princesa da casa dos asmoneus. E ele manteve seu governo — feito por si só extraordinário — por mais de trinta anos. Judá, o Martelo, conseguiu governar por sete anos; Simão, a Estrela, por apenas três.

A carreira de Herodes, cujo início fora brilhante, sofreu um declínio gradual. Fontes nos falam do conto triste, mas típico, de um homem que, tendo alcançado poder absoluto, usou-o cada vez mais não para melhorar a vida de súditos, mas para tornar a vida mais segura para si. Herodes matou diversos membros de sua família, incluindo sua amada Mariane, sob a suspeita de conspirar contra ele. No próprio leito de morte, cogitando que ninguém choraria seu falecimento, Herodes deu ordens para que cidadãos importantes da cidade fossem mortos ao mesmo tempo para garantir que haveria choro e pranto em seu funeral. Felizmente, a ordem não foi executada.

Herodes, o Grande, é importante para a nossa história não apenas por fornecer um cenário para a vida de Jesus, mas por mostrar, de modo quase caricaturado, o que o título "rei dos judeus" significava para alguém da época. Significava vitória; significava Templo; significava o estabelecimento do povo judeu em paz e prosperidade. Herodes tentou navegar pelo grande sistema de alta pressão da antiga narrativa judaica, velejando com astúcia de modo a evitar o impacto do vendaval que soprava cada vez mais de Roma. Ainda que boa parte de suas aspirações tenha se reduzido, na época de sua morte, a uma pequena paródia de suas esperanças originais, ainda podemos ver em Herodes um vislumbre da história capaz de dar sentido a tudo, a história que remontava às escrituras antigas e antecipava um futuro que, para o olhar de fé e esperança, produziria o verdadeiro rei, o qual seria bem-sucedido naquilo que outros fracassaram.

SIMÃO BAR-GIORA

Outro que fracassou como rei foi Simão bar-Giora. Seguindo o mesmo padrão já elaborado, bar-Giora entrou em cena em mais uma época de caos social e político, no início da grande revolta contra o governo romano (66—70 d.C.), culminando em catástrofe total e na destruição do Templo. Na época, havia muitos aspirantes a líderes, profetas etc., alguns emergindo de famílias há muito associadas com atividade antirromana. Mas Simão governava Jerusalém quando os romanos atacaram a cidade.

Simão obteve apoio popular, e então poder fatual, ao anunciar a libertação de escravos. Essa sempre foi uma boa jogada, não apenas por ser benéfica em si, mas porque a antiga memória de ser libertado da escravidão do Egito sempre foi central à autopercepção judaica. Deparando-se com muitos outros líderes militares e causadores de problemas, muitos dos homens proeminentes de Jerusalém estavam felizes em dar poder a Simão e em segui-lo. Simão instituiu lei marcial, executando e aprisionando pessoas que suspeitava de traição. Qualquer que tenha procurado entender o que estava acontecendo com Jerusalém naqueles anos sabe que se tratou de um período altamente confuso; e se isso é um problema para historiadores, imagine para as pessoas da época. Obviamente, o programa de Simão devia ser o mesmo de sempre: derrotar o inimigo, purificar o Templo e estabelecer o próprio reino.

Simão, porém, não fez nada disso. Em vez disso, enquanto romanos destruíam o Templo e a derrota parecia inevitável, Simão se rendeu de forma espetacular: vestiu-se de branco, com um manto púrpura por cima e emergiu repentinamente de seu esconderijo, no monte do Templo. Se Simão esperava assustar as pessoas e escapar ou se tudo não passava de encenação, não sabemos. Acorrentado, ele foi levado a Tito, o general vitorioso, e então expedido para Roma, juntamente com milhares de outros cativos e navios cheios de prisioneiros, algo que você ainda pode ver em figuras esculpidas no Arco de Tito, no topo do Fórum Romano. Segundo o costume romano, Tito recebeu um "triunfo", uma procissão espetacular pelas ruas de Roma, demonstrando aos cidadãos (antes que televisão e fotografia fornecessem outros métodos) que grande vitória ele havia conquistado. Atrás de si estavam os prisioneiros, uma multidão enlameada e digna de compaixão; e por fim estava Simão. Durante a caminhada, Simão foi açoitado até chegar à prisão, onde a sentença de morte foi executada. Mais uma vez, o vendaval venceu o sistema de alta pressão. Tito, e toda Roma com ele, celebrou a vitória contra o "rei dos judeus". Mais uma vez, o povo judeu, esmagado e desanimado, cogitou o que havia acontecido com o furacão divino que deveria ter ido ao seu auxílio.

Não precisamos de muita imaginação para ver como Jesus de Nazaré, pregado em uma cruz romana com as palavras "rei dos judeus" sobre a cabeça, deve ter sido visto por muitos exatamente da mesma maneira que Simão bar-Giora. Eis um aspirante a rei; veja o que os romanos sempre fazem com pessoas assim. A tradição judaica subsequente também passou a considerar Jesus como mentiroso que enganou o povo de Deus, desorientando-o com falsas esperanças.

ENTRE DOIS MOMENTOS

Este desvio na história de movimentos de aspiração real nos séculos anteriores e posteriores a Jesus tem o propósito de estabelecer dois pontos que esclarecerão, assim espero, diversas coisas sobre sua carreira pública. Primeiro: havia um reconhecido conjunto de expectativas por um "rei dos judeus", com raízes que remontavam ao Êxodo. A recitação de expectativas tornou-se quase monótona pela repetição; vitória sobre potências pagãs e purificação ou reconstrução do Templo estavam no topo da lista. Segundo: esperava-se que qualquer campanha do tipo fosse composta por (pelo menos) dois "momentos-chave": no primeiro momento, no hastear da bandeira, a proclamação inicial era feita e o movimento, iniciado; no segundo momento, a batalha final era ganha, e o Templo, reconstruído. Esperava-se que esses movimentos ocorressem entre dois momentos, entre o anúncio inicial e uma vitória final.

Pense por um minuto no que tudo isso significa. Assim que o anúncio inicial é feito, conforme vimos particularmente na história de Simão, a Estrela, seria um ato de traição sugerir que o reino, o novo governo de Deus, não estava presente. Se o verdadeiro rei está aqui e o povo começa a fazer o que o rei ordena, então o reino começou! Da mesma forma, porém, havia uma grande tarefa a ser cumprida. Pagãos tinham de ser derrotados. O Templo devia ser reconstruído. Até que isso acontecesse, o reino não estaria completo.

Considere o rei Davi, mil anos antes. Davi foi ungido por Samuel muito tempo antes de ser entronizado. Davi foi rei durante este período? De um ponto de vista, sim, mas de outro, não; Saul continuava rei e, como consequência, colocou um prêmio sobre a cabeça de Davi. É importante ressaltar, conforme vimos, que Jesus, em determinado ponto, assemelha-se a Davi, precisamente no mesmo estágio de sua carreira (Marcos 2:25-28). Uma vez que aprendemos a pensar da forma como os judeus da época e a levar em consideração a verdadeira situação política (e não apenas um conjunto de ideias ou crenças religiosas), a ideia de um reino cuja manifestação é enfaticamente *presente* e ao mesmo tempo *futura* não representa um problema. Corresponde apenas ao que se deve esperar.

Quais, então, eram os objetivos futuros de Jesus? O que ele esperava alcançar? O que, para ele, seria o equivalente à batalha a ser travada e à purificação ou reconstrução do Templo? Até que ponto ele partilhava das aspirações de reis e supostos reis de antes e depois de sua época?

Sem dúvida, são as perguntas certas a serem feitas, mas respondê-las não é tão simples. Como em quase tudo que Jesus fez, parece que ele remodelou deliberadamente as expectativas judaicas do século I ao redor de si — e, por conseguinte, ao redor de sua própria e inovadora leitura das escrituras de Israel. Assim, descobriremos que, como no caso de outros movimentos "reais", ainda que com variações altamente importantes das de Jesus, ele cria *tanto* na realidade presente do reino de Deus *quanto* em seu estabelecimento futuro, sucedido de um grande acontecimento que, em breve, ocorreria.

Para ver como tudo isso funciona na prática, precisamos explorar alguns outros temas. Todos os quatro personagens fascinantes que vimos neste capítulo tiveram duas grandes partes em seu programa de reino: batalhas que lutaram ou pretendiam lutar, e o Templo que purificaram, reconstruíram ou ansiavam por reconstruir e defender. O que Jesus fez com esses grandes temas interligados de batalha e vitória, por um lado e, por outro, de reconstrução ou purificação do Templo, local da presença de Deus?

CAPÍTULO 10

BATALHA E TEMPLO

PRIMEIRO, A BATALHA. Quer olhemos para o Sermão do Monte (Mateus 5—7) ou para o Manifesto de Nazaré (Lucas 4); quer olhemos para a estranha linguagem sobre "amarrar o valente" (Mateus 12) ou para a linguagem ainda mais estranha da "vinda do filho do homem" — onde quer que direcionemos nossa atenção, parece que Jesus estava ciente de um grande conflito no qual já estava envolvido e que alcançaria, em pouco tempo, algum tipo de ponto culminante.

Ao que tudo indica, a batalha não era aquela que seus contemporâneos, incluindo seus próprios seguidores, esperavam-no lutar. Nem mesmo era o *tipo* de batalha que esperavam — embora Jesus usasse linguagem belicosa para descrevê-la. De fato, conforme o Sermão do Monte parece indicar, engajar-se em lutas, no sentido físico normal, era precisamente aquilo que ele não faria. Havia um tipo diferente de conflito prestes a acontecer, uma batalha que já havia começado. Nela, não ficava tão evidente quanto aqueles ao redor de Jesus esperavam, quem estava do lado de quem, ou mesmo se o conceito de "lados opostos" era a forma correta de ver as coisas. A batalha em questão era de natureza diferente, uma vez que envolvia um tipo diferente de inimigo.

A Bíblia nunca é muito precisa sobre a identidade da figura conhecida como "Satanás". A palavra hebraica significa "acusador", e às vezes esse personagem parece pertencer ao conselho celestial de YHWH, com responsabilidade especial como advogado de acusação (1Crônicas 21:1; Jó 1—2; Zacarias 3:1-2). Entretanto, o termo passa a ser identificado com a serpente do jardim do Éden (Gênesis 3:1-15) e com a estrela da manhã rebelde, expulsa do céu (Isaías 14:12-13), além de ser vista por muitos judeus como uma fonte quase pessoal de maldade por trás da impiedade humana e de formas de injustiça de larga escala, operando, às vezes, por intermédio de "demônios" semi-independentes. Por volta da época de Jesus, diversas palavras eram usadas para denotar essa figura, incluindo Belzebu (lit., "Senhor das Moscas") ou simplesmente "Maligno". Jesus advertiu seguidores contra enganos que essa figura era capaz de perpetrar. Opositores de Jesus o acusaram de envolvimento com Satanás, porém, os primeiros cristãos criam que Jesus na verdade o derrotara em suas próprias lutas com a tentação (Mateus 4; Lucas 4), na expulsão de demônios e em sua morte (1Coríntios 2:8; Colossenses 2:15). Assim, a vitória definitiva contra este inimigo está assegurada (Apocalipse 20), embora a batalha continue intensa para o cristão (Efésios 6:10-20).

LUTANDO CONTRA SATANÁS

A batalha que Jesus estava lutando era contra Satanás. Seja o que for que pensemos sobre esse tema, sua centralidade é clara para todos os escritores dos evangelhos. Por isso, temos razão para crer que o tema também era central para Jesus:

> Jesus esteve no deserto por quarenta dias, onde foi testado por Satanás. (Marcos 1:13)

"O que é isto? Um novo ensino — com verdadeira autoridade! Ele dá ordens até aos espíritos imundos, e eles obedecem!" (Marcos 1:27)

Jesus não permitia que demônios falassem, visto que o conheciam. (Marcos 1:34)

Sempre que espíritos imundos o viam, prostravam-se diante de Jesus e gritavam: "Você é o filho de Deus!". Mas Jesus lhes dava ordens severas para que não revelassem sua identidade. (Marcos 3:11-12)

Mestres da lei... diziam: "ele está possesso por Belzebu!"
Jesus... lhes falou por parábolas: "Como pode o Acusador expulsar o Acusador? Se um reino estiver dividido em duas facções, não poderá subsistir... Mas lembrem-se de que ninguém pode entrar na casa do valente e roubar sua propriedade sem que antes o amarre. Só então poderá roubar a casa dele". (Marcos 3:22-27)

Repentinamente, eles foram confrontados por um homem com um espírito imundo... Pois Jesus lhe tinha dito: "Saia deste homem, espírito imundo!".
"Qual o seu nome?", perguntou-lhe Jesus.
"Legião", respondeu. "Este é o meu nome; há muitos de nós!" [...]
Os espíritos imundos saíram e entraram [na manada de] porcos. A manada atirou-se precipício abaixo, em direção ao mar — cerca de dois mil porcos! — e nele se afogou. (Marcos 5:1-20)

"Eu vi Satanás cair como um raio do céu". (Lucas 10:18)

"Não seria correto que esta filha de Abraão, amarrada por Satanás por dezoito anos, fosse desamarrada de suas cadeias em dia de sábado?". (Lucas 13:16)

"Satanás exigiu por você [Pedro]. Ele queria peneirá-los como trigo". (Lucas 22:31)

> O Diabo já havia lançado a ideia de traição no coração de Judas, filho de Simão Iscariotes... Após comer o pão, Satanás entrou nele. (João 13:2,27)

Muitos escritores modernos tentaram marginalizar este tema, o que é compreensível, mas não podemos colocar de lado tamanho aspecto central da tradição e esperar algum progresso. Obviamente, é difícil para a maior parte dos ocidentais modernos saber como abordar o assunto; este é um dos pontos em que o vento forte do ceticismo moderno fez bem seu trabalho, e a resposta ácida de "tradicionalistas", insistindo em ver tudo em termos de questões "sobrenaturais", serve de pouca ajuda. Conforme C. S. Lewis destaca na introdução de seu famoso *Cartas de um Diabo a seu Aprendiz*, o mundo moderno se divide entre aqueles que são obcecados por poderes demoníacos e aqueles que zombam deles considerando-os idiotice ultrapassada. Nenhuma das abordagens, insiste Lewis, faz jus à realidade. Concordo com Lewis nesse aspecto. A despeito de caricaturas, obsessões e da pura confusão de como pessoas normalmente falam a respeito do assunto, existe algo semelhante a uma força obscura que parece apoderar-se de pessoas, movimentos e, às vezes, nações inteiras, uma força ou (conforme às vezes parece) conjunto de forças capazes de levar alguém a fazer coisas que, em circunstâncias normais, jamais faria.

Pode-se chegar a pensar que a história do século XX poderia prover inúmeros exemplos dessa realidade, mas muitos ainda escolhem resistir à conclusão — a despeito do uso cada vez maior, na vida pública, da linguagem de "força" ("forças" econômicas, "forças" políticas, "pressão" de grupo etc.). Na erudição recente, Walter Wink, em particular, oferece uma análise perspicaz e convincente dos "poderes" e a forma como operam no mundo de hoje e operavam no passado. O psicoterapeuta Scott Peck escreveu um livro, *People of the Lie* [Pessoas da mentira], sobre um pequeno, mas importante número de clientes que, supostamente, afundou-se tanto na irrealidade que pareciam ter sido tomados por forças obscuras, sobre-humanas. A ideia pós-iluminista de que tal linguagem está repleta de superstição medieval é demasiado simplista. Em vista do mundo dividido do pensamento iluminista, talvez não tenhamos uma maneira ideal para falar a respeito de uma realidade que não é nem divina nem redutível em termos de mundo material comum. Todavia, isso não deve impedir-nos de tentar lidar com a realidade em questão.

Sem a perspectiva que enxerga o mal como uma força obscura que está *por trás* da realidade humana, a questão de "bem" e "mal" em nosso mundo é fácil de decifrar. É absolutamente fácil — repito, absolutamente fácil — categorizar "pessoas como nós" como basicamente boas e "pessoas como eles" como fundamentalmente más. Este é um perigo do qual nós, atualmente, devemos estar cientes, após a tentativa desastrosa de alguns líderes ocidentais de falarem sobre um "eixo do mal" e, então, irem à guerra a fim de obliterá-lo. Transformamo-nos em anjos e "o outro grupo", em demônios; "demonizamos" opositores. Trata-se de uma ferramenta conveniente para evitarmos a reflexão séria, mas que é desastrosa para o nosso pensamento e comportamento.

Ao levarmos a sério, porém, a existência e malevolência de forças não humanas, capazes de usar tanto "nós" quanto "eles" a serviço do mal, o foco muda. À medida que essas realidades nebulosas e sombrias vêm à tona, o que pensávamos ser claro e objetivo fica desfocado. A vida torna-se mais complexa, porém definitivamente mais realista. Linhas tradicionais que identificam amigo e inimigo passam a não ser tão fáceis de traçar. Você passa a não mais supor que "aquele grupo" é agente do Diabo, enquanto "este grupo" — nós e nossos amigos — está automaticamente do lado de Deus. Se existe um inimigo trabalhando, trata-se de um inimigo sutil e astuto, cauteloso demais para deixar-se identificar com apenas uma pessoa, um grupo ou uma nação. Na história do evangelho, apenas duas vezes Jesus se dirige diretamente a "Satanás" por esse título: repreendendo-o na narrativa da tentação (Mateus 4:10) e novamente ao repreender seu ajudador mais próximo (Marcos 8:33) por resistir ao estranho plano de Deus. A linha separando bem e mal encontra-se traçada em termos de Deus e Satanás. No entanto, ao passar por seres humanos, a linha começa a ficar menos clara, tanto em termos individuais quanto coletivos.

É precisamente este o tipo de definição que subjaz ao Manifesto de Nazaré [Lucas 4:14-30]. Inimigos tradicionais foram repentinamente trazidos, ao menos em princípio, ao contexto do alcance da bênção do grande jubileu de Deus. Já amigos tradicionais, que pensavam estar automaticamente no lado certo, tinham de ser reavaliados. Talvez não possamos mais identificar "nosso povo" como simplesmente do lado dos anjos e "aquele povo" como agente de Satanás. É por isso que Jesus foi expulso da cidade e quase morto. Ele havia sugerido que inimigos podiam tornar-se amigos, ao passo que, implicitamente, "boas pessoas" — Israel como povo de Deus — podiam tornar-se inimigas. Ironicamente, o próprio povo de sua cidade estabeleceu a ideia pela reação que teve.

Posteriormente, conforme acabamos de observar, Jesus advertiu até mesmo seu apoiador mais próximo, Simão Pedro, precisamente a esse respeito, chamando Pedro de "Satanás" quando este tentou dissuadi-lo de sua vocação de sofrimento e morte (Marcos 8:33). Em outra ocasião, Pedro foi novamente advertido de que Satanás procurava uma situação para atacá-lo violentamente (Lucas 22:31). Jesus percebe Satanás trabalhando entre seus ouvintes, roubando a palavra do reino para não criar raiz (Marcos 4:15), semeando o joio entre o trigo (Mateus 13:39) e na doença desumanizadora e deformadora que encurvara uma mulher idosa (Lucas 13:16). Além disso, Jesus reconhece que um de seus próprios seguidores é um "acusador" (João 6:70); escritores dos evangelhos se apropriam da ideia, vendo Satanás trabalhando no papel "acusatório" de Judas Iscariotes (Lucas 22:3; Jo 13:2, 27). Tragicamente, mesmo o próprio povo de Deus, focado no Templo de Jerusalém, deve ser visto, agora, como filhos do Diabo (João 8:44).

Tudo isso chega a um ponto crítico na seguinte confrontação particular:

Levaram a Jesus um homem possesso por demônio que o incapacitava de ver ou falar. Jesus o curou, de modo que o homem pôde falar e ver. Toda a multidão ficou atônita.

"Será que ele é o filho de Davi?", perguntaram. Os fariseus o ouviram.

"A única razão pela qual este homem expulsa demônios", disseram, "é por estar envolvido com Belzebu, o príncipe dos demônios!".

Jesus conhecia os pensamentos deles.

"Suponhamos que um reino seja dividido ao meio", disse-lhes. "Tal reino ficará arruinado! Se uma cidade ou casa dividir-se ao meio, não subsistirá! E se Satanás expulsa Satanás, seu reino está dividido; como, então, subsistirá?"

"Digo-lhes mais: se expulso demônios por Belzebu, sob qual poder estão as pessoas do grupo de vocês ao expulsarem-nos? Por isso, eles mesmos serão juízes de vocês. Mas se expulso demônios por estar envolvido com o espírito de Deus, então o reino de Deus chegou e está bem diante de vocês!"

"Considerem o seguinte. Suponhamos que você quer entrar na casa de um valente e roubar seus pertences — como fará isso sem primeiro amarrá-lo? Só então você poderá saquear sua casa como quiser. Se alguém não está comigo, está contra mim; se alguém não ajunta o rebanho comigo, espalha-o".

"Por isso, deixe-me dizer-lhes: pessoas serão perdoadas de todo pecado e blasfêmia; mas a blasfêmia contra o espírito não será perdoada. Todo aquele que disser uma palavra contra o filho do homem será perdoado. Contudo, se alguém falar uma palavra contra o espírito santo, não será perdoado, nem nesta era nem na que há de vir".

(Mateus 12:22-32)

Seria fácil para nós, ansiosos como somos em manter o perfil como filhos sofisticados do Iluminismo, rejeitar tudo isso como polêmica religiosa padrão do século I. Certamente, a polêmica faz parte do pacote, conforme podemos ver quando acusadores de Jesus (repare na ironia) o acusam de envolvimento com o Acusador. A resposta de Jesus demonstra sua própria perspectiva impressionante sobre o que está acontecendo, sobre o que se passa quando o reino de Deus vem à terra como [é] no céu. É um choque de reinos: Satanás tem seu reino e Deus, o seu; por isso, é uma questão de tempo até que a batalha entre ambos seja travada. Mais uma vez, é fatalmente simples descaracterizar, traçar errado as linhas, ver "nosso presente sistema" como automaticamente bom, de modo que qualquer um que o atrapalha — como Jesus estava atrapalhando o sistema dos escribas e fariseus — deve ser "satânico", do lado das trevas. O caminho leva à "guerra dos filhos da luz contra os filhos das trevas", como em Qumran: a luz sobremodo clara de uma escatologia sobreidealizada, levando-nos a uma autopercepção como "filhos da luz", lançando, de modo um tanto dramático, dúvidas quanto a "eles", os "filhos das trevas".

Jesus se recusa a aceitá-lo. Em primeiro lugar, não faz sentido imaginar Satanás trabalhando contra si mesmo. Jesus expulsa demônios, mas por que Satanás o faria, destruindo sua própria estrutura de poder? Em segundo lugar, há apenas duas opções neste ponto: se Jesus não tem usado do poder de Satanás para expulsar demônios, então deve fazê-lo pelo poder de Deus. Contudo, isso quer dizer que o reino de Deus, seu governo soberano e salvador, está de fato irrompendo, na terra como [é] no céu. Entretanto, em terceiro lugar, vitórias obtidas por Jesus, aqui e agora e em termos pessoais e individuais, sinalizam que *uma vitória inicial já foi ganha*. O "valente" já foi "amarrado", razão pela qual Jesus pode agora saquear sua casa (Mateus 12:29; Lucas 11:21-22). Jesus declara que já tinha visto Satanás cair do céu como um raio (Lucas 10:18). Tais vertentes em seu ensino estão por toda parte. Se queremos entender a intenção de Jesus, temos de levá-las a sério e ver o papel que exercem no quadro geral.

Se, porém, uma "vitória" já havia acontecido, onde ela ocorreu? Mateus, Marcos e Lucas nos dão a resposta: no início da carreira pública de Jesus, durante seu jejum de quarenta dias no deserto. Na ocasião, Satanás tentou distraí-lo, persuadindo-o a alcançar o objetivo certo por meios errados, procurando trazê-lo, assim, para o lado das trevas (Mateus 4:1-11; Marcos 1:12-13; Lucas 4:1-13). Jesus venceu a batalha, razão pela qual podia, a partir de então, anunciar que o reino de Deus começava a acontecer. No entanto, a batalha não havia terminado. A grande vitória inicial, obtida na luta intensa e pessoal de Jesus, criou um espaço no qual o reino de Deus podia agora fazer incursões, assim como a primeira vitória de Judá, o Martelo, criou espaço para que o Templo fosse purificado; como a primeira vitória dos rebeldes, em 66 a.C., criou uma sensação curta de triunfo; como as primeiras vitórias de Simão, a Estrela, criou um senso, por um breve momento, de liberdade e autonomia judaica. Mas esse mesmo reino, o reino de Deus, será finalmente estabelecido apenas por meio da batalha final. Tropas inimigas se unirão outra vez e atacarão com toda força, procurando reparar os estragos iniciais.

Qual é a batalha final prevista por Jesus? Evidentemente, não se trata mais de uma batalha militar contra Roma, ou mesmo uma revolta contra Herodes e os principais sacerdotes, uma tentativa (talvez) de tomar posse do Templo de Jerusalém. Não se trata mais da tradicional luta pela liberdade de judeus piedosos, fartos do governo pagão e de líderes locais corruptos que conluiam com esse governo, a qual faria de Jesus, assim, em nada diferente dos pagãos. O conflito é muito mais profundo. A batalha é contra o próprio Satanás. E, embora Satanás sem dúvida use Roma, use Herodes, use até mesmo os principais sacerdotes, Jesus mantém o olhar no fato de que Satanás não é identificado com nenhum deles, e que fazer tal identificação já é desistir de antemão e, deste modo, perder a verdadeira batalha.

"Esta é a hora de vocês", Jesus disse aos principais sacerdotes, aos oficiais do templo e aos anciãos que saíram para prendê-lo. "Esta é a hora de vocês — quando as trevas reinam" (Lucas 22:53, NVI). Aparentemente, as trevas receberam permissão para exercer seu pior para então serem derrotadas. E os poderes das trevas que colocaram Jesus na cruz continuaram até o fim com desafios zombeteiros:

"Salve-se, se é filho de Deus! Desça da cruz!" (Mateus 27:40), ecoando a mesma voz no deserto: "Se você é mesmo o filho de Deus, manda que estas pedras se transformem em pães!" (Mateus 4:3). De alguma forma, parece que a batalha de Jesus contra Satanás, a batalha para que o reino de Deus fosse estabelecido na terra como [é] no céu, alcançou seu ponto culminante em sua morte. Retornaremos mais adiante a esse tema excêntrico, enigmático e poderoso. Por enquanto, a ideia está clara: Jesus está realmente lutando contra os verdadeiros inimigos do povo de Deus, mas não trava a batalha que seus seguidores ou o grupo mais amplo de espectadores desejava vê-lo lutar. Jesus redefiniu a tarefa real em torno de sua própria visão de onde jaz o verdadeiro problema, redefinindo também, assim, sua própria vocação, a qual interpretava como a verdadeira vocação do rei de Israel: lutar e ganhar a batalha-chave, o conflito que libertará seu povo e estabelecerá o governo soberano e salvador de Deus, por meio de seu próprio sofrimento e morte.

PURIFICANDO O TEMPLO

O mesmo é verdade quando consideramos a outra grande aspiração "real": purificar ou reconstruir o Templo. Normalmente, referimo-nos à ação impressionante que Jesus realizou no santuário como sua "purificação do Templo". Talvez não percebamos que qualquer ação como a sua conotava uma reivindicação implicitamente real: reis, já entronizados ou aspirantes ao trono, eram aqueles que tinham autoridade sobre o Templo. Reis de Israel, ou aspirantes ao reinado, foram aqueles que planejaram (Davi), construíram (Salomão), purificaram (Ezequias, Josias, Judá, o Martelo), reconstruíram (Zorobabel, Herodes, o Grande) e esperaram defender (Simão bar-Giora) ou reconstruir o Templo (Simão, a Estrela). Evidentemente, em cada caso, a reconstrução esteve associada à história mais ampla da vitória sobre inimigos, libertação do povo etc. Era a narrativa do Êxodo — em outras palavras, a narrativa da Páscoa — tudo outra vez. E não devemos nos esquecer de que um elemento-chave da narrativa da

Páscoa sempre foi a presença do próprio Deus de Israel com o seu povo, na coluna de fogo e de nuvem e, então, em caráter mais permanente, no tabernáculo. Páscoa sugere Presença.

Conforme vimos, Jesus escolheu a ocasião da Páscoa como momento para entrar em Jerusalém montado em um jumento, despertando deliberadamente na mente de espectadores a profecia poderosa de Zacarias 9:9-11:

> *Alegre-se muito, cidade de Sião!*
> > *Exulte, Jerusalém!*
> *Eis que o seu rei vem a você,*
> > *justo e vitorioso,*
> > *humilde e montado num jumento,*
> > *um jumentinho, cria de jumenta.*
> *Ele destruirá os carros de guerra de Efraim*
> > *e os cavalos de Jerusalém,*
> > *e os arcos de batalha serão quebrados.*
> *Ele proclamará paz às nações*
> > *e dominará de um mar a outro,*
> > *e do Eufrates até os confins da terra.*
> *Quanto a você, por causa do sangue*
> > *da minha aliança com você,*
> > *libertarei os seus prisioneiros*
> > *de um poço sem água.*

Diversos temas se interligam neste ponto, tanto no texto de Zacarias (que se apropria de imagens de textos anteriores) quanto na própria ação dramática de Jesus, cumprindo a profecia. Imagine um experiente comandante naval avistando a aproximação de um navio. Se fosse eu, teria de pensar em diversas coisas que, para o meu olhar inexperiente, representariam questões completamente separadas: velocidade e tamanho do navio; seu material e estrutura; sua nacionalidade, poder de fogo e provável ameaça. Somente então poderia concluir o que está acontecendo e tomar a devida ação.

Entretanto, o comandante experiente interpreta tudo isso com um só olhar e toma decisões instantaneamente.

Da mesma maneira, à medida que lemos as histórias de Jesus, especialmente em relação aos seus dias finais, esforçamo-nos muito para juntar em nossa mente diversos temas que se interligam naquele momento e para interpretá-los como um todo indivisível e coerente. Aqueles, porém, que viram Jesus entrar em Jerusalém naquele dia, enquanto a cidade se preparava para a Páscoa, estavam na posição de um comandante experiente. A ação de Jesus, a profecia que evocava, os diversos temas da Páscoa (vitória contra o tirano, libertação de escravos, sacrifício, presença de Deus) não tardariam a formar um todo indivisível e coerente, embora profundamente desafiador. Aquilo que nós (ao menos inicialmente) nos limitamos a ver como elementos separados, iletrados na visão de mundo e na narrativa dominante daqueles judeus, era visto pelos habitantes de Jerusalém como um acontecimento rico e denso. Apenas com um olhar eles interpretavam tudo, todo o seu significado.

Qual era, então, o "significado" da entrada triunfal? Para começar, tratava-se de uma ação enfaticamente real, uma reivindicação como verdadeiro rei de Israel. Mas a profecia de Zacarias também elucida que esse rei virá como homem de *paz*. De acordo com o que foi mencionado, Jesus redefiniu a grande batalha vindoura; assim, ela não corresponde mais a uma batalha de "nós" contra "eles", das forças da luz, com armas literais, contra forças das trevas. Todavia, a chegada desse rei pacificador representará o estabelecimento do seu governo mundial; como em Salmos e Isaías, o verdadeiro rei de Israel será rei do mundo inteiro, "de um mar a outro". O resultado será o estabelecimento da aliança de Deus com o seu povo, uma aliança selada com sangue e a libertação (pense mais uma vez em Egito, Êxodo e Páscoa) de prisioneiros.

Além disso, como de costume em Zacarias e outras profecias da época, a concretização desse grande acontecimento só poderia significar uma coisa: finalmente, o rei de Israel estava voltando. Sua gloriosa presença mais uma vez apareceria. Tudo isso, imagino, seguidores de Jesus e espectadores de Jerusalém teriam interpretado imediatamente, sem qualquer esforço mental. A mente desses judeus já estava antenada a diversos elementos e ao drama principal no qual faziam sentido. E se a entrada triunfal consistia em tamanha riqueza de significado para eles, também o consistia para Jesus.

Por isso, quando Jesus se dirige ao Templo e realiza mais uma ação dramática, expulsando cambistas e vendedores de animais para o sacrifício, também sua ação teria sido vista em uma rede de alusões e simbolismos proféticos. Afinal, como todos sabiam, Jeremias quebrara um vaso de barro no mesmo lugar (Jeremias 19), simbolizando juízo vindouro. O que, porém, Jesus pretendia comunicar? O que queria dizer com sua ação?

Semelhante a muitos outros, convenci-me de que a ação dramática de Jesus era uma forma de declarar que o Templo estava debaixo do juízo de Deus e seria, em breve, destruído para sempre. É certamente assim que os escritores dos evangelhos o viam. Mateus, Marcos e Lucas seguem o incidente com uma série de discussões que se voltam para questões como, por exemplo, se Jesus tem o direito de fazer esse tipo de coisa, o que sua ação representa, que tipo de revolução tem em mente etc. — conduzindo o leitor a um grande discurso em que Jesus declara solenemente que o Templo será destruído em uma geração (Mateus 24; Marcos 13; Lucas 21). João, que descreve a ação de Jesus no Templo logo no início do seu evangelho, narra algo enigmático dito por ele sobre o Templo ser destruído e então reconstruído em três dias — pensamento que é narrado nos outros evangelhos, de forma truncada, quando Jesus é julgado pelos principais sacerdotes (João 2:19; Mateus 26:61; 27:40).

Parece que todos sabiam que Jesus estava de uma forma ou de outra pronunciando juízo sobre o Templo — e, por extensão, ao presente regime que o governava. Jesus não teria sido o único judeu do século I a expressar tais advertências. Afinal, ao parar o câmbio (apenas o uso de moedas oficiais do Templo era autorizado) e a venda de animais sacrificiais, Jesus estava, na prática, interrompendo o próprio sistema sacrificial, por um breve e simbólico momento.

E se você interrompe o fluxo regular de sacrifícios, torna o Templo obsoleto. O santuário perde o seu propósito. E se você faz isso, no contexto do judaísmo do século I, só pode ser por acreditar que o Deus de Israel está agindo de uma maneira nova. Se o Templo não é o centro de tudo, o lugar onde céu e terra se encontram, a construção na qual Deus e seu povo se reúnem, então o que ele é?

É neste ponto que devemos novamente respirar fundo e mergulhar nas águas profundas e (para nós) escuras da forma como a maior parte dos judeus do século I via o mundo. Nesse contexto, o "perigo do Jesus modernizante" é real: deparando-nos com dizeres e ações dramáticas de Jesus e concluímos que significam em nosso mundo o mesmo que significavam em sua época. Deve-se resistir a tal suposição. Mas a única forma de seguirmos adiante é pensar sobre elementos extremamente básicos de como vemos a realidade.

Isso significa que devemos pausar e fazer algumas perguntas fundamentais. Temos refletido no que Jesus *fez* — em suas ações características e na forma como as descreveu. Continuamos a adiar *o porquê* — a razão pela qual agiu ele de determinada forma e seu significado. Estamos nos aproximando do *quem* — quem Jesus pensava ser. Antes, porém, de irmos adiante, precisamos refletir a respeito de outras três grandes questões: *onde*, *quando* e *como*. Em outras palavras, precisamos pensar sobre espaço, tempo e matéria. Como, nesse nível profundo, judeus do século I, incluindo Jesus, pensavam a respeito dessas questões vitais, mas geralmente ocultas?

CAPÍTULO 11

†

ESPAÇO, TEMPO E MATÉRIA

SE EXISTE UMA COISA em que podemos ter certeza é que habitantes da Palestina do século I não pensavam em espaço, tempo e matéria da mesma forma que o fazemos. Se desejamos entender Jesus, é de vital importância que captemos a diferença entre o seu mundo e o nosso.

A maioria das pessoas do mundo ocidental de hoje pensa em geografia apenas em termos de lugares em um mapa. O conceito de "espaço sagrado", ou mesmo de "lugar", desapareceu; território é apenas um pedaço de propriedade a ser desenvolvido, explorado, comprado e vendido. Estamos em posição de desvantagem quando confrontados com a visão de mundo de grupos diferentes (populações nativas dos Estados Unidos e da Austrália, por exemplo), que persistem em considerar "sua terra" como "especial" de modo a transcender mera propriedade ou memória cultural.

Da mesma maneira, é bem possível que a minha geração tenha assistido à erosão do conceito de tempo especial. Enquanto eu crescia, o domingo era certamente especial, bem como outros dias, como a sexta-feira santa. Agora, porém, praticamente todos os dias são iguais. Muitas pessoas ainda trabalham de segunda a sexta, mas muitas ainda veem sua semana de trabalho alcançar o pico aos sábados e domingos. O mesmo acontece com estações e anos. Hoje, poucas pessoas conhecem a respeito do Domingo do Advento ou da Quaresma e, mesmo para aqueles que os conhecem, tais ocasiões não representam muita coisa. Além disso, excluindo o milênio, um ano se assemelha a qualquer outro (e mesmo no caso do milênio, não pudemos concordar a precisão do ano, se 2000 ou 2001).

Quanto à "matéria", a substância física da qual nós e o mundo somos feitos — bem, ela é precisamente isto para a maioria das pessoas: substância. Se pudermos usá-la e torná-la em algo útil, ótimo. Do contrário, não serve a propósito nenhum. A ideia de que certos pedaços de "matéria" — certo aglomerado de "substância" — podem ser cheios de novo significado e nova identidade, portadores de energia e significado de algum outro lugar, não passa, para a maioria das pessoas de hoje, de tola superstição.

Se, porém, abordarmos as histórias de Jesus com nossa visão ocidental moderna de espaço, tempo e matéria, nunca entenderemos seu significado. Precisamos tomar fôlego e explorar a forma como pessoas em seu mundo pensavam sobre esses três elementos vitais.

REDEFININDO ONDE DEUS HABITA

Espaço! Já vimos que, durante muitos séculos, cartógrafos colocaram Jerusalém no centro da terra. Isso corresponde ao que a maioria dos judeus do século I cria sobre a cidade, particularmente sobre o Templo. Ele estava no centro de tudo, o lugar mais sagrado da terra; era o ponto focal da terra santa. Sua decoração simbolizava a criação mais ampla, o mundo que lemos em Gênesis 1. Não era, como algumas construções sagradas foram em outras tradições, um recuo do mundo; em vez disso, era uma ponte *para* o mundo. Simbolizava o fato de o Deus criador reivindicar o mundo todo, isto é, reivindicá-lo para si mesmo, estabelecendo seu domínio em meio às nações.

Particularmente, o Templo era o lugar onde o próprio Deus prometera vir e viver, onde a glória divina, sua presença "tabernaculadora", seu *shekinah*, havia repousado. Tal testemunho é dado pela Bíblia, assim como por alguns indivíduos assustados, porém afortunados, que viveram para contar a história. Entretanto, ninguém supunha que Deus viveu a maior parte do tempo no céu longínquo e, então, como que em um feriado prolongado ou visita real, tenha decidido, por um tempo, morar no Templo de Jerusalém. De alguma forma, de uma maneira que a maioria dos modernos acha extraordinário e quase inacreditável, o Templo não era apenas o centro do mundo. Em vez disso, era *o lugar onde céu e terra se encontravam*. Deste modo, não se trata apenas de uma forma de dizer: "Judeus eram muito apegados à sua terra e cidade capital". Era a expressão vital de uma visão de mundo em que "céus" e "terra" não estão separados, como a maioria supõe, porém interligados e entrelaçados.

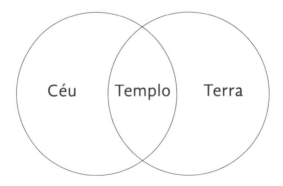

E Jesus, conforme vimos, andava por toda parte dizendo que este Deus, o Deus de Israel, estava, agora, tornando-se rei, assumindo o comando, estabelecendo seu governo salvador e restaurador na terra como [é] no céu. Céu e terra haviam se unificado, mas não mais no Templo de Jerusalém. O lugar de união se fazia visível onde aconteciam curas, celebrações (faz lembrar os anjos celebrando no céu e pessoas se unindo à celebração na terra?), perdão de pecados. Em outras palavras, o lugar de união, o círculo que se interligava, ocorria *onde Jesus estava e naquilo que ele fazia*. Jesus, por assim dizer, era um Templo ambulante — a habitação do Deus de Israel, com vida e fôlego.

Como muitos perceberão logo de início, isso está na essência do que teólogos posteriormente chamarão de "doutrina da encarnação". No entanto, a doutrina parece bem diferente de como muitas pessoas a imaginam. O judaísmo já tinha um grande símbolo "encarnacional", ou seja, o Templo. Jesus se comportava como se *fosse* o Templo em pessoa. Falava sobre o Deus de Israel assumindo o comando. Além disso, Jesus fazia coisas que colocavam em prática essa percepção de Deus no comando. Tudo começa a fazer sentido. Em particular, responde à antiga crítica segundo a qual "Jesus falava de Deus, mas a igreja de Jesus" — como se Jesus ficasse chocado em ter sua mensagem pura e centralizada em Deus "corrompida" dessa maneira. Tal forma de desdém deixa de levar em consideração o fato de que sim, Jesus falava sobre Deus, porém o fazia precisamente *a fim de explicar coisas que ele mesmo estava fazendo*.

Por isso, não devemos nos surpreender em relação à ação de Jesus no Templo. O Templo havia sido, por assim dizer, um grande sinalizador, apontando para outro fato cuja realidade passou despercebida por diversas gerações, como a pista vital em uma história de detetive que só é reconhecida no capítulo final. Você se lembra da promessa feita a Davi — de que Deus lhe construiria uma "casa", uma família, fundamentada no filho davídico que também seria filho de Deus? Davi desejava construir a Deus uma casa, mas Deus lhe respondeu que *ele* construiria uma "casa" *a Davi*. A vinda do filho de Davi é a realidade definitiva; o Templo de Jerusalém é o sinal antecipado *dessa* realidade. Agora que a realidade está presente, não há mais necessidade do sinal.

A questão, porém, não é apenas que o sinal se tornou redundante com a chegada da realidade. O Templo, segundo muitos judeus do século I reconheciam, estava nas mãos erradas e, por isso, veio a simbolizar as coisas erradas. Para começar, tornou-se um local cujo odor, para muitos judeus, cheirava a opressão comercial — tonalidade adicional um tanto óbvia na ação de Jesus em expulsar cambistas e comerciantes. Mas a coisa fica pior. O Templo passou a ser o centro do sistema bancário, onde o registro de dívidas era mantido; a primeira coisa que, na grande revolta, rebeldes fizeram ao assumir o Templo foi queimar esses registros. Isso nos diz muito sobre como as pessoas viam o Templo.

Hoje, recebi uma carta da Receita Federal requisitando educadamente minha contribuição anual para as finanças do governo. Caso eu a ignore, a próxima carta não será tão educada. Imagine, agora, pilhas e pilhas de registros, detalhando todas as dívidas de cidadãos comuns de Jerusalém, enquanto os principais sacerdotes, que administravam o sistema, viviam em belas mansões na melhor parte da cidade e iam por toda parte com seus belos trajes! Se você fosse um residente comum e trabalhador de Jerusalém ou de regiões vizinhas, o que pensaria do edifício que deveria ser a casa de Deus servindo de local onde dívidas eram registradas — enquanto governantes ricos, responsáveis pelos rituais religiosos, posavam por toda a parte com o nariz empinado, trajando vestes esplêndidas e exibindo, em voz alta, orações elaboradas? Sim, era exatamente dessa forma que muitos viam o Templo.

Mas a coisa fica ainda pior. O Templo veio a simbolizar o movimento nacionalista que levou muitos judeus a se revoltarem contra a opressão pagã no passado e que os levaria a fazê-lo mais uma vez. Conforme vemos graficamente por toda a história de Israel, principalmente no século I, o Templo sinalizava que o Deus de Israel, o criador do mundo, estava com o seu povo e o defenderia contra qualquer invasor. Batalha e Templo caminhavam juntos há mil anos — de Davi a Judá, o Martelo e passando por Simão, a Estrela. Contudo, Jesus veio como Príncipe da Paz. "Se você compreendesse neste dia", lamentou, com lágrimas, "sim, você também, o que traz a paz! Mas agora isto está oculto aos seus olhos. Virão dias em que os seus inimigos construirão trincheiras contra você, a rodearão e a cercarão de todos os lados. Também a lançarão por terra, você e os seus filhos. Não deixarão pedra sobre pedra, porque você não reconheceu a oportunidade que Deus lhe concedeu". (Lucas 19:42-44, NVI).

Finalmente, o Deus de Israel estava retornando, mas Israel não conseguia perceber. Por quê? Porque os judeus estavam olhando para a direção totalmente oposta. O Templo, e a cidade que o tinha como ponto focal, vieram a simbolizar revolução nacional violenta. Em vez de ser luz para o mundo, a cidade edificada sobre o monte cuja luz devia irradiar para as nações, Jerusalém estava determinada a guardar sua luz para si própria. O Templo não apenas se tornou redundante, lugar de opressão econômica, mas também o símbolo da ambição violenta de Israel, sinal de que a antiga vocação israelita se invertera de ponta-cabeça.

No evangelho de Lucas, a cena de Jesus chegando a Jerusalém equilibra a cena próxima do início da narrativa, na qual Jesus vai para Jerusalém e arrisca o pescoço ao declarar a bênção de Deus sobre as nações pagãs. Naquela ocasião, o conflito ocorreu na sinagoga; agora, ocorreria no Templo. Também equilibra a cena anterior, quando, com doze anos, para a preocupação de seus pais, Jesus permanece em Jerusalém ao fim da celebração da Páscoa — descoberto finalmente entre os mestres, escutando-os, fazendo-lhes perguntas e explicando que devia envolver-se com a obra de seu pai (2:49). Agora, ei-lo aqui, envolvido mais uma vez até o pescoço com a obra de seu pai, alarmando autoridades de Jerusalém, desta vez por uma razão diferente. A obra do seu pai alcançou o auge, cujo foco está, agora, no próprio Jesus, não no Templo.

Se Jesus está dramatizando uma nova visão — alarmante, arriscada e podemos até dizer, louca — na qual age como se fosse o Templo, redefinindo espaço sagrado ao redor de si, algo igualmente estranho e arriscado está acontecendo na esfera do tempo.

TEMPO CUMPRIDO

Tempo! Judeus dos dias de Jesus e dos dias atuais têm uma percepção muito especial do tempo. O tempo se move adiante e de forma linear, com princípio, meio e fim — diferentemente de outras perspectivas temporais, no qual tudo é cíclico, retornando sempre para o mesmo ponto. A percepção judaica do tempo é parte de sua visão de Deus e da criação: Deus tem um propósito para a sua boa criação, propósito a ser realizado no tempo. De fato, o povo judeu pensa de si como que vivendo no contexto da grande história de como esse propósito deve ser realizado.

Contudo, já na abertura da Bíblia, há outra característica: ao criar o mundo, Deus "descansou" no sétimo dia. Isso não significa apenas que Deus tirou o dia de folga. Significa que, nos seis dias anteriores, Deus estava fazendo o mundo — céus e terra juntos — para uso pessoal. Como alguém que edifica uma casa, Deus, concluindo seu trabalho, passa a morar nela a fim de usufruir do que construíra. A própria criação era um templo, *o* Templo, a estrutura de céu-e-terra, construída para ser a habitação de Deus. Desta maneira, o "descanso" do sétimo dia era um sinal apontando para eras sucessivas de tempo, um sinalizador antecipando o fato de que, um dia, quando os propósitos de Deus se cumprissem para a criação, haveria um momento de completude definitiva, quando então o trabalho finalmente teria sido concluído e Deus descansaria com o seu povo, usufruindo daquilo que foi realizado.

Uma das poucas coisas que antigos pagãos sabiam sobre o povo judeu era que, da perspectiva pagã, israelitas tinham um dia preguiçoso por semana. Do ponto de vista judaico, não se tratava de preguiça; tratava-se, antes, da chance de celebrar o tempo de forma diferente. O sábado era o dia quando os tempos humano e divino se encontravam, quando a sucessão dia após dia de tarefas e tristezas era colocada de lado, e o adorador entrava em um tipo diferente de tempo, celebrando o sábado original e antecipando o sábado definitivo. Esse era o momento natural para celebrar, adorar, orar, estudar a lei de Deus. O sábado era o momento durante o qual alguém podia sentir o movimento progressivo da história, dos primeiros fundamentos à sua resolução final. Se o Templo era o *espaço* onde as esferas humana e divina se interligavam, o sábado representava o *tempo* em que os tempos de Deus e do ser humano coincidiam. O sábado era para o tempo o que o Templo era para o espaço.

Esta sensação de olhar para frente era aguçada por uma estrutura sabática mais ampla, na qual o sétimo ano era um ano de descanso agrícola e o ano do jubileu, seguindo de uma progressão "de sete vezes sete anos", o tempo para a libertação dos escravos, para o cancelamento das dívidas e o retorno da vida ao rumo certo. Como já vimos neste livro, o tema do jubileu está natural e intimamente interligado ao grande e abrangente tema do Êxodo. O jubileu era, por assim dizer, o "êxodo" que todos podiam experimentar, pelo menos uma vez na vida. Não sabemos até que ponto o jubileu, conforme estabelecido em Levítico 25, foi realmente praticado nos dias de Jesus. No entanto, ele permaneceu nas escrituras como lembrete de que o tempo de Deus estava sendo marcado, semana após semana, sete anos após sete anos, meio século após meio século. Mateus sugere a ideia a seu próprio modo, logo no início de seu evangelho, ao organizar a genealogia de Jesus em três grupos de quatorze gerações (isto é, "seis setes"), de modo que Jesus aparece no início do sábado dos sábados. Além disso, segundo vimos, pessoas nos dias de Jesus ponderavam, calculavam e ansiavam pelo maior superjubileu de todos: as "setenta semanas" (isto é, setenta vezes sete anos) de Daniel 9:24. O grande sábado estava chegando! Em breve, Israel estaria livre!

Agora, e somente agora, podemos ver o que Jesus pretendia ao dizer que *o tempo estava cumprido*. Esse era parte do seu anúncio, desde o início de sua carreira pública (Marcos 1:15). Apenas isso, creio eu, irá nos capacitar para entender seu comportamento extraordinário, logo a seguir. Jesus parecia ignorar intencionalmente regulamentações normais do sábado. A maior parte das pessoas da igreja moderna imagina que Jesus fazia isso devido ao sábado ter se tornado "legalista", um tipo de observância projetada para reforçar o senso moral de conquista, e que Jesus, ao vir, buscava varrer tudo isso em um ímpeto de entusiasmo libertário e antilegalista. Tal ideia, embora lugar-comum, não passa de um mal-entendido trivial, uma ideia "moderna" demais. Antes, o sábado era o sinalizador comum, apontando em direção ao futuro prometido de

Deus, *e Jesus anunciava que o futuro para o qual o sinalizador estava apontando chegara, agora, no presente*, em sua própria carreira. Jesus estava fazendo coisas do tipo "Deus-está-no-comando", explicando o que *ele* fazia ao falar do que *Deus* fazia. O tempo está cumprido, e o reino de Deus estava chegando.

Em particular, Jesus foi para Nazaré e anunciou o jubileu. O tempo havia chegado — o *tempo*! — quando todos os "setes", todos os sábados, culminariam. Este era o momento pelo qual Israel e o mundo estavam esperando.

Ao chegar ao seu destino, você não espera mais ver placas indicativas. Ninguém coloca uma placa na Colina do Capitólio apontando para "Washington"; ninguém precisa de sinalização dizendo "Londres", em *Piccadilly Circus*. Você não precisa mais do sábado quando o tempo está cumprido. O fato de Jesus fazer coisas que anunciavam, vez após vez e de um ângulo diferente do outro, que o tempo havia chegado — que o futuro, a nova criação, já estava aqui e que ninguém mais precisava do sábado — é completamente consistente com o modo pelo qual ele via sua própria vocação. O mandamento sabático não era, então, uma regra estúpida, cuja abolição podia agora acontecer (embora algumas dessas regulamentações detalhadas do sábado, conforme Jesus destacou, levaram a extremos absurdos, de modo que você podia tirar um boi de um poço no sábado, mas era proibido de curar uma pessoa enferma). Era um sinalizador cujo propósito havia sido cumprido, um marcador de tempo apontando para futuro, quando então o tempo seria cumprido; e era isso que estava, na época de Jesus, acontecendo.

Desse modo, repare como o tema se interliga com outros, que já observamos. Se o sábado agora tem um propósito, não será para o descanso do trabalho da criação, mas para celebrar a vitória de Deus contra Satanás: "Não seria correto", pergunta Jesus, "que esta filha de Abraão, amarrada por Satanás por dezoito anos, fosse desamarrada de suas cadeias em dia de sábado?" (Lucas 13:16). A vitória na batalha real está intimamente ligada com a cura que revela que Deus está no comando. "Meu pai continua a trabalhar", declara Jesus, "e eu também" (João 5:17). Tais coisas acontecem, obviamente, no momento quando o tempo está cumprido. Se Jesus é um Templo vivo, ambulante e que respira, também é o sábado ambulante, festivo e vitorioso.

Isso, porém, significa que *o tempo da carreira pública de Jesus*, tomado como um todo, também adquire significado especial. Jesus falou sobre esse significado especial ao insistir que convidados não podem jejuar enquanto o noivo permanece na festa. Algo novo está acontecendo; um novo tempo foi inaugurado; coisas diferentes são, agora, apropriadas. Jesus tem um senso de ritmo em seu trabalho, um pequeno ritmo no qual inaugurará o reino de Deus, o projeto Deus-está-no-comando, completando-o com o símbolo mais alarmante e dramático de todos. "Vejam", Jesus diz àqueles que o advertiram de que Herodes queria matá-lo, "expulsarei demônios hoje e amanhã, e completarei minhas curas. Ao terceiro dia, terei concluído. No entanto, preciso prosseguir hoje, amanhã e depois de amanhã, pois nenhum profeta deve morrer fora de Jerusalém!". (Lucas 13:32-33).

Essa afirmação enigmática acontece imediatamente após alguns pequenos dizeres incisivos sobre o reino de Deus. É como uma semente de mostarda, que começa pequena e cresce, tornando-se um grande arbusto onde pássaros se aninham; é como fermento misturado com a massa, fazendo-a levedar. E, em uma advertência solene que ressoa com muitas outras semelhantes, Jesus adverte ouvintes de que um dia poderiam ver Abraão, Isaque e Jacó e todos os profetas — e pessoas do oriente e do ocidente, de norte a sul! — assentados para comer no reino de Deus, enquanto eles mesmos seriam lançados fora (Lucas 13:18-30). A carreira pública de Jesus é um tempo de cumprimento, o tempo através do qual a nova criação de Deus, sua nova realidade na-terra-como-no-céu, está sendo inaugurada, de modo íntimo e pessoal. No entanto, isso significa que é possível ver a banda passar, perder a chance. Essa é a advertência que anda junto com a observação de que o tempo está cumprido.

UMA NOVA CRIAÇÃO

O tema da nova criação que borbulha dessas histórias emerge em nossa terceira categoria: matéria. Realidade. O mundo físico em toda sua complexidade e glória. Neste ponto, o leitor do Novo Testamento deve tomar um fôlego ainda maior do que antes. Fomos educados a acreditar, como alicerce de nossa visão de mundo, que o universo material é, de modo implacável e redutor, sujeito às leis da física e da química, exploradas pelas ciências mais específicas de astronomia, biologia, zoologia, botânica etc. Como, porém, no caso da geografia (espaço) e da cronologia (tempo), também neste aspecto a visão de mundo judaica segue uma linha diferente.

O mundo material, assim como o mundo de espaço e tempo, foi feito pelo Deus criador. Sua criação tem o objetivo não apenas de demonstrar a beleza e o poder de Deus, mas também servir como vaso de sua glória. Vez após vez, profetas e salmos dão a dica do que podíamos ter adivinhado a partir da própria história da criação: o mundo material foi feito para ser cheio da glória de Deus. "A terra se encherá do conhecimento da glória do SENHOR, como as águas enchem o mar". (Habacuque 2:14). E se o profeta não está falando apenas de forma extravagante? E se está sendo literal no que diz?

O que nos impede de pensar nesses termos, creio eu, é o longo e geralmente despercebido triunfo do movimento a que chamamos de "deísmo", versão moderna da filosofia antiga do epicurismo. Enquanto pensarmos dessa maneira, com Deus ou deuses a uma grande distância de nós e a terra rodando inteiramente por sua própria energia, nunca captaremos essa visão. Enquanto ainda admirarmos o grande filósofo escocês David Hume, que declarou que milagres não acontecem porque não podem acontecer, não apenas acharemos difícil *crer* na antiga visão judaica de mundo, mas ainda mais difícil *entender do que ela se trata*. Se tentarmos aceitá-la, seremos forçados a tratá-la apenas como ideia fantasiosa e bela em vez de uma realidade sólida e profunda. Essa é a maldição da falsa escolha defendida, por muitos anos, pela erudição: ceticismo robusto ou conservadorismo com unhas e dentes. Retornamos à nossa primeira tempestade perfeita. Chegou o tempo de confrontarmos ambas as falsas reações pela realidade do século I.

Espaço, tempo e, agora, matéria. Também nesse último aspecto, visões proféticas das antigas escrituras repentinamente adquirem novas dimensões. O anúncio de Jesus de que Deus está no comando agora, tornando-se rei na terra como [é] no céu, significa que podemos vislumbrar, intermitentemente e em *flashes*, algo do que essa visão profética significava — onde Jesus está e o que está fazendo. Podemos ver *o próprio mundo material* sendo transformado pela presença e pelo poder do Deus de Israel, o criador.

Já o enxergamos, certamente, nas histórias de cura. Nelas, a matéria física do corpo de alguém é transformada por um poder estranho, que, em uma cena reveladora, Jesus sente emanar dele (Marcos 5:30). Também vemos, para o assombro dos primeiros espectadores e o ceticismo zombador de epicureus, antigos e modernos, a criação, por assim dizer, sob nova direção. Pescadores profissionais, que não conseguiram pegar nada durante a noite, ficam impressionados com a quantidade de peixes que pescam quando Jesus lhes diz para lançar a rede. Jesus não apenas cura o enfermo, mas ressuscita o morto; alimenta uma multidão com poucos pães e peixes. Algo novo está sucedendo, até com o próprio mundo material. Jesus dá ordens à tempestade furiosa, e ela lhe obedece. Então, como se tudo isso não bastasse, anda sobre o mar e convida Pedro a fazer o mesmo.

Como no caso da própria ressurreição, que forma o ponto culminante de toda essa sequência, não há como racionalizar esses acontecimentos. Rejeite-os se quiser; retenha o desapego dos epicureus, a crença de que se há um Deus, ele (ela ou isto) está distante e não se envolve com coisas deste mundo. Contudo, perceba o que está sendo reivindicado. Esses "milagres" não fazem nenhum sentido no presente mundo da criação, onde a matéria é finita, onde seres humanos não andam sobre as águas e onde tempestades fazem o que devem fazer, a despeito de quem tenta, como o antigo rei Canute, acalmá-las.

Suponhamos — apenas considere a possibilidade — que o antigo sonho profético tocara uma verdade mais profunda. Suponhamos que *existiu* um deus como o Deus de Israel. Suponhamos que esse Deus tenha realmente criado o mundo. E suponhamos que ele esperasse reivindicar, finalmente, seu direito soberano sobre o mundo em vez de destruí-lo (outro erro filosófico) ou apenas "intervir" sobre ele de vez em quando (uma postura do tipo "nem cá, nem lá"), enchendo-o com sua glória a fim de levá-lo a entrar em um novo modo de existência, refletindo seu amor, sua generosidade e seu desejo de recriá-lo. Talvez essas histórias não sejam, afinal, o tipo de coisa bizarra que pessoas inventam em retrospecto para impulsionar a imagem de um herói morto. Talvez sequer sejam evidência de um tipo de divindade "intervencionista", milagrosa e "sobrenatural", pautada em especulação "conservadora". Antes, talvez elas caracterizem *a nova criação*, o cumprimento do tempo ou o que acontece quando céus e terra são unificados.

Talvez, enfim, tentativas de reduzi-las sejam parte de um processo diferente de intervenção tendenciosa, cuja visão de mundo retrata um universo onde milagres assim não acontecem, simplesmente porque não podem — não devem! — acontecer. Afinal, se milagres acontecessem, demonstrariam que um Deus vivo realmente estabeleceu seu governo soberano na terra como [é] no céu e pretendia, agora, levar seu governo a crescer, elevando-se a um grande arbusto a partir de uma pequena semente, colocando um fim sobre a fantasia da soberania humana, de que a humanidade é senhora do próprio destino e capitã da própria alma, de que indivíduos organizam o mundo a seu modo e não prestam contas a mais ninguém. Talvez o verdadeiro desafio subjacente às transformações de Jesus no mundo material é o que elas sugerem, em termos pessoais e políticos. Caso digam respeito a Deus tornando-se rei na terra como [é] no céu, o mais provável é que Jesus não terminará com tempestades em lagos. Haverá um peixe maior a ser pego. E frito.

Na essência da história contada por Mateus, Marcos e Lucas — e permeando toda a narrativa de João — encontramos o maior exemplo de todos:

> Seis dias depois, Jesus levou consigo, em particular, Pedro, Tiago e João, irmão de Tiago, a uma montanha muito alta. Lá, foi transformado na frente deles. Sua face brilhou como o sol, e suas roupas tornaram-se brancas como a luz. Então, de modo impressionante, Moisés e Elias apareceram diante deles, conversando com Jesus.
>
> Pedro não conseguiu ficar em silêncio. "Senhor", disse a Jesus, "é maravilhoso estarmos aqui! Se você quiser, farei três tendas: uma para ti, outra para Moisés e outra para Elias".
>
> Enquanto ele ainda estava falando, uma nuvem resplandecente os envolveu. Então, da nuvem saiu uma voz, que dizia: "Este é o meu filho querido, em quem me agrado. Prestem atenção ao que ele diz!"
>
> Ao ouvirem isso, os discípulos se prostraram com o rosto em terra e ficaram aterrorizados. Mas Jesus veio e tocou neles, dizendo:
>
> "Levantem-se. Não tenham medo".
>
> Erguendo eles os olhos, a ninguém viram, exceto Jesus.
> (Mateus 17:1-8)

Suponhamos, afinal, que a antiga história judaica de Deus criando o mundo, chamando um povo, encontrando-se com ele em uma montanha — suponhamos que essa história fosse verdadeira. E suponhamos que esse Deus tivesse um propósito para o seu mundo e o seu povo que havia, agora, alcançado o momento de cumprimento. Suponhamos, além do mais, que esse propósito tenha assumido forma humana e que a pessoa em questão fosse por toda parte, fazendo coisas que falavam da vinda do reino de Deus à terra como [é] no céu, do espaço de Deus e do espaço humano finalmente interligando-se, do tempo de Deus e do tempo humano encontrando-se e fundindo-se por um período curto, intenso, e de como a nova criação divina e a presente criação se conectam, de alguma forma, uma à outra. Segundo nos assegurou o profeta, "a terra se encherá do conhecimento da glória do SENHOR, como as águas enchem o mar" [Habacuque 2:4]. É no contexto dessas suposições que interpretaríamos o momento mais estranho de todos, no coração da narrativa, quando a glória de Deus desce — não no Templo de Jerusalém, nem no topo do monte Sinai, mas no próprio Jesus, brilhando em esplendor, falando com Moisés e Elias, conectando a Lei e os Profetas no tempo de seu cumprimento. A transfiguração, conforme a chamamos, é o momento central. O que aconteceu com o Templo (espaço) e com o sábado (tempo) ocorreu, no contexto da vida de Jesus, ao próprio mundo material — ou antes, mais especificamente, ao próprio corpo de Jesus.

Assim, qual o significado dessa história? O que ela "prova" — se é que prova alguma coisa? Considere outra história de transfiguração, de tempo e lugar diferentes. Nicholas Motovilov (1809—1832) visitou Serafim de Sarov (1754—1833), conhecido eremita, e perguntou-lhe como ele podia saber que o Espírito de Deus estava realmente presente. O dia estava nublado, e ambos permaneciam sentados em troncos de árvore, na floresta. Motovilov descreve seguinte:

> Pai Serafim agarrou-me com firmeza pelos ombros e disse:
> — Amigo, nós dois, neste momento, estamos no Espírito Santo, você e eu. Por que você não olha para mim?
> — Não posso olhar para você, pai; a luz que brilha do seu olhar e do seu rosto reluz mais do que o sol. Estou fascinado!
> — Não tema, amigo de Deus, você mesmo está brilhando, como eu. Agora, você também está na plenitude da graça do Espírito Santo; do contrário, não seria capaz de olhar para mim. Mas você está me vendo.
> Então, olhei para o homem santo e fui tomado de pânico! Imagine, na esfera solar, no brilho mais deslumbrante do meio-dia, a face de um homem falando com você. Você vê o movimento de seus lábios e a expressão em seu olhar, ouve a sua voz e sente seu abraço. Contudo, ainda assim não vê nem braços, nem corpo, nem rosto. Você perde todo sentido de si e é capaz de ver apenas a luz ofuscante que se espalha por toda parte, iluminando a camada branquíssima que envolve a claridade e o ascender de faíscas que, como pó branco, caem sobre nós.
> — O que você sente? — perguntou-me pai Serafim.

— Um senso incrível de bem-estar! — respondi. [...] Sinto uma grande calmaria em minha alma, uma paz inefável... Um deleite estranho, desconhecido... uma felicidade incrível... Sinto-me incrivelmente aquecido... Não há aroma no mundo como este!

— Eu sei — replicou pai Serafim, sorrindo. — É assim que deve ser, uma vez que a graça divina passa a habitar em nosso coração, em nosso interior.[1]

Evidentemente, podemos também duvidar de histórias como essas, mas há o bastante delas para sugerir que devemos, primeiramente, manter a mente aberta. Mas se isso indica que devemos ter cautela em rejeitá-las logo de cara, também nos serve de lembrete de que a transfiguração de Jesus não é, em si, "prova" de sua "divindade". Moisés e Elias também foram "transfigurados", bem como, nessa história do século XIX, o adorador russo e seu discípulo.

O que a história da transfiguração demonstra, para aqueles que têm olhos para ver e ouvidos para ouvir, é que, assim como Jesus parece ser o lugar onde o mundo de Deus e o nosso se encontram, onde o tempo de Deus e o nosso se encontram, também é o lugar onde, por assim dizer, a matéria de Deus — a nova criação de Deus — intersecta com a nossa. Como em tudo mais na narrativa do evangelho, o momento é extraordinário, mas fugaz. Forma parte de um novo conjunto de sinalizadores, sinalizadores modelados à imagem de Jesus, indicando o que está por vir: toda uma nova criação, a começar do próprio Jesus como semente lançada à terra e que cresce com o objetivo de originar esse novo mundo. Algo semelhante parece acontecer, conforme veremos posteriormente, durante a última ceia, na noite em que Jesus foi traído.

O espaço de Deus e o nosso, o tempo de Deus e o nosso, a matéria de Deus e a nossa. Essas três dimensões da história de Jesus

---

[1] Extraído de V. Sander, *St. Seraphim of Sarov* [St. Serafim de Sarov], trad. Sr. Gabriel Anne (Londres: SPCK, 1975), pp. 15–16, conforme citado em Roger Pooley e Philip Seddon, *The Lord of the Journey* [O senhor da jornada] (Londres: Collins, 1986), p. 51.

demonstram a inadequação completa de três formas de olharmos para ele, as quais, ainda que populares, devem ser descartadas neste ponto se quisermos continuar com mais dimensões dessas histórias extraordinárias.

UM NOVO TIPO DE REVOLUÇÃO

Em primeiro lugar, não cabe mais supor que Jesus veio para ensinar pessoas sobre "como ir para o céu". Esse ponto de vista tem sido imensamente popular no cristianismo ocidental por muitas gerações, mas ele não é suficiente. A ideia toda da carreira pública de Jesus não foi contar às pessoas que Deus estava no céu e que, na morte, poderiam deixar a "terra" para trás e para seguir com ele. Em vez disso, seu objetivo foi dizer-lhes que Deus estava assumindo o controle, bem aqui na "terra"; que elas deveriam orar para que isso acontecesse; que deveriam reconhecer, na própria obra de Jesus, sinais de que isso estava se tornando realidade; e que, depois de Jesus completar sua obra, tal realidade se concretizaria.

Em particular, devemos estar claros sobre o que Jesus quer e não quer dizer, no evangelho de Mateus, ao falar de "reino dos céus". A suposição errada de muitos tem sido que Jesus se referia a um "reino" no sentido de um lugar chamado "céu" — em outras palavras, uma esfera celestial a que devemos ansiar uma vez que completarmos nosso tempo na "terra". Não é isso que a frase significava no século I — ainda que, infelizmente, parece não ter levado muito tempo nos primórdios da igreja para que o mal-entendido se instalasse, sem dúvida porque, no espaço de cem ou duzentos anos, o significado judaico original das palavras de Jesus começou a ser esquecido. No mundo de Jesus, a palavra "céu" podia ser uma forma reverente de dizer "Deus"; e de qualquer maneira, parte da ideia por trás de "céu" é que o termo não representava algo independente, algo distante, mas sempre um lugar do qual a "terra" podia ser administrada. Quando, no livro de Daniel, pessoas falam sobre "o Deus dos céus", a ideia é que Deus está no controle da terra, não distante demais para se preocupar com ela. "O Deus dos céus" é precisamente aquele que organiza as coisas na terra (Daniel 2:37), lugar onde finalmente estabelecerá seu reino (2:44; cf. também 4:37; 5:23).

Em segundo lugar, seria o caso de Jesus estar preparando algum tipo de revolução quase militar? Segundo alguns, sim. Muitos, fartos da forma como igrejas contemporâneas se aliançaram com instituições ímpias, estiveram mais do que dispostos a encontrar em Jesus um sonho diferente, um sonho cujo ideal se encaixa desconfortavelmente entre o Sermão do Monte e os sermões de Karl Marx. Tentativas foram feitas para evitar essa proposta pela insistência de que a mensagem de Jesus era "espiritual" em vez de "política". Segundo meu ponto de vista, trata-se de mais um diálogo entre surdos.

A questão de ver Jesus como suposto revolucionário, inclinado a derrubar a ordem romana (juntamente com aristocratas que funcionavam como marionetes de Roma) e se autoestabelecer com seguidores como governante em lugar dos corruptos jaz em um fundamento bem sólido: o anúncio do reino de Deus, feito por Jesus. Conforme vimos anteriormente, movimentos revolucionários judaicos do século I usavam "reino de Deus" como um de seus principais *slogans*. Eles não queriam outros governantes; seu desejo era que apenas Deus fosse rei. Visto de determinada perspectiva, Jesus realmente se assemelha a Judá, o Martelo, indo por toda parte com seu pequeno grupo de seguidores leais, conquistando apoio, conseguindo ficar longe de problemas e, finalmente, subindo para Jerusalém, com ramos de palmeira, para "purificar o Templo". Observando-o de outra perspectiva, Jesus se assemelha até mesmo a Simão, a Estrela, preparando, por três anos, o movimento de um "reino" que já havia começado (lembre-se do "ano 1" nas moedas cunhadas por Simão!), enquanto a grande batalha e a reconstrução adequada do Templo permaneciam realidades futuras. Jesus, como Simão, parece ter praticado e ensinado um estilo rigoroso de vida, segundo o qual leis antigas de Israel foram intensificadas; para Jesus, ira e cobiça eram tão sérias quanto homicídio e adultério. Além disso, há indícios nos evangelhos de que pessoas procuravam, durante o ministério público de Jesus, compará-lo com Herodes Antipas. Fontes sugerem que ele instruiu seguidores sobre como se comportarem à luz da nova vida que tinham sob seu governo. Existem analogias suficientes para que afirmemos que Jesus realmente pode ser mapeado no contexto desses movimentos do reino.

Paralelos com Simão, a Estrela, são particularmente surpreendentes, mostrando quão fácil e natural era, naquele clima, falar de algo como já tendo sido verdadeiramente inaugurado — mais uma vez, refiro-me às moedas — e também de algo que devia ser conquistado. Há muito, estudiosos têm ficado perplexos com a forma pela qual Jesus combina dizeres presentes e futuros a respeito do reino de Deus, procurando entendê-lo sem referências ao seu contexto judaico. Uma vez que o colocamos de volta em seu devido mundo, o problema simplesmente desvanece. É claro que ele cria que o reino de Deus já havia começado; é claro que ele cria que levaria outro grande ato para completar o trabalho. Ambas as declarações não estão em tensão. Ambas se encaixam naturalmente. A combinação vem com o território.

Evidentemente, podemos ver o motivo pelo qual, deparando-se com a teoria "Jesus-o-marxista", muitos eruditos e pregadores reagiram com horror. Embora muitos deles tenham tendências direitistas, sua percepção está certa: a carreira de Jesus como um todo, analisada e reconstruída à luz de cada passagem dos evangelhos, aponta para uma direção totalmente diferente. Jesus podia ser tudo, menos um revolucionário violento. Já estudamos seus mandamentos de amar e perdoar, estabelecendo-os em seu contexto político do século I. Em determinado ponto, Jesus advertiu que, enquanto o reino de Deus irrompia no mundo, homens violentos tentavam forçá-lo com o próprio punho (Mateus 11:12; Lucas 16:16). Jesus não era o tipo de revolucionário que passamos a conhecer bem nos últimos cem anos.

Não há cabimento, então, supor que Jesus estava simplesmente elaborando um tipo de revolução humana, um movimento protomarxista, no qual o pobre derrubaria o rico. Ele reservou diversas palavras duras contra o rico — mais do que para qualquer outro grupo social, na verdade. Entretanto, assim como, para a infelicidade do seu primo aprisionado, Jesus não demonstrou nenhum sinal de que lançaria um movimento para derrubar Herodes Antipas e libertar prisioneiros, também não deu qualquer indício de que se uniria a algum dos vários movimentos de resistência já existentes, nem de que começaria o seu. Naturalmente, esses movimentos usavam a mesma linguagem que ele, visto que também falavam de Deus tornando-se rei. Mas o que Jesus queria dizer com isso — elaborando-o com uma centena de demonstrações vívidas do poder soberano de Deus e explicando-o com uma centena de parábolas que contavam as antigas histórias de uma maneira nova — era bem diferente do que revolucionários comuns tinham em mente.

Tampouco isso vai significar, evidentemente — à luz do primeiro ponto que acabamos de estabelecer — que Jesus estava dizendo: "Esqueça a revolução. Pelo contrário: vá para o céu". Significa, em primeiro lugar, abrir mão do tipo comum de revolução, no qual uma mudança violenta produz regimes violentos — que com o tempo são derrubados por mudanças ainda mais violentas — *e descobrir um caminho totalmente diferente*. "Não resistam ao perverso", ele disse, e as palavras que usou não significavam: "Deite-se e deixe os outros pisarem em você". Jesus queria dizer: "não se juntem a movimentos normais de 'resistência'". Opções marxistas e que beiram ao marxismo já têm exemplos ruins demais para serem desbancados pela história humana. Jesus não era apolítico — como poderia, ao falar, na Palestina do século I, sobre Deus tornando-se rei? — porém sua "política" não parece encaixar-se nos moldes em que muitos tentaram modelá-lo.

Muito menos Jesus apenas advogava um estilo astuto e filosoficamente sagaz de viver de maneira corajosa no presente mundo mal, uma forma pela qual seus seguidores poderiam obter algum tipo de desapego. Após falhas anteriores de tornar Jesus em um herói marxista, vimos mais tentativas sutis de fazer dele um herói cínico, observando tolices e falhas do mundo com um sorriso irônico e ensinando seguidores a respeito de como não se abater apesar disso tudo.

Sem dúvida, há ecos de dizeres dos cínicos nas palavras de Jesus, assim como sua expressão da Regra de Ouro ("Como vocês querem que os outros lhes façam, façam também vocês a eles" [Lucas 6:31, NVI]) é ecoada em muitas culturas e tradições. No entanto, ele não ensinava seguidores a se colocarem acima da bagunça do mundo, porém treinava-os para serem portadores do reino. Conforme o próprio Marx declarou, a chave não é entender o mundo, porém, mudá-lo.

Em terceiro lugar, e ainda mais importante, devemos evitar concluir, com base em tudo o que já foi dito, que Jesus fazia coisas para "provar sua divindade" — ou que o objetivo principal do que ele tentava transmitir era o fato de ser "filho de Deus", no sentido de segunda pessoa da Trindade. Devemos, neste ponto, ser cautelosos. Já sugeri de maneira intensa o suficiente, creio eu, que Jesus via sua obra, sua carreira pública e a si mesmo como a realidade para a qual o Templo, o sábado e a criação apontavam. Isso é, ou deve ser, uma indicação clara de que, em termos do "Deus" dos judeus do século I, Jesus entendia a si mesmo como a personificação dessa divindade; suas ações remetiam às obras que o próprio Deus estava realizando. Meu problema com "provas de divindade" é que, na maior parte das vezes, quando pessoas falaram ou escreveram nesses termos, não está inteiramente claro se têm o verdadeiro "Deus" em mente. O que parece ser "provado" é um tipo de cristianismo semideísta — o tipo de coisa que cristãos do século XVIII, e muitos outros desde então, tinham como incumbência defender. Nesse tipo de cristianismo, "Deus" está no céu e envia seu segundo "eu" divino, seu "Filho", para "demonstrar sua divindade" e ser adorado, salvando indivíduos pela cruz a fim de retornarem com Jesus para o céu. Todavia, no cristianismo do século I, o importante não era pessoas indo da terra para o reino celestial de Deus, e sim, conforme Jesus nos ensinou a orar, que o reino de Deus viesse à terra como [é] no céu.

Assim, os atos poderosos de cura feitos por Jesus, juntamente com todas as demais coisas extraordinárias que os evangelhos lhe atribuem, não têm como propósito "provar" sua "divindade". Se você os enxergar dessa forma, correrá o risco de tirá-los do seu devido foco. Por um lado, outras pessoas tinham, e ainda têm, dons impressionantes de cura, algo que sempre circundou ou ocupou posição central em movimentos religiosos. Mas isso não quer dizer que é "Deus" quem cura. Se esse fosse o caso, haveria muitos deuses. Por outro lado, aqueles que viram atos poderosos de Jesus como "provas de divindade" pararam por aí, como se esse fosse o aspecto mais importante que podíamos concluir ao ler os evangelhos. Assim, deram a resposta "certa" para a pergunta sobre "divindade", mas fecharam a porta para a pergunta feita com insistência pelos evangelhos: Deus está se tornando rei?

De fato, até hoje, boa parte da "apologética" consiste em defender "respostas certas" para duas perguntas. "Em primeiro lugar", questiona o apologeta, "Jesus realizou mesmo o que nos é relatado nos evangelhos?" Sim! "Então, o que isso prova? Que ele era Deus! *Quod erat demonstrandum*!" E lá se vai o apologeta em triunfo, tendo concluído o trabalho do dia.

Entretanto, Mateus, Marcos, Lucas e João chamariam o apologeta de volta. "Desculpe, mas você acabou de marcar cinco pontos quando na verdade devia ter marcado dez. Você está jogando errado. Os evangelhos não dizem respeito a 'como Jesus demonstrou ser Deus', e sim *como Deus se tornou rei, na terra como [é] no céu*".

O bom é inimigo do melhor. Em certo sentido, é bom ver a conexão íntima, em todos os evangelhos, entre Jesus e o Deus de Israel. Se sua tentativa é marcar um ponto contra um oponente deísta, cuja sugestão é que Jesus não podia ter sido "divino" — já que nenhum ser humano em sã consciência podia se autoimaginar como Deus encarnado — é possível que acabe vencendo o jogo. Por outro lado, você pode, então, acabar perdendo o jogo verdadeiro.

Infelizmente, diversos cristãos imaginam que um "Jesus divino" veio à terra simplesmente para revelar sua divindade e resgatar pessoas da terra para um "céu" distante. (Alguns até mesmo imaginam, absurdamente, que a ideia subjacente a "provar que Jesus realmente fez obras poderosas" é mostrar que a Bíblia é verdadeira — como se Jesus viesse para testificar da Bíblia, e não o contrário). É bem possível usar a doutrina da encarnação, ou mesmo a doutrina da inspiração das escrituras, como forma de se autoproteger e proteger a própria visão de mundo e agenda política, em vez de ter de enfrentar o desafio muito maior de Deus assumindo o controle e tornando-se rei, na terra como [é] no céu. Mas é em torno desse fato que gira a narrativa bíblica, bem como a história de Jesus. Esse é o verdadeiro desafio, e céticos não são os únicos que descobriram um modo perspicaz de evitá-lo.

Uma vez que começamos a enxergar além desses três ângulos de visão e passamos a compreender a história nos próprios termos que ela apresenta, descobrimo-nos compelidos a prosseguir mais uma vez na narrativa. Se o tempo está cumprido, o que acontecerá para levar tal momento de cumprimento à devida conclusão? Se Jesus se comporta como se fosse o Templo em pessoa, o que isso representa para o Templo existente e para os discípulos? E se, por sua própria obra, a nova criação tem irrompido no mundo, como ela progredirá contra as forças aparentemente invencíveis da corrupção, da maldade e da própria morte?

CAPÍTULO 12

NO CORAÇÃO DA TEMPESTADE

TENDO CONSIDERADO OUTROS FATORES, retornamos à tempestade perfeita: o aumento da pressão do Império Romano de uma direção, a esperança milenar de Israel da outra e o ciclone em si, os propósitos estranhos e poderosos de Deus, apressando-se de um terceiro ângulo. O vendaval da pressão imperial recaía sobre o Oriente Médio. Alguns judeus, muito tempo antes, chegaram a ver os romanos como aliados em potencial contra inimigos mais imediatos e localizados; agora, porém, a maioria reconhecia Roma como o último e talvez o mais cruel de uma longa sequência de governos pagãos, remontando a quinhentos anos para a Babilônia e a um milênio antes disso, para o Egito. Mas esse reconhecimento simplesmente serviu para aumentar o sistema de alta pressão das esperanças judaicas, visto que a grande história do Êxodo, celebrada vez após vez, relembrava Israel de que, quando tiranos realmente se revelassem como são, Deus obteria a vitória, libertaria o seu povo e voltaria para viver em meio a ele mais uma vez.

Quão fácil, então, supor que o furacão dos propósitos divinos sopraria e reforçaria o sistema de alta pressão da esperança judaica em vez de entrar em cena a partir de um ângulo preocupantemente oblíquo, segundo ocorrera outras vezes no passado. Quão conveniente seria se Deus, retornando finalmente para inaugurar seu reino na terra como [é] no céu, simplesmente validasse e cumprisse a esperança nacional, de acordo com as expectativas da época! Contudo, profeta após profeta e salmo após salmo indicavam que as coisas não funcionariam necessariamente da maneira esperada — se é que funcionariam, de alguma forma, como os judeus antecipavam. No passado, Israel desenvolveu o mau hábito de permitir que expectativas e aspirações nacionais se deslocassem do propósito divino; talvez isso acontecesse mais uma vez. Certamente, João Batista pensava que sim. Tudo indica que Jesus também o pensasse, e não tinha qualquer hesitação em expressá-lo. Seu movimento reino-de-Deus, então, direcionava-se não apenas (como todos os movimentos reino-de-Deus) contra o poder do império pagão e contra forças do comportamento paganizado ganancioso no contexto do próprio Israel; também tinha como alvo subverter a forma como a esperança nacional estava sendo concebida e expressada. Jesus falou de um furacão divino que se aproximava de um ângulo muito diferente, distinguindo-se tanto do vendaval romano quanto do sistema de alta pressão judaico.

Ele estava, portanto, andando na tempestade perfeita. Roma aguardava em segundo plano, tendo necessidades imperiais e ambições prontas para serem impostas da forma habitual. Israel celebrava mais outra festa de liberdade, ansiando por libertação nacional e vitória contra o paganismo. E Deus, aquele a quem Jesus se dirigia como "Abba, pai", aparentemente o enviava em uma missão diferente das anteriores, a qual sofreria a oposição de Roma e de Israel e aparentemente culminaria em vergonhoso e horrível fracasso. Se pudermos manter essa imagem na mente, estaremos no caminho certo para entender quem era Jesus e porque fez o que fez.

A melhor descrição de como essa tempestade atingiu o ponto culminante é, acredito, o relato de João 18—19, passagem em que o evangelista descreve o que acontece quando Pilatos, governador romano, envolve-se em um diálogo com Jesus. Parece ser, em teoria, um tipo de audiência judicial, mas o diálogo corre o risco constante de cair em uma discussão ferrenha de visões de mundo, com os principais sacerdotes observando e dando seu ponto de vista também. A imagem nos dá os três ângulos sobre os quais tenho falado; antes, porém, de retornarmos a eles, devemos observar outras duas imagens. Primeiramente, devemos examinar textos-chave nas escrituras de Israel em que a tempestade perfeita parece ter sido antecipada, ou mesmo prevista; faremos isto neste capítulo. Em seguida, no capítulo treze, observaremos as ações de Jesus ao longo dos últimos dias antes de sua execução.

O SERVO DE ISAÍAS

Comecemos, então, pelas escrituras. Recordemo-nos que o contexto de tudo é o Êxodo, com seus sete temas: tirano, líder, vitória divina, sacrifício, vocação, presença divina e herança prometida. Esses temas foram reelaborados na época do exílio babilônico e após o exílio, produzindo diversos textos-chave. Em particular, três deles se destacam. Os três estão interligados de muitas e complexas maneiras, mas, para fins deste livro, iremos tratá-los separadamente.

Em geral, a situação dos três é a mesma e, em cada caso, ecoa os sete temas do Êxodo. No princípio, Babilônia é o tirano ímpio, imagem que muda posteriormente para retratar outros regimes pagãos, passando por Antíoco Epifânio e, além dele, aos romanos. O líder varia de livro para livro, e a situação é complicada. A vitória de Deus é assegurada — vitória contra a Babilônia (ou seus sucessores), a qual libertará o povo de Deus. Os temas sacrifício e líder são complicados, de modo que devemos retornar a ambos posteriormente. A vocação de Israel, como consequência de sua libertação, evidencia-se: nova aliança, nova criação. A presença divina é manifesta por todo o processo: o Deus de Israel retornará a Sião, voltará para julgar e resgatar. E a herança não será apenas a terra prometida, mas o mundo inteiro.

Os três livros (ou trechos de livros) que, segundo creio, Jesus tinha em mente são Isaías 40—66, Daniel e Zacarias. Por trás desses livros estão outros, nos quais temas semelhantes emergem — particularmente Ezequiel, com sua imagem impressionante de renovação da aliança, restauração de Israel após o exílio e retorno do Deus de Israel para o Templo restaurado. No entanto, embora Ezequiel fosse importante para a igreja primitiva, o próprio Jesus parece não ter feito dele um livro temático para a sua obra, pelo menos não da forma como fez com os outros três. Há também, claro, o livro de Salmos, ressoando dia após dia na grande câmara de ecos da memória judaica corporativa, gravado, em particular, na mente e no coração do próprio Jesus.

Isaías 40—66 é, incontestavelmente, um dos maiores trechos poéticos de toda história. Uma mensagem de consolo e esperança para o povo de Deus em meio à desesperança do exílio, a passagem enfatiza constantemente a grandeza e soberania do único e verdadeiro Deus contra ídolos da Babilônia e seus adoradores, incluindo aqueles que parecem ser grandes reis e tiranos sobre a terra. A passagem também contrasta o poder e a fidelidade de YHWH contra a tolice e as falhas de Israel; Israel não apenas abriu mão da esperança, mas parece ter abandonado a fé. Todavia, rodeado pela impiedade da Babilônia e pelas falhas de Israel, uma terceira figura emerge, trazendo propósitos divinos para o coração da tempestade. O "servo de YHWH" é um personagem estranho e muito discutido, a quem somos apresentados em 42:1-9 e cuja obra — de cumprir a operação de resgate que Deus tem em mente — fica progressivamente mais nítida nos três poemas subsequentes, integrados firmemente no fluxo narrativo mais amplo da seção como um todo.

A identidade do servo tem sido alvo de ampla discussão. Está claro que, em certo sentido, o servo é "Israel, em quem serei glorificado" (49:3) — o povo de Deus através do qual sua justiça se espalhará para as nações (42:1) e sua luz brilhará para os confins da terra (49:6). Mas no decorrer do poema, fica igualmente claro que a nação como um todo não consegue cumprir a tarefa, tendo, na verdade, fracassado lamentavelmente em sua missão. Ao mesmo tempo, israelitas que permanecem fiéis são descritos como aqueles que "obedecem à voz do servo" (50:10), de modo que o servo não pode ser apenas identificado com o remanescente fiel. De alguma forma, o servo representa o verdadeiro Israel, fazendo o trabalho de Israel em seu favor — *e fazendo o trabalho de Deus em lugar do próprio Deus.*

Nos três poemas subsequentes (49:1–7; 50:4–9; 52:13–53:12), torna-se evidente como o servo completará a operação de resgate de Deus. Ele o fará por meio do próprio sofrimento obediente e, em última análise, por intermédio de sua morte humilde, vergonhosa e sacrificial. Esse poema final acompanha diretamente uma das declarações breves mais inequívocas de todo plano ideológico do reino de Deus no Antigo Testamento, em 52:7-12:

> *Como são belos nos montes*
>> *os pés daqueles que anunciam*
>> *boas novas,*
>
> *que proclamam a paz,*
>> *que trazem boas notícias,*
>> *que proclamam salvação,*
>
> *que dizem a Sião:*
>> *"O seu Deus reina!"* [i.e., "O seu Deus é rei"]
>
> *Escutem!*
>> *Suas sentinelas erguem a voz;*
>
> *Juntas gritam de alegria.*
>> *Quando o* SENHOR *voltar a Sião,*
>
> *Elas o verão com os seus próprios olhos.*
>> *Juntas cantem de alegria,*
>> *vocês, ruínas de Jerusalém,*
>
> *pois o* SENHOR *consolou o seu povo;*
>> *ele resgatou Jerusalém.*
>
> *O* SENHOR *desnudará seu santo braço*
>> *à vista de todas as nações,*

> *e todos os confins da terra verão*
> *a salvação de nosso Deus.*
> *Afastem-se, afastem-se, saiam daqui!*
> *Não toquem em coisas impuras!*
> *Saiam dela e sejam puros,*
> *vocês, que transportam os utensílios do Senhor.*
> *Mas vocês não partirão apressadamente,*
> *nem sairão em fuga;*
> *pois o Senhor irá à frente de vocês;*
> *o Deus de Israel será a sua retaguarda.*

O fluxo de pensamento de Isaías 40—55 como um todo não nos deixa em dúvida de que esse plano do reino, esse projeto de resgate, esse retorno de YHWH a Sião serão cumpridos pela obra e, agora, mais especificamente, pela morte, do servo. É por isso que eu disse que a questão do "líder" no contexto desse quadro, e então a questão do "sacrifício", são temas complicados. No quadro de Isaías, não restam dúvidas de que o próprio YHWH é o "líder". Mas a obra do servo é crucial. É por seu sofrimento e morte, descritos em termos de sacrifício (53:10), que o povo encontra expiação e perdão de pecados. Por todo o trecho de Isaías 40—55, esse "perdão" significa, de modo um tanto explícito, retorno do exílio; se o exílio serviu de punição para os pecados do povo, seu retorno é a personificação de seu perdão.

Uma imagem plena do servo aparece no quarto poema, Isaías 52:13—53:12:

> *Veja, o meu servo agirá*
> *com sabedoria;*
> *será engrandecido, elevado*
> *e muitíssimo exaltado.*
> *Assim como houve muitos*
> *que ficaram pasmados diante dele;*
> *sua aparência estava tão desfigurada,*
> *que ele se tornou irreconhecível como homem;*

não parecia um ser humano;
   de igual modo ele aspergirá
muitas nações,
   e reis calarão a boca por causa dele.
Pois aquilo que não lhes foi dito verão,
   e o que não ouviram compreenderão.
Quem creu em nossa mensagem?
   E a quem foi revelado o braço do SENHOR*?*
Ele cresceu diante dele
   como um broto terno,
   e como uma raiz saída de uma terra seca.
Ele não tinha qualquer beleza
   ou majestade que nos atraísse,
nada havia em sua aparência
   para que o desejássemos.
Foi desprezado e rejeitado pelos homens,
Um homem de dores
   e experimentado no sofrimento.
Como alguém de quem
   os homens escondem o rosto,
foi desprezado,
   e nós não o tínhamos em estima.
Certamente ele tomou sobre si
   as nossas enfermidades
e sobre si levou as nossas doenças;
   contudo nós o consideramos
castigado por Deus,
   por Deus atingido e afligido.
Mas ele foi transpassado
   Por causa das nossas transgressões,
foi esmagado por causa
   de nossas iniquidades;
o castigo que nos trouxe paz
   estava sobre ele, e pelas suas feridas
   fomos curados.

Todos nós, tal qual ovelhas,
   nos desviamos,
cada um de nós se voltou
   para o seu próprio caminho;
e o S*enhor* *fez cair sobre ele*
   a iniquidade de todos nós.
Ele foi oprimido e afligido;
   e, contudo, não abriu a sua boca;
como um cordeiro
   foi levado para o matadouro,
e como uma ovelha que diante de seus
   tosquiadores fica calada,
   ele não abriu a sua boca.
Com julgamento opressivo ele foi levado.
   E quem pode falar dos seus descendentes?
Pois ele foi eliminado
   da terra dos viventes;
por causa da transgressão
   do meu povo ele foi golpeado.
Foi-lhe dado um túmulo com os ímpios,
   e com os ricos em sua morte,
embora não tivesse cometido
   nenhuma violência
nem houvesse nenhuma mentira
   em sua boca.
Contudo, foi da vontade do S*enhor*
   Esmagá-lo e fazê-lo sofrer,
e embora o S*enhor* *tenha feito da vida dele*
   uma oferta pela culpa,
ele verá sua prole e prolongará seus dias,
   e a vontade do S*enhor*
   prosperará em sua mão.
Depois do sofrimento de sua alma,
   ele verá a luz e ficará satisfeito;

> *pelo seu conhecimento*
>   *meu servo justo*
> *justificará a muitos,*
>   *e levará a iniquidade deles.*
> *Por isso eu lhe darei uma porção*
>   *entre os grandes,*
> *e ele dividirá os despojos com os fortes,*
>   *porquanto ele derramou sua vida*
> *até a morte,*
>   *e foi contado entre os transgressores.*
> *Pois ele levou o pecado de muitos,*
>   *e pelos transgressores intercedeu.*

O resultado, no grande poema profético, é nova aliança (Isaías 54) e nova criação (Isaías 55). O livro, então, se concentra em outro tema nos últimos capítulos (56—66), focando-se na glória vindoura de Sião, embora também ressalte aqui o trabalho de um personagem estranho — parte portador de salvação, parte resgatador, parte juiz (61:1-7; 63:1-6). E agora, torna-se mais e mais explícito que o trabalho de trazer salvação é obra do próprio YHWH. Ele observou e notou que não havia mais ninguém para fazê-lo, de modo que "o seu braço lhe trouxe livramento e a sua justiça deu-lhe apoio" (59:16). O próprio Deus de Israel deve realizar a tarefa, como na época do Êxodo: "Quem os salvou foi ele mesmo, e não um anjo ou qualquer outro mensageiro" (63:9, NTLH).

Entretanto, esse senso de resgate a ser feito e que somente YHWH é capaz de realizar reforça poemas do "servo" também na seção central do livro. Uma das formas comuns pelas quais o profeta fala sobre "Deus em ação" é em termos do "braço de YHWH", ecoando outras passagens bíblicas que remontam aos cânticos de Moisés e Miriã, em Êxodo 15 (Isaías 40:10; 48:14; 51:9; 52:10; 53:1; 59:16; 63:5; ecoando Êxodo 6:6; 15:16; Deuteronômio 5:15 e geralmente Salmos 77:15; 89:10; 98:1). Mas no início da segunda seção do poema final do servo, parece que o próprio servo é o "braço de YHWH", embora bastante disfarçado:

> *Quem creu em nossa mensagem?*
> *E a quem foi revelado o braço do SENHOR?*
>> *Ele cresceu diante dele como um broto terno,*
>> *e como uma raiz saída de uma terra seca.*
> *Ele não tinha qualquer beleza*
> *ou majestade que nos atraísse,*
>> *nada havia em sua aparência*
>> *para que o desejássemos.* (Isaías 53:1-2)

Por um lado, o retorno de YHWH a Sião e, por outro, o sofrimento do servo acabam por ser — quase que inacreditavelmente, conforme o profeta percebe — duas formas de dizer a mesma coisa. E o argumento geral, recordemo-nos, é este: é aqui que o poder da Babilônia pagã e a falha do povo de Israel se deparam com o governo soberano, salvador e instaurador do reino do próprio YHWH. Essa é a versão de Isaías da tempestade perfeita de Jesus: o vendaval da tirania pagã, o sistema de alta pressão da vida nacional de Israel e o furacão dos propósitos divinos. É importante mantê-los distintos, como o profeta claramente o faz. O fato de que Isaías denuncia explicitamente a Babilônia não significa que está subscrevendo as ambições de Israel, assim como o fato de denunciar a falha de Israel como um todo não significa que está se posicionando ao lado dos babilônicos. O profeta está anunciando a vinda de Deus, que fará pessoalmente o que Israel fracassou em realizar. Ao fazê-lo, Deus obterá vitória sobre o poder pagão da Babilônia e trará o povo de volta à sua terra. Tirano, vitória e líder; sacrifício e vocação, presença divina e herança prometida. Este é o novo Êxodo.

O "FILHO DO HOMEM" DE DANIEL

O segundo livro onde essas imagens emergem, quando mais uma vez a tempestade perfeita passa pela história do povo de Deus, é Daniel. Em nenhum outro lugar da escritura é estabelecido de forma mais clara que o reino do único e verdadeiro Deus se contrasta com os reinos do mundo, julgando-os, chamando-os à prestação de contas, condenando-os e declarando a inocência o povo de Deus. Em Daniel, história após história o ilustra, seja na disputa leve relacionada à ingestão (ou não ingestão) de alimento pagão (cap. 1), no infortúnio terrível dos amigos de Daniel (cap. 3) ou na tribulação do próprio Daniel, na cova dos leões (cap. 6). Sabemos que este era um dos livros favoritos de muitos judeus da época de Jesus. Há muitos indícios de que, juntamente com Isaías, o livro de Daniel serviu de base sólida para Jesus com respeito à compreensão do que Deus estava fazendo e seu papel no drama.

Jesus não foi a única pessoa da época que fez de Daniel 7 um trecho bíblico temático de sua vocação. Cem anos depois dele, o grande Rabi Aquiba declarou bar-Kosiba — Simão, filho da Estrela — como Messias. Diz-se que Aquiba explicou seu ponto de vista com referências à famosa passagem de Daniel 7. Esse capítulo é muito importante, de modo que devemos analisá-lo mais detalhadamente.

Neste capítulo, o profeta, que até então conseguiu interpretar sonhos e visões de outros, tem um sonho. Ele tem a visão de quatro monstros horríveis que causavam destruição na terra, culminando em um monstro terrível com um "pequeno chifre" que cresceu em lugar de alguns dos chifres originais; e o chifre fala arrogantemente contra Deus e contra o seu povo. Mas então a visão muda:

> *Enquanto eu olhava,*
> *Tronos foram colocados,*
> *e um ancião se assentou.*
> *Sua veste era branca como a neve;*
> *o cabelo era branco como a lã;*
> *Seu trono era envolto em fogo*
> *e as rodas do trono*
> *estavam cheias de chamas.* [...]
> *O tribunal iniciou o julgamento,*
> *e os livros foram abertos.*

Continuei a observar por causa das palavras arrogantes que o chifre falava. Fiquei olhando até que o animal foi morto, e o seu corpo foi destruído e atirado no fogo. [...] Em minha visão à noite, vi alguém semelhante a um filho de homem, vindo com as nuvens dos céus. Ele se aproximou do ancião e foi conduzido à sua presença. Ele recebeu autoridade, glória e o reino; todos os povos, nações e homens de todas as línguas o adoraram. Seu domínio é um domínio eterno que não acabará, e seu reino jamais será destruído. (7:9-11, 13-14)

A interpretação da visão é dada com uma visão curta (7:15-18) e outra longa (7:19-27):

Eu, Daniel, fiquei agitado em meu espírito, e as visões que passaram pela minha mente me aterrorizaram. Então me aproximei de um dos que ali estavam e lhe perguntei o significado de tudo o que eu tinha visto.

Ele me respondeu, dando-me a interpretação: "Os quatro grandes animais são quatro reinos que se levantarão na terra. Mas os santos do Altíssimo receberão o reino e o possuirão para sempre; sim, para todo o sempre". (7:15-18)

Então eu quis saber o significado do quarto animal, diferente de todos os outros e o mais aterrorizante, com seus dentes de ferro e garras de bronze, o animal que despedaçava e devorava suas vítimas, e pisoteava tudo o que sobrava. Também quis saber sobre os dez chifres de sua cabeça e sobre o outro chifre que surgiu para ocupar o lugar dos três chifres que caíram, o chifre que tinha olhos e uma boca que falava com arrogância. Enquanto eu observava, esse chifre guerreava contra os santos e os derrotava, até que o ancião veio e pronunciou a sentença a favor dos santos do Altíssimo; chegou a hora de eles tomarem posse do reino.

Ele me deu a seguinte explicação: "O quarto animal é um quarto reino que aparecerá na terra. Será diferente de todos os outros e devorará a terra inteira, despedaçando-a e pisoteando-a. Os dez chifres são dez reis que sairão desse reino. Depois deles, outro rei se levantará, e será diferente dos primeiros reis. Ele falará contra o Altíssimo, oprimirá os seus santos e tentará mudar os tempos e as leis. Os santos serão entregues nas mãos dele por um tempo, tempos e meio tempo.

Mas o tribunal o julgará, e o seu poder lhe será tirado e totalmente destruído, para sempre. Então a soberania, o poder e a grandeza dos reinos que há debaixo de todo o céu serão entregues nas mãos dos santos, o povo do Altíssimo. O reino dele será um reino eterno, e todos os governantes o adorarão e lhe obedecerão". (7:19-27)

À luz desses textos fica claro, se é que já não estava, que os "monstros" ou "bestas" são reinos pagãos — especialmente o rei e o reino final — que farão guerra contra o povo de Deus. Mas então, em uma grande cena de corte celestial, Deus se assentará e pronunciará juízo, resultando no povo de Deus, "os santos do Altíssimo", sendo inocentados e recebendo, eles mesmos, "o reino" (7:18,22,27). A figura vista, na visão original, como "alguém semelhante a um filho de homem" — alguém, em outras palavras, como um ser humano — deve ser interpretada como símbolo de todo povo fiel de Deus, o povo cujo resgate e inocência serão estabelecidos.

Como, porém, isso acontecerá? Como sucederá essa declaração de inocência? Aquiba, no século II, pensava que "alguém semelhante a um filho de homem" se referia ao Messias, o representante de todo povo de Deus. Aquiba, então, se concentrou na palavra "tronos" (v. 9). Existem pelo menos dois tronos: o Ancião de Dias se assenta em um deles e, *ao que tudo indica, "alguém semelhante a um filho de homem" deve se assentar no outro.* Essa interpretação foi alarmante na época, em parte porque Aquiba tinha um candidato em mente: ele via bar-Kochba como "alguém semelhante a um filho de homem", personificando o povo de Deus, obtendo a vitória divina sobre as nações pagãs (os "monstros"). Quando Deus tornar-se rei e (como em Salmos 2) nações pagãs forem finalmente colocadas no devido lugar, isso será realizado por meio de uma figura humana que representa o povo fiel de Deus, o qual, por isso, se assentará em um trono próximo ao do próprio Deus. Temos, portanto, cem anos após a época de Jesus, um exemplo de movimento de aspirações reais e proféticas que unificou o tema do reino de Deus com o tema do reino messiânico, enraizando ambos em uma profecia que, segundo sabemos a partir de outros escritos, exerceu papel importante por todo o período.

Como o "servo" de Isaías, a frase "filho do homem" — ou, mais precisamente, "alguém semelhante a um filho de homem" — tem sido amplamente discutida e debatida, tanto isoladamente quanto em relação aos dizeres atribuídos a Jesus. Assumi a posição que, para mim, parece corresponder à leitura mais natural do capítulo como um todo: que a visão e interpretação do Capítulo 7 contam substancialmente a mesma história dos Capítulos 1 a 6, a saber, a história de impérios pagãos alcançando seu auge e o Deus de Israel, então, intervindo para "dar um basta" em toda essa sequência, levando o paganismo arrogante ao juízo e estabelecendo, em lugar de governos pagãos, seu próprio reino por meio de seu povo fiel. Essa é a história, em outras palavras, de *como Deus se torna rei*, vencendo reinos do mundo e estabelecendo, por intermédio do seu povo fiel, seu próprio governo soberano sobre a terra. Exatamente como em Isaías, devemos esperar (em vez de nos surpreender) certa fluidez entre o povo de Israel e um único representante.

Assumi também o que parece ser o ponto de vista natural quanto ao uso original que Jesus faz de Daniel 7, nos evangelhos. O paralelo entre a sequência de acontecimentos em Daniel 7 e a sequência semelhante em Daniel 2, capítulo em que a "pedra" se transforma na dádiva do reino de Deus, permite-nos interligar essa leitura de Daniel a Jesus de Nazaré, que não apenas falou repetidamente do "filho do homem", mas também usou a figura da "pedra" para descrever a própria função, o próprio destino e o próprio reino vindouro (ao final de uma história não muito diferente da descrita em Daniel e contendo diversos estágios de iniquidade, culminando em um momento de juízo). Quando "lavradores perversos" matarem o "filho" e o lançarem para fora da vinha, o proprietário retornará e se vingará deles; e isso cumprirá o texto de Salmos 118:22: "A pedra que os construtores rejeitaram tornou-se a pedra angular" (Marcos 12:10-11). Pedra rejeitada e inocentada; "filho" rejeitado e inocentado; e "filho do homem" sofredor e inocentado — todos compõem uma só peça e ressoam no contexto da mesma narrativa bíblica geral.

Isso não quer dizer que Jesus projetou uma referência codificada a Daniel 7 toda vez que empregou a frase "filho do homem". A expressão é enigmática em si mesma e pode simplesmente significar "eu" ou "alguém como eu". Contudo, quando encontramos nos lábios de Jesus citações do capítulo em questão (Marcos 13:26; 14:62), devemos estar preparados para interpretá-las, bem como a própria frase "filho do homem", à luz de Daniel 7 e de Daniel como um todo. Devemos pensar que Jesus explorava diretamente os temas do livro, um dos relatos proféticos mais essenciais e vívidos da "tempestade perfeita", isto é, do Deus de Israel intervindo como um ciclone no contexto em que pagãos fazem o pior e Israel é incapaz de se autorresgatar. O sonho de Daniel é uma visão do reino de Deus, segundo a qual o povo de Deus "se aproxima" do Ancião de Dias (repare que a "aproximação" ocorre de baixo para cima, não o contrário) com inocência, tendo experimentado intenso sofrimento. Mas o reino, a autoridade, o poder supremo dado a "alguém semelhante a um filho de homem" corresponde, de modo impressionante, a algo que Jesus já reivindicava durante sua curta carreira pública (Marcos 2:10). Juntamente com Isaías, Daniel representou um dos elementos-chave na compreensão de Jesus sobre como a "tempestade perfeita" aconteceria.

O REI DE ZACARIAS

O terceiro livro — mais misterioso, mas, ainda assim, muito importante — é Zacarias. Diferentemente de Daniel, não há sequência constante no livro capaz de nos levar a uma percepção rápida e clara do que a profecia como um todo se refere. Evidentemente, Israel ainda está em dificuldades, após o fim do exílio geográfico da Babilônia. Há promessas de um grande futuro sobre a liderança do Messias, "meu servo, o Renovo" (3:8), ecoando Isaías 4:2 e 11:1; Jeremias 23:5 e 33:15; e o tema do servo, em Isaías 42. O "Renovo" real reconstruirá, conforme já se pode antecipar, o Templo (Zacarias 6:12-13). Quando isso acontecer, os dias de jejum em prol das diversas desolações de Israel se transformarão em festejos (8:18-19), tema ecoado por Jesus em sua recusa de jejuar em ocasiões normais (Marcos 2:18-20).

Mas é na segunda metade do livro, nos capítulos 9—14, que encontramos o material extraído por Jesus à medida que ele mesmo vai ao encontro da tempestade perfeita. Já vimos a profecia sobre o rei montado em um jumento (9:9-10), seguida por promessas da vinda pessoal de Deus para resgatar o seu povo (9:11-17). A profecia é acompanhada por advertências: pastores levaram Israel ao desvio, de modo que Deus os punirá (10:3; 11:3-17). Como em Ezequiel 34, devemos entender "pastores" como líderes oficiais, especificamente sacerdotes e membros da aristocracia. A imagem, então, se amplia, e passamos a ver nações do mundo reunindo-se para lutar contra Israel, com Deus obtendo vitória em favor do seu povo (12:1-9). Esse será um tempo de pranto — pranto na casa real de Davi, como que pelo filho primogênito, embora a seção conclua com uma promessa de purificação dos pecados (12:10—13:1). Por fim, profetas se juntarão a outros líderes ao serem envergonhados pelas mentiras que falaram (13:2-6). E, antes de refinado e purificado, o rebanho de Deus deve primeiro ser espalhado e seu pastor, morto:

> "*Levante-se, ó espada,*
>   *contra o meu pastor,*
>   *contra o meu companheiro*", declara o S<small>ENHOR</small> *dos Exércitos.*
> "*Fira o pastor,*
>   *e as ovelhas se dispersarão,*
>   *e voltarei minha mão para os pequeninos*". (13:7)

Em seguida, essa imagem estranha se amplia mais uma vez. Todas as nações sairão para guerrear contra Jerusalém, mas, no auge da batalha, "o S ENHOR, o meu Deus, virá com todos os seus santos" (14:5). Será o grande momento de renovação, quando, como profetizado em Ezequiel, águas vivas fluirão de Jerusalém — desta vez não apenas para o mar morto, mas também na direção ocidental, para o Mediterrâneo (14:8). E então, o ponto culminante de tudo:

> O SENHOR será rei de toda a terra. Naquele dia haverá um só SENHOR e o seu nome será o único nome. (14:9)

O livro fecha com advertências às nações, caso guerreiem contra Jerusalém ou se recusem a tomar parte nas festas. No centro, porém, de tudo isso está a renovação da santidade do próprio Templo. "A partir daquele dia, nunca mais haverá comerciantes no templo do SENHOR dos Exércitos" (14:21).

Montando esse conjunto estranho e aparentemente desintegrado de profecias, começamos a ver um padrão emergindo. O exílio de Israel será invertido sob o governo do rei ungido, que acabará governando o mundo inteiro. Nações pagãs darão o pior de si, mas o próprio Deus virá para lutar contra elas, e então será rei de toda a terra. Nesse intervalo, porém, governantes oficiais e guardiões de Israel, os "pastores", falham miseravelmente em sua tarefa. Mas o próprio "pastor" de YHWH será morto e as ovelhas ficarão dispersas; só assim, de alguma forma — o profeta não explica como — a vitória poderá ser ganha.

Tudo isso parece ter ajudado Jesus a moldar seu próprio senso de vocação. Suas ações em Jerusalém — montado em um jumento, expulsando cambistas do Templo — parecem interligar Zacarias 9:9-10 e 14:21. Além do mais, Jesus parece ter aplicado a passagem sobre os pastores em sua crítica da liderança de Israel e, de modo ainda mais contundente, como explicação do seu próprio destino. Para os propósitos deste livro, o aspecto mais importante a ser notado é que, como Isaías e Daniel, Zacarias vislumbra as mesmas três linhas de convergência: a luta de nações pagãs e ímpias contra Deus e o seu povo; o fracasso da liderança judaica; o retorno do próprio Deus para fazer o que ninguém mais é capaz. Trata-se de três elementos que, conforme interpretados pelo próprio Jesus, formavam a tempestade com a qual se deparou, entristecido, mas determinado, em sua última Páscoa, em Jerusalém.

Mencionei três passagens bíblicas principais cujos temas parecem ter contribuído para o senso de vocação de Jesus durante sua jornada final. Por fim, relaciono um quarto elemento que devemos considerar: o livro de Salmos. Devemos supor que Jesus conhecia os salmos tão bem como qualquer outro israelita e que naturalmente constituíam seu livro de oração — e, como tal, exerceram um papel importante na formulação de sua visão de mundo. Mais uma vez, encontramos nos Salmos os grandes temas de YHWH tornando-se rei, instalando seu Messias — seu "filho"! — em Jerusalém e convocando nações ao redor a prestar-lhe homenagem (e.g., Salmos 2; 72). Todavia, é em Salmos também que encontramos, mesmo em um texto que fala tão poderosamente da vinda do reino de Deus, a sensação de desolação completa e do abandono de Deus a um tipo de sofrimento horrível e à morte (Salmos 22). Esses temas se intercalam de muitas maneiras diferentes nesses poemas antigos, de modo que estamos em terreno seguro ao supor que Jesus não apenas os conhecia e refletia a seu respeito, mas que fez deles a própria essência de sua vocação. Jesus se encontrou em Salmos e, determinado, agiu em conformidade com o que viu.

Tudo isso significa que podemos, enfim, abordar as questões centrais de *quem, o que* e *por quê*. Como Jesus se enxergava? O que pretendia fazer, e por qual motivo? O que pensava realizar? Como interpretava sua ação?

CAPÍTULO 13

POR QUE O MESSIAS PRECISAVA MORRER?

CAMADA APÓS CAMADA SURGEM, densa e ricamente nos textos, ecos atrás de ecos, alusões e ressonâncias tropeçando umas nas outras, de modo que, para aqueles que têm ouvidos para ouvir, torna-se imperdível, um crescendo de perguntas às quais, ao final, poderá haver uma única resposta. "Por que você fala assim? Você é aquele que haveria de vir? Pode alguma coisa vir de Nazaré? Que sinal nos dás? Por que ele se assenta à mesa com publicanos e pecadores? De onde lhe vem toda esta sabedoria? Como este homem pode nos oferecer sua carne para comermos? As autoridades pensam que ele é o Messias? Pode o Messias vir da Galileia? Por que você está se comportando de modo tão irregular? Quem, então, é este? Não estamos certos em dizer que és samaritano e tem demônio? O que você diz a seu respeito? Com que autoridade você faz estas coisas? Quem é este Filho do Homem? Devemos pagar tributo a César?" E de modo culminante: "Você é o rei dos judeus? O que é a verdade? De onde você vem? *Você é o Messias, o filho do Deus Bendito*?" Então finalmente, tarde demais para respostas, mas não para a ironia: "Você não é o Messias? Salve-se a si e a nós! Se você é o Messias, por que não desce da cruz?".

Seja o que for que diziam sobre Jesus, não restam dúvidas de que suas ações e ensinamentos levantavam esse tipo de questionamento, por toda parte onde ia. "Quem vocês dizem que eu sou? Você crê no Filho do Homem? Vocês podem beber do cálice que beberei? Como os escribas dizem que o Messias é filho de Davi? Vocês não puderam vigiar comigo por uma hora?" E, por fim, cruelmente: "Meu Deus, meu Deus, por que me abandonaste?".

Respostas surgem com profusão mais ou menos igual. Contudo, como no caso das melhores respostas às perguntas mais difíceis, elas vêm como conjunto de enigmas reluzente para lembrar pessoas, dos antigos aos modernos, que perguntas são perguntas justamente porque algo está acontecendo que exige a quebra de categorias, um rompimento de barreiras, uma visão de mundo mais ampla para que a nova informação, seja qual for, possa fazer sentido. A razão pela qual houve tantos questionamentos, em ambas as direções — como historiadores concluíram já há muitos anos — é que Jesus não se encaixava em nenhuma categoria pré-estabelecida.

Certamente, categorias eram, elas próprias, flexíveis o bastante para permitir visões muito diferentes de reis e profetas, conforme vemos tanto a partir dos textos relevantes quanto dos movimentos da época. Mas, mesmo em seu nível mais flexível, Jesus se encaixava e, ao mesmo tempo, não.

Messias? Jesus não fez coisas que esperaríamos de um messias; contudo, muito do que ele fez e disse remetiam a características irresistivelmente messiânicas.

Rabi? Certamente, Jesus não era simplesmente um rabi com uma mensagem diferente; todavia, ele era um mestre, interpretando e expondo as escrituras e aplicando-as urgentemente ao que cria corresponderem ao seu momento definitivo de cumprimento.

Sacerdote? Sacerdotes ensinavam a lei para as pessoas, e Jesus, em certo sentido, fazia o mesmo — embora se tratasse de um ensino jamais visto antes. Sacerdotes também iam a Jerusalém para servirem no Templo em turnos. Jesus subia para Jerusalém, mas, conforme vimos, seus feitos e palavras indicavam que ele mesmo estava prestes a se sobrepor ao Templo, fazendo algo que tornaria o santuário redundante e abandonado à própria sorte.

Profeta? Sim. De fato, Jesus falava e agia como profeta, mas, ainda que de forma enigmática, descreveu seu primo João Batista como "mais do que um profeta"; e, quanto ao papel que ele mesmo exercia, Jesus cria que estava trazendo algo maior. Uma característica dos profetas é que eles tiram o foco de si e o colocam em Deus e no que Deus está fazendo; Jesus, porém, conforme vimos, falou sobre Deus *a fim de explicar o que ele próprio fazia e estava prestes a fazer*. É como se Jesus preenchesse categorias existentes de tal maneira que elas transbordavam e, nesse transbordar, seguidores, entusiastas e desconfiados ficavam surpreendidos, bem como autoridades judaicas e pagãs que procuravam colocá-lo sob julgamento.

A história, conforme a temos nos diferentes evangelhos, é marcada por momentos de clareza, momentos que levam a narrativa para longe da tentativa banal que leitores têm de às vezes tentar comprimir Jesus dentro desta ou daquela caixa. Em vez disso, esses momentos abrem à história a possibilidade de que talvez, afinal, céus e terra se unificarão, o tempo de Deus e o tempo humano coincidirão, e a realidade física deste mundo portará a realidade revigorada da nova criação divina. Há certos momentos da vida de Jesus e mesmo certas localizações geográficas que estão carregados de significados simbólicos. Pense nas grandes festas judaicas, em particular a Páscoa, ou nos grandes marcos judaicos, como o rio Jordão e a própria Jerusalém.

Em momentos e lugares como esses, com eco em todos os evangelistas, percebemos o encontro de três grandes vertentes; não mais, porém, como elementos de uma tempestade perfeita, mas como três rios que corriam em vales separados e que então se juntaram, como se fosse um terremoto ou um deslizamento de terra, fundindo-se e formando uma correnteza, uma confluência gigantesca e poderosa. O grande rio do *messianismo*, da longa e quadriculada história da monarquia de Israel, une-se com força ao fluxo obscuro do *servo*, e ambos são levados pela correnteza maior, mais profunda e mais poderosa da crença de que o *Deus* de Israel finalmente retornaria para o seu povo. A melhor análise histórica que oferecemos do que podemos apenas chamar de "vocação" de Jesus é que ele cria, por meio de sua oração e reflexão nas escrituras e sua leitura do que ele próprio chamava de "sinal dos tempos", que a combinação desse rio com o servo cumpriria propósitos para os quais o próprio Israel fora chamado desde o início; e que tal cumprimento aconteceria nele, em sua obediência voluntária a esse propósito vasto e aterrorizante. O Deus de Israel prometera retornar e estabelecer seu reino. Ele o faria por intermédio do Messias, o servo — nele e por meio de Jesus de Nazaré.

Jesus sabia que crer em algo assim a respeito de si mesmo, a respeito da própria vocação, era flertar com a acusação de loucura ou blasfêmia. Tais acusações foram realmente lançadas contra ele — até por membros de sua própria família, entre outros. É muito improvável que a igreja primitiva tivesse inventado esse tipo de coisa. Jesus realmente falava e agia como alguém que cria ter sido chamado a unificar esses três rios do propósito histórico. Desde o início, parecia claro para Jesus que ele seria arrastado por uma grande cachoeira em direção a um abismo nunca antes imaginado. Todas as demais tentativas de trazer o reino de Deus haviam sido testadas e fracassaram. A obra de Jesus era o trajeto para onde as escrituras pareciam remeter, para onde sua própria percepção de vocação, originada de sua vida de oração, apontava. E ele seguiu adiante.

O BATISMO

É realmente por um rio, pelo principal rio de Israel, que vislumbramos o primeiro desses momentos de vocação tripla. João, primo de

Jesus, batizava pessoas no rio Jordão, lugar (não pode ter sido acidental) onde a história do Êxodo alcançou seu objetivo, e o povo, sua herança. Jesus se junta às multidões e, enquanto é batizado, sua vocação é confirmada e aguçada por uma voz dos céus: "Você é o meu filho, aquele que eu amo! Você me faz muito feliz" (Marcos 1:11). A voz, uma interligação súbita de céus e terra, também fornece uma ligação súbita da vocação real do Messias, que governará as nações a partir de seu trono, em Jerusalém (Salmos 2), e o servo (Isaías 42—53), que trará justiça às nações por meio de seu próprio sofrimento obediente. Tudo o que sabemos sobre a carreira pública de Jesus indica que ele considerou esse papel duplo como o molde crucial de seu próprio senso de vocação. Tudo indica que Jesus entendeu seu batismo como o momento em que foi "ungido", como os antigos reis de Israel, para a sua tarefa. O Deus de Israel agia por meio de Jesus, em Jesus, *como* Jesus. O batismo confirmou aquilo que Jesus há muito intuíra, dando-lhe o momento e a plataforma a partir do qual inaugura seu movimento do reino, por meio do qual o plano salvador seria cumprindo.

Unificar essas três ideias, vistas separadamente até então, foi algo estonteante. Uma figura real? Sim, pessoas criam que tal personagem governaria, trazendo a justiça de Deus para todo o mundo, e esmagaria pagãos com sua vara de ferro. O servo? Sim, o servo sofreria e morreria; o povo servil carregaria um fardo pesado, levando até mesmo ao martírio. E quanto ao próprio Deus? O Deus de Israel retornaria para habitar com o seu povo; judeus fervorosos criam nisso. É por essa razão que era tão importante reconstruir ou purificar o Templo.

Até este ponto, porém, os três elementos haviam permanecido separados. Judeus que estudavam Isaías 53 pensavam no servo como figura sofredora, mas não um messias; *ou* como um messias, mas não um messias sofredor. Se alguns chegaram a idealizar o servo como o Messias, idealizaram-no com o sofrimento invertido, visto que a tarefa do Messias era infligir sofrimento sobre os inimigos de Deus, não ele mesmo sofrer. Ao seguir o fluxo natural do texto e virem o servo como personagem sofredor, concluíam que o servo não podia ser o Messias. O servo seria, em termos individuais ou (mais provavelmente) "corporativos", o povo mártir de Deus, ao final inocentado (e.g., Daniel 12). Embora as escrituras tenham sido usadas para indicar que o Deus de Israel trabalharia sua salvação por meio dessas figuras, não temos qualquer evidência de que, antes da época de Jesus, alguém imaginasse Deus retornando ao seu povo como o Messias ou como servo.

Entretanto, Jesus unificou essas vocações. Ao se submeter ao batismo de João, expressando o arrependimento necessário antes da grande restauração, e representando de forma dramática a travessia do Jordão e a entrada na terra prometida, Jesus se identificou com o seu povo em sua humilhação e arrependimento, em seu anseio pelo reino de Deus. Essa vertente dupla de significado (tristeza pelo pecado e inauguração do reino de Deus) aponta diretamente para o sentido duplo da voz do céu. A vocação do servo e a real vocação fundiram-se na mente e no coração de Jesus. Era isso que ele deveria fazer, e esta era a época na qual deveria agir. Jesus se tornou, de maneira nova e mais profunda, aquilo que já era — de modo muito semelhante à maneira como o primogênito de um rei, nascido para governar após o seu pai, ainda assim seria ungido para a tarefa no devido tempo. "Você é o meu filho, aquele que eu amo!": o senso duradouro de intimidade e de proximidade daquele a quem se dirigia como "Abba, pai" tomou forma com uma nova clareza, um novo senso de direção, um novo poder divinamente concedido.

O teste do deserto dizia respeito a essa visão recém-modelada. Que tipo de messias ele deveria ser? Jesus conhecia as histórias tão bem como qualquer outro, mas não seguiria a linha de Davi ou de Salomão, nem a de Judá, o Martelo ou de Herodes, o Grande. Sua vitória secreta no deserto, porém, exerceu a mesma influência em sua carreira quanto a vitória de Davi contra Golias exercera na carreira do antigo monarca. A vitória de Jesus no deserto indicou que a unção em seu batismo, assim como a unção de Davi por Samuel, havia sido real, não uma fantasia ou um gesto vazio. A vitória inicial antecipou tarefas que agora deviam ser cumpridas.

Evidentemente, vemos a mesma batalha rapidamente se repetindo à medida que a carreira pública de Jesus gerava oposição e tramas contra a sua vida. Às vezes, pessoas tentam ler os primeiros dias da carreira pública de Jesus como bem-sucedida, popular e arrebatadora, seguida então por uma mudança, um declínio em popularidade e a aceitação de um plano "B", que incluía sofrimento. Os textos não indicam nada dessa mudança a meio percurso. Perigos, ameaças e desafios estão presentes desde o início. Jesus se comporta desde o começo *tanto* com a autoridade soberana daquele que se encarrega da responsabilidade de inaugurar o reino de Deus *quanto* com o reconhecimento de que essa função será completada por meio de seu sofrimento e morte.

Discípulos, porém, não enxergam dessa forma. Quando Pedro age como porta-voz do grupo, declarando que, até onde eles percebiam, Jesus é "o Messias... o filho do Deus vivo" (Mateus 16:16), está, evidentemente, ecoando a voz do batismo. Jesus reconhece que o que Pedro declara é, como a voz, de procedência celestial. Contudo, sua tentativa de explicar aos discípulos o que sua vocação messiânica particular envolvia é acompanhada de horror e incompreensão. Os discípulos, supomos, ainda interpretavam Jesus com base no modelo messiânico mais ou menos padrão, o modelo que levou a família de Judá, o Martelo, a assumir o reinado após o triunfo militar e a purificação do Templo, o modelo que animaria Simão bar-Giora na década de 60 e Simão, a Estrela, na década de 130. Seguidores esperavam que Jesus marchasse em direção a Jerusalém e, por quaisquer meios, derrotasse a liderança judaica ímpia e os odiosos romanos. Tudo indica que os discípulos idealizavam Jesus tornando-se rei da forma mais comum e óbvia, e que eles constituiriam seu círculo íntimo. Tiago e João ainda ansiavam pelos cargos principais durante o trajeto para Jerusalém (Marcos 10:35-40). O pensamento de combinar esse modelo com o tema bíblico poderoso do povo sofredor e martirizado de Deus não lhes fazia qualquer sentido. Tampouco imaginavam, até onde sabemos, a possibilidade de que o Jesus que estavam seguindo em direção a Jerusalém pudesse ser a personificação viva do Deus de Israel, retornando, enfim, segundo prometera.

Aparentemente, o que Jesus fez foi não apenas combinar Salmos 2 com Isaías 42, e, mais especificamente, combinar Isaías 52:7-12 com Isaías 52:13—53:12, o anúncio do reino de Deus e de seu retorno a Sião com a conquista do servo sofredor.

Essa combinação não passou de um pequeno passo em termos exegéticos, mas um grande salto em termos teológicos, políticos e vocacionais. A primeira passagem assegura a esperança do reino de Deus: "O teu Deus reina" — resultando na derrota da Babilônia e no resgate do povo de Deus da escravidão. A segunda assegura, aparentemente como meio pelo qual isso aconteceria, o sofrimento do servo. Ninguém, até onde sabemos, sonhara antes em combinar as duas ideias dessa maneira. Nem mesmo alguém sugerira que o profeta, ao falar do "braço de YHWH" (53:1) — o próprio YHWH arregaçando as mangas, por assim dizer, para vir ao resgate — personificava a mesma pessoa, o servo ferido e ensanguentado.

Tudo isso foi, entretanto, confirmado dramaticamente após a confissão de Pedro, com o segundo eco da voz batismal. Na transfiguração, a voz foi ouvida mais uma vez: "Este é o meu filho, meu escolhido: ouçam-no!" (Lucas 9:35). Conforme vimos, esse é outro momento explícito da união entre céus e terra. Lucas sugere que quando Jesus falava com Moisés e Elias, o assunto de sua conversa era "sua partida, que estava para se cumprir em Jerusalém" (9:31; a palavra para "partida" é "êxodo", e Lucas, sem dúvida, planejava que escutássemos todas as conotações que a palavra geraria). Isso se encaixa com a ênfase consistente de Lucas de que o plano divino "deve" se cumprir, o plano que enviaria Jesus não para um trono, mas para uma cruz — ou, em vez disso, como os quatro evangelistas insistem, a uma cruz que deve ser vista como trono. "É assim", afirmam todos eles, "que Jesus é entronizado como 'Rei dos judeus'". *A vocação de Jesus como Messias de Israel e sua vocação de sofrimento e morte estão intimamente conectadas.*

E ainda mais: *juntas*, elas significam que, segundo Jesus cria, o Deus de Israel inauguraria decisivamente seu reino, na terra como [é] no céu. Discípulos desejavam um reino sem uma cruz; muitos entre os supostos cristãos "ortodoxos" e "conservadores" dos dias atuais desejaram uma cruz sem um reino, uma "expiação" abstrata que em nada diz respeito a este mundo além de prover meios de escapar dele. Muitos também ansiaram por um Jesus "divino" como um tipo de figura "sobre-humana", um herói celestial que veio para resgatá-los, mas não para agir como Messias de Israel e estabelecer o reino de Deus, na terra como [é] no céu. A combinação alarmante de Jesus entre modelos bíblicos em uma única vocação faz excelente sentido histórico — isto é, explica, em fração de segundos, por que ele fez o que fez e falou o que falou. Segundo veremos, porém, interpretá-lo continua a ser um desafio hoje, e de fato em nossas igrejas, como foi nos dias de Jesus.

O NOVO ÊXODO

Foi essa vocação revigorada que exigiu de Jesus redesenhar os temas messiânicos de batalha e Templo, configurando-os ao redor de si mesmo. Seguir essa linha de raciocínio permite-nos enraizar o que ele estava fazendo na história do Êxodo, a qual ele mesmo escolheu como grande interpretação de sua morte; permite-nos também entender como sua morte futura teria o significado que ele desejava transmitir.

Pense outra vez nesses temas messiânicos. Jesus realmente lutaria a batalha; no entanto, o conflito seria contra as forças do mal, a corrupção e a própria morte. E, como os mártires macabeus, que enfrentaram a morte confiantes de que Deus os ressuscitaria dentre os mortos a uma nova vida corpórea, Jesus passou a acreditar que a única forma pela qual derrotaria a morte e inauguraria a nova criação ansiada por Israel e pelo mundo seria enfrentar a própria morte, como Davi enfrentando Golias em um combate mortal, confiando que o Deus de Israel, criador da vida, lhe daria a vitória. E, visto que a morte era vista nas escrituras como resultado definitivo da rebelião humana contra Deus e do fracasso em lhe dar obediência, se a morte fosse derrotada, juntamente com ela o seriam a idolatria, a rebelião, a desobediência e o pecado. A morte, como um gigante poderoso e horrendo, faria o seu pior, lançando todo seu peso sobre Jesus. Mas o Deus criador a venceria, expondo-a como inimigo derrotado.

Em termos humanos, tratava-se da vocação mais louca que alguém podia imaginar, conforme já vimos. Os discípulos o perceberam, e Jesus devia saber disso também. Nada podia tê-lo convencido de sua vocação nesses termos, exceto sua fé inabalável no Deus de Israel como criador e sua percepção profunda das escrituras de Israel como delimitadoras do curso que ele tinha de trilhar. Jesus parece ter acreditado não apenas que esse era o modo pelo qual a batalha devia ser travada, mas que também era a forma de reconstruir e reconstituir o Templo. Essa era a maneira pela qual o Deus de Israel retornaria ao seu povo como resgatador e libertador, derrotando poderes do mundo, vencendo a tolice e fragilidade do próprio Israel. Era assim que o Deus de Israel, ao término da tempestade perfeita, estabeleceria uma nova comunidade, um povo em quem as promessas seriam cumpridas, em quem o Deus vivo retornaria para habitar como em um Templo, revelando sua glória para o mundo.

Este seria, em outras palavras, o novo Êxodo. Repasse os sete temas outra vez. O tirano não seria representado pelos líderes de Jerusalém (embora eles, deslumbrados com riqueza e prestígio, estavam coligados com os poderes das trevas) e nem mesmo por Roma (embora Roma fosse encravar Jesus na cruz), mas por todos os poderes do Acusador, incluindo a morte. O líder seria, claro, o próprio Jesus, o qual, semelhantemente, seria o sacrifício; essa é a razão, supomos, pela qual Jesus escolheu fazer seu movimento decisivo durante a Páscoa, sabendo que ela levaria à morte do primogênito, do filho amado, sugestão lançada em uma das últimas parábolas que contou (Marcos 12:6-8). A vocação seria aquela que destacara para Israel no sermão do monte: andar a milha extra, voltar a outra face, amar inimigos e orar por eles, mesmo quando o pregam em uma cruz. A herança não seria, agora, uma terra santa restaurada, mas o mundo inteiro, os confins da terra, os quais haviam sido prometidos para o Messias e reprometidas ao servo como reino sobre o qual ele, por meio do seu sofrimento, traria a justiça de Deus.

E a presença do Deus de Israel seria a presença do próprio Jesus, retornando a Jerusalém como personificação divina, cumprindo Isaías 40 e 52. Jesus cria que o quadro seria esse quando Deus retornasse a Sião. Não se assemelharia aos três homens visitando Abraão; nem à sarça ardente; nem ao pilar de nuvem e fogo; nem à visão enfumaçada de Isaías, repleta de serafins; nem às rodas "giratórias" de Ezequiel. Antes, o retorno de Deus a Sião se assemelharia a um jovem montado em um jumento, em lágrimas, anunciando o juízo de Deus sobre a cidade e o Templo, localizados nas linhas de falha cósmicas; estabelecendo os próprios discípulos, ainda incapazes de compreender, como substitutos inesperados; e então prosseguindo para tomar sobre si todo o peso do mal, a calamidade concentrada do cosmos, para que a força maligna fosse anulada e o novo mundo pudesse nascer.

Essa forma de olhar para o auge da história de Jesus não corresponde, obviamente, à leitura tradicional, "ortodoxa" e "conservadora", embora destaque, à luz de um novo ângulo, dogmas "tradicionais" da "encarnação" e da "expiação". Meu argumento é que essa perspectiva nos permite entender a realidade original e histórica dos quais esses dogmas servem de resumo posterior, abstrato e sem embasamento histórico. Tampouco, claro, essa forma de contar a história representa a reconstrução "moderna" padrão, na qual Jesus se dirige a Jerusalém para continuar seu programa de ensino moral e acaba surpreendido acidentalmente por uma morte que seguidores astutamente reinterpretam, mas a respeito da qual Jesus não dera qualquer previsão ou significado. Minha posição é que esse *tour de force* modernista não faz jus aos textos e contextos e coloca sobre a igreja primitiva o fardo de uma invenção cujo peso ela estava totalmente mal equipada para suportar. Historicamente, todas as linhas remontam não a uma igreja perplexa e entristecida, recuperando a coragem e inventando tal Jesus "do nada", e sim ao próprio Jesus, um judeu completamente confiável que, a despeito do que todos ansiavam, rompeu o limite de expectativas e viveu — e morreu — na fé de que personificava o Deus de Israel, aquele que retorna, resgata e se engaja em uma missão de reino.

ENTRANDO NA TEMPESTADE

Mas esse retorno, como Malaquias advertira, não seria confortável: "Quem suportará o dia da sua vinda?" (3:2). Jesus veio para pronunciar, com tristeza, a condenação definitiva sobre a cidade e o Templo que havia corrompido e pervertido sua vocação como luz do mundo. Talvez o aspecto mais assustador em toda narrativa do evangelho é a percepção de que as advertências solenes de Jesus sobre o juízo que sobreviria a Jerusalém e ao Templo em uma geração foram extraídas de profecias bíblicas — cujo tema não fala apenas da destruição de Jerusalém, mas da destruição da *Babilônia*. De alguma forma, Jerusalém se perdera de modo tão drástico; de alguma forma, líderes do povo judaico erraram tanto em seu acordo com Roma e sua corrupção, opressão e ganância; de alguma forma, o povo judeu, o próprio povo de Jesus, perdera-se tanto em sua determinação de trazer a vitória de Deus pelo uso da violência militar e da rebelião armada — que a única palavra que o último dos profetas pode agora falar é uma palavra de juízo: "Não ficará pedra sobre pedra. Todas elas serão derrubadas" (Mateus 24:2).

As advertências terríveis são mantidas no grande discurso que conhecemos como Marcos 13, Mateus 24 ou Lucas 21, usando uma linguagem de fim de mundo para demonstrar que, com a queda de Jerusalém e a destruição do Templo, o mundo está realmente terminando, dando lugar ao nascimento de um novo. Jesus viera "para o que era seu, e os seus não o receberam" [cf. João 1:11, ARA]; viera para o lugar onde Deus havia posto seu nome, e o lugar o rejeitou. Por isso, Jesus evoca a linguagem do livro de Daniel — contra a mesma cidade e Templo com os quais Daniel tanto se preocupou. A "abominação desoladora" seria posicionada no Templo (Daniel 9:27; Mateus 24:15), não como prelúdio para o seu resgate, e sim para o acontecimento tumultuoso que seria a queda da própria Babilônia, para o qual a única linguagem apropriada seria o escurecimento do sol e da lua e a queda das estrelas (Mateus 24:29; Isaías 13:10). Nesse acontecimento terrível, Jesus queria que seus seguidores vissem o sinal de sua própria inocência. Não mais o Templo de Jerusalém seria o lugar do encontro entre céus e terra. De agora em diante, céus e terra se encontrariam na pessoa e obra daquele que é "semelhante a um filho de homem", que, após o seu sofrimento, seria inocentado, "vindo sobre as nuvens do céu" para se assentar ao lado do "Ancião de Dias" (Mateus 24:30, citando Daniel 7:13). Os maiores impérios do mundo fariam seu pior, mas o representante de Israel seria entronizado como seu Senhor, estabelecendo um reino inabalável.

Exceto por Jesus, dizer que ninguém mais em Israel tinha a menor noção dessas coisas, muito menos orava por elas e as antecipava, é colocá-lo de modo sutil. Os próprios discípulos devem ter ficado alarmados e pasmos. Contudo, essa visão de juízo não é um tipo de ensino extra, acoplado ao fim de uma carreira pública cujo propósito, em todos os demais aspectos, era voltado para outro objetivo. A nota sobre juízo sempre esteve presente: no Sermão do Monte (pense no construtor tolo que edifica a casa sobre a areia), no manifesto de Nazaré (pense na bênção de Deus ultrapassando o seu povo e alcançando estrangeiros), nas advertências solenes de Lucas 13 e na notícia de judeus sendo mortos por soldados romanos e pela queda de uma torre a sudoeste de Jerusalém. "Se não se arrependerem, todos vocês também perecerão" [cf. Lucas 13:3, NVI]. Não é de admirar que pessoas comparassem Jesus com Jeremias, sempre advertindo que o inimigo viria para destruir e que o acontecimento seria demonstração da própria ira de Deus em vez de um mero acidente sinistro.

É aqui que a situação toma um rumo diferente. Jesus não estava apenas anunciando o juízo de Deus sobre o seu povo rebelde, advertindo, como Jeremias, que Israel e seus líderes descaracterizaram a tal ponto a vocação de Deus que agora rumavam um caminho sem volta para a destruição. Jesus falava e agia de modo a sugerir que iria adiante do seu povo, confrontaria pessoalmente os poderes da destruição e tomaria plenamente sobre si o peso desses poderes, de modo a abrir um caminho pelo qual o povo de Deus poderia ser renovado, poderia redescobrir sua vocação como luz das nações, poderia ser resgatado de sua escravidão e exílio contínuos.

Também, nesse aspecto, descobrimos que não se tratava de algo novo, de uma ideia repentina, importada no último minuto. O pensamento está implícito naquela voz celestial, no batismo; está implícito no Sermão do Monte. Em particular, está implícito quando Jesus fala da galinha que reúne pintinhos debaixo das asas; sua intenção era ver o perigo se aproximar e absorver, em si mesmo, sua força plena (Mateus 23:37; Lucas 13:34). A ideia está presente, mais uma vez, quando ele fala do "cálice" que deve beber; a alusão remete ao "cálice da ira de Deus", operando por intermédio da violência destrutiva do Império Romano contra o que para os pagãos parecia ser a rebelião de súditos e um rei rebelde (Mateus 20:22; 26:39). E o raciocínio está presente quando, em sua última e amarga jornada, Jesus adverte espectadores chorosos que o que Roma está fazendo a uma árvore verde fará, muito mais, a uma árvore seca. Jesus é a árvore verde, não pronta para o fogo; a próxima geração dos habitantes de Jerusalém serão galhos secos, rebeldes que cortejarão o grande desastre até que ele recaia sobre eles.

Todos os evangelistas exploram esse tema, mas talvez ele seja destacado mais particularmente por Lucas. Jesus é inocente, mas está morrendo a morte do culpado. Ele não advoga rebelião violenta contra Roma, mas sofre o destino que Roma geralmente inflige sobre rebeldes. Jesus, tendo advertido seu povo do que estava por vir, prossegue para tomar tudo sobre si. Predições da destruição do Templo e da cidade correspondem, ponto a ponto, à sua própria vocação. Isso é parte do mistério da crucificação: "traspassado por causa das nossas transgressões, esmagado por causa das nossas iniquidades". Jesus não pode estabelecer a nova criação sem permitir que o veneno da criação antiga tenha pleno efeito. Jesus não pode inaugurar o reino justo, verdadeiro e pacífico de Deus a não ser que injustiças, mentiras e violência façam o pior de si e irrompam como um furacão, exaurindo sua força nele. Jesus não pode começar sua obra de cura do mundo a menos que forneça o antídoto contra a infecção que, de outra forma, destruiria o projeto de dentro para fora. É neste ponto que vemos como a obra inicial da carreira pública de Jesus — curas, celebrações, declarações de perdão, corações transformados — antecipa o momento da cruz. É assim que as coisas se parecem quando Deus se torna rei; é assim que se parecem quando Jesus é entronizado como rei dos judeus. As duas declarações andam lado a lado. Entretanto, a fim de obtermos a história completa, devemos nos posicionar ao lado de ambas, maravilhados, e olhar, com sentimento de gratidão, para uma através das lentes da outra.

A CRUCIFICAÇÃO

Como Jesus preparou seguidores para esta visão gigantesca e até então inimaginável? Mais uma vez, tantas vertentes de história, simbolismo e significado convergem que é difícil para nós seguirmos uma única linha sem percebermos o quanto ela está entrelaçada com todas as outras. Jesus tentara, vez após vez, explicar aos seus seguidores mais próximos que estava a caminho de Jerusalém para cumprir sua obra do reino ao ser entregue aos pagãos e morrer de modo vergonhoso. Em pelo menos uma ocasião, Jesus tentou lhes mostrar que essa era a forma na qual poderes do mundo seriam chamados à prestação de contas e que, ao "dar sua vida em resgate de muitos" (Marcos 10:45, ecoando Isaías 53:11-12), colocaria em operação um tipo completamente diferente de vida, um tipo diferente de *poder*. Mas isso estava tão fora da visão de mundo dos discípulos (o que não é de surpreender) que eles não puderam entendê-lo. Eles sequer compreenderam o fato de que ao falar sobre sua morte iminente, Jesus a previa em termos literais e concretos. Se tivessem entendido, talvez teriam decidido não mais segui-lo. Talvez seja uma explicação para a traição de Judas o fato de ele realmente ter entendido quando Jesus, após seu gesto dramático no Templo, deixou de dar continuidade à ação com algum tipo de ataque de larga escala, contentando-se, em vez disso, com ensinos e debates enquanto esperava pela Páscoa.

Entretanto, com a chegada da Páscoa — a cronologia exata é motivo de debate, mas não restam dúvidas de que a intenção de Jesus era que sua ação ressoasse com todos os grandes temas da

Páscoa, isto é, com os temas do Êxodo que vimos repetidamente — Jesus não mais se contentou em dizer aos seguidores o que havia de acontecer, dando dicas quanto ao significado da cruz. Quando quis explicar plenamente o que sua morte significaria, Jesus não lhes deu uma teoria, nem um conjunto de textos bíblicos. Deu-lhes, antes, uma refeição.

Tratava-se, sem dúvida, de uma refeição de Páscoa — mas com uma diferença drástica. Como em tudo mais que Jesus fez, ele encheu os antigos vasos tão plenamente que os recipientes transbordaram. Jesus transformou a antiga lei mosaica em um *design* novo e tridimensional. Em vez de a Páscoa *remontar* ao grande sacrifício pelo qual Deus resgatou seu povo da escravidão do Egito, a refeição apontava *para o futuro*, para o grande sacrifício pelo qual Deus planejava resgatar seu povo de sua escravidão definitiva, ou seja, da própria morte e de tudo que contribuía com ela (maldade, corrupção e pecado). Este seria o verdadeiro Êxodo, o verdadeiro "retorno do exílio". Este seria o estabelecimento da "nova aliança" antecipada por Jeremias (31:31). Este seria o meio pelo qual "pecados seriam perdoados" — em outras palavras, o meio pelo qual Deus lidaria com o pecado que causara o exílio e a vergonha de Israel e, além disso, a razão pela qual o mundo estava debaixo do poder da morte. Este seria o grande momento do jubileu, completando a conquista esboçada em Nazaré e ao custo que quase foi exigido de Jesus na ocasião. Originaria o novo tempo de bênção anunciado no Sermão do Monte e conquistado pelos mesmos meios que foram explicados na ocasião. Jesus, como servo, ofereceu a outra face; Jesus, carregando a cruz, andou a milha extra a mando de algozes romanos; finalmente, Jesus acabou entronizado, edificado sobre um monte e incapaz de ser escondido, luz do mundo brilhando no momento mais tenebroso da história.

Parte da lógica subjacente à refeição era que seguidores de Jesus seriam capacitados a compartilhar de seus benefícios ao partilhar, de maneira nova, da própria vida de Jesus. Dádivas de pão e vinho, carregadas de significado simbólico, adquirem nova densidade: é assim que a presença de Jesus deverá se tornar conhecida entre seus seguidores. Sacrifício e presença. Este é o novo Templo, o estranho ajuntamento ao redor de uma mesa quase pascal. Repasse os temas do Êxodo mais uma vez. O tirano deve ser derrotado: não Roma, mas o poder das trevas que subjaz a esse império grande e cruel. O povo de Deus deve ser libertado: não Israel em sua forma atual, com líderes corruptos e ávidos por dinheiro e com seu povo inclinado à violência, mas o Israel reconstituído, para quem os Doze servem de símbolo fundador. A batalha deve ser ganha e o mar Vermelho, atravessado — não pela força de armas, mas por um poder diferente, o poder que o evangelho de João nomeia de modo acurado: "Tendo amado os seus que estavam no mundo, amou-os até o fim" (13:1, NVI).

Assim, Jesus lidera o caminho para uma nova vocação. Em vez da pressão frenética para defender a identidade do povo, da terra e do Templo, discípulos de Jesus devem, pela renovação do coração e da vida, recuperar a visão inicial de sacerdotes reais para todo o mundo, que é a herança do Messias e, agora, também deles. Por trás disso tudo está o sacrifício pelo qual Jesus se ofereceu àquele a quem se referia por "Abba, pai", cumprindo a vocação da obediência de Israel, que recebe a quitação após tanto tempo inadimplente. Jesus tomou o destino de Israel sobre si e agora o levará adiante; assim, a vocação de Israel poderá ser cumprida. Ao redor disso tudo está a presença do próprio Deus de Israel, não mais em um pilar de nuvem e fogo, não mais em um tabernáculo no deserto ou em um Templo ornamentado de madeira e pedra, mas em um ser humano — o Ser Humano — o portador da Imagem, ou seja, o próprio Jesus. Nele a glória de Deus é revelada, para que toda carne possa vê-la. Uma vez que deixamos a refeição da Páscoa falar da maneira que deve, são esses os elementos para os quais seremos conduzidos.

João é quem particularmente explicita a forma na qual todas as linhas convergem, formando a tempestade perfeita. Logo no início do evangelho, torna-se claro, como também nos demais relatos, que autoproclamados líderes do povo judaico optaram por um caminho radicalmente diferente daquele estabelecido por Jesus.

Fariseus procuram uma intensificação da guarda da lei na esperança de que apressará a restauração vindoura de Israel. Principais sacerdotes anseiam por manter seu próprio poder instável intacto e estão preparados para fazer qualquer coisa para impedir os romanos de destruírem a cidade (11:48). De fato, é isso que os leva à conclusão, endossada ironicamente por João, de que é melhor que um homem morra pela nação (11:50-53). O sistema de alta pressão das esperanças judaicas está em força total, mas não na direção que Jesus sabe que deve ir. Enquanto isso, porém, o grande vendaval do poderio imperial romano reúne força plena; a última coisa que Roma deseja é uma crise no Oriente Médio, de modo que tomará todas as medidas necessárias para esmagar qualquer coisa que se assemelhe a um movimento rebelde. E então temos o ciclone: Jesus chega a Jerusalém como aquele cuja obra revelará a glória de Deus.

Muitos leitores ignoram esse tema do quarto evangelho e apenas o leem como tratado "espiritual" ou (nesse sentido) "teológico", como se o objetivo do apóstolo fosse encorajá-los a uma espiritualidade pessoal e levá-los a ansiar por uma salvação de outro mundo. Mas João é claro: quando o poder de Roma e a traição dos líderes de Israel se deparam com o amor divino, o resultado é a vitória majestosa de Deus, a vitória do reino de Deus sobre os reinos do mundo.

Observe como João constrói a sequência. Alguns estrangeiros desejam ver Jesus durante os preparativos para a festa da Páscoa. Na essência da resposta que Jesus lhes dá encontra-se a seguinte promessa: "A hora chegou para o julgamento deste mundo! Agora, o príncipe deste mundo será expulso! E quando eu for levantado da terra, atrairei todos a mim" (12:31-32). De alguma forma, a morte iminente de Jesus constituirá sua vitória, a vitória de Deus, sobre o "príncipe deste mundo", que parece não ser apenas César, mas o poder que está por trás de César e o emprega para seus propósitos obscuros e destrutivos.

Então, durante os "discursos de despedida", que são a forma como João explora o significado da noite final de Jesus com seus seguidores — seu desdobrar, parte por parte, do significado de que estar com Jesus é ser parte do novo povo do Templo — encontramos o mesmo tema emergindo, vez após vez. "Já não lhes falarei muito", diz Jesus. "O governante deste mundo está vindo, e ele não tem nenhum direito sobre mim. Mas tudo isso está acontecendo para que o mundo saiba que eu amo o pai e faço tudo que o pai me ordenou" (14:30-31). A declaração de Jesus é enigmática, mas a força do que ele procura expressar é que seu conflito iminente com César, e com os poderes que lhe subjazem, não ocorrerão porque César o quis, mas porque o Pai o quis. Tudo que Jesus fará é agir em obediência e amor. O "mundo" o odiou e também odiará seus seguidores (15:18—16:4). Mas quando o "Advogado" vier, o espírito da verdade, esse espírito demonstrará o erro do mundo em relação ao pecado, à justiça e ao juízo. O "príncipe deste mundo" deve ser julgado e condenado (16:11).

Essas dicas prévias nos ajudam a entender a explicação de João, a mais completa dos evangelhos, do que está em jogo quando Jesus é levado à presença do governador romano. A cena de João 18—19 traz todas as marcas da audiência que esperaríamos de uma corte provincial romana, e é essa confrontação que jaz na essência do significado político e teológico do reino de Deus. Jesus anunciou o reino e agora o personifica em suas ações. Mas é um tipo totalmente diferente de reino em relação ao que Pilatos ouviu ou imaginou: um reino sem violência (18:36), um reino não *deste* mundo, mas, enfaticamente e pela obra de Jesus, *para* este mundo. (O mal-entendido comum de um reino "de outro mundo" foi gerado pela tradução: "Meu reino não pertence a este mundo"; não é isso que João quer dizer, nem Jesus). Líderes judaicos exercem um pequeno papel; ainda estamos na tempestade perfeita triangular, e é neste ponto que ela alcança seu auge. A principal confrontação, porém, é entre Jesus, representando o reino de Deus, e Pilatos, representando os reinos do mundo. Por fim, líderes judaicos cedem e aceitam o caminho romano: "Não temos rei senão César" (19:15). Todavia, a despeito do ceticismo imperial de Pilatos, Jesus lhe diz que veio para dar testemunho da verdade.

Jesus é executado como "rei dos judeus". Todos os quatro evangelhos relatam que a frase foi escrita e pregada acima de sua cabeça, na cruz. Da mesma forma como, nos primórdios da Grã-Bretanha moderna, criminosos convictos costumavam carregar uma tabuleta revelando a espectadores o crime cometido, romanos registravam tal observação sobre a cruz como uma advertência a outros. Naturalmente, escritores dos evangelhos veem a ironia da acusação sobre a cabeça de Jesus, cujo significado passava despercebido ao governador romano e seus soldados — da mesma forma como João vê a declaração de Caifás sobre a morte de Jesus pelo povo (11:50). A despeito de sua intenção cínica, as palavras de Pilatos remetem à realidade: o "rei dos judeus" deve completar sua vocação biblicamente enraizada ao dar a vida por seu povo e pelo mundo, expressando e personificando o amor salvador, restaurador e soberano do Deus de Israel, criador do mundo. Jesus deve morrer, alegam os líderes judaicos, porque "se autoproclamou Filho de Deus" (19:7), assim como, no evangelho de Marcos e em outras passagens, espectadores perante a cruz zombam de Jesus e o desafiam a descer dela, se é, de fato, o Filho de Deus. Neste ponto, porém, leitores de João e de Marcos sabem que a razão pela qual Jesus deve permanecer na cruz e beber o cálice até a última gota é justamente por ser o Filho de Deus. E a razão pela qual deve fazê-lo não é para resgatar pessoas deste mundo para um céu distante, mas para que o reino de Deus seja estabelecido na terra como [é] no céu.

Eis o porquê, no relato de João, as últimas palavras de Jesus são descritas como: "Está feito" (19:30) — em outras palavras, "está concluído" ou "consumado". O eco é de Gênesis: ao fim do sexto dia, Deus *concluiu* toda a obra que fizera. A ideia não é resgatar pessoas *da* criação, mas resgatar a própria criação. Com a morte de Jesus, a obra está completa. Apenas agora e desse modo exclusivo, a nova criação pode acontecer.

Como, então, podemos interpretar a morte de Jesus? Que modelos, metáforas e construções fazem jus a ela? Naturalmente, é fácil diminuí-la, tratando-a como mais um exemplo de como um homem bom foi esmagado pelo "sistema", como outro revolucionário zeloso deu sua vida pela causa. Há certa verdade nisso, mas se desejamos entender a própria intenção de Jesus, tal avaliação está longe da verdade.

Semelhantemente, é fácil diminuir a morte de Jesus em termos teológicos. Podemos fazê-lo ao retratá-lo apenas como exemplo definitivo de amor — embora seja curiosamente difícil explicar o porquê de sua morte representar um ato de amor sem um contexto mais amplo. A diminuição também pode acontecer ao fazermos de Jesus nosso modelo representativo, que atravessa a morte para uma nova vida e, assim, capacita-nos a fazer a mesma jornada "nele" ou "por meio dele". Ou então, claramente, a diminuição pode acontecer ao imaginarmos uma transação simples e direta, segundo a qual Deus, cujo desejo era punir pessoas, contentou-se em punir o inocente Jesus em lugar de outros. É evidente que esse raciocínio sempre deixa sem respostas o questionamento de como tal punição pode ser, ela mesma, justa, quanto mais amorosa.

Cada um desses modelos, porém, tem seu ponto a defender. Em primeiro lugar, conforme sugeri, não restam dúvidas de que a morte de Jesus é exemplificativa. Vemos em cada estágio da narrativa do evangelho, trabalhado em pequenos sinais vitais, uma atmosfera de cura e perdão, de um amor poderoso em busca de resgate e restauração, conforme observamos nos detalhes iniciais da carreira pública de Jesus. Em outras palavras, ele não deixou de ser o mesmo Jesus portador do reino. Pelo contrário: o que ele faz na cruz é a culminação e a explicação retrospectiva de seu trabalho anterior.

Da mesma forma, em segundo lugar, Jesus estava de certo modo "representando" seu povo e, por meio dele, o mundo todo. Jesus viveu em um mundo de entendimento no qual fazia sentido ver o Messias substituindo Israel e este substituindo o resto da humanidade. Contudo, ainda que o tema seja importante, não apenas nos evangelhos como também em Paulo e em outros textos bíblicos, ele mal consegue carregar o peso exigido.

Em terceiro lugar, a morte de Jesus também foi, em certo sentido, penal. Jesus anunciou o juízo iminente de Deus sobre o seu povo rebelde, um juízo que consistiria em devastação nas mãos de Roma. Ele então vai adiante do seu povo e toma precisamente esse juízo — literal, física e historicamente — sobre si mesmo. "Não apenas em verdade teológica, mas em fato histórico, um único homem carregou o pecado de muitos".[1] Trata-se de uma morte penal e substitutiva, embora mais ampla e menos aberta a objeções do que outras expressões dessa teoria. Uma vez que você encaixa esse modelo com o anterior (Jesus como Messias representando Israel e, por isso, o mundo), acaba por revelar as objeções principais que têm sido usadas contra ele.

Convenci-me, porém, quanto mais li, estudei e orei sobre a história de Jesus, de que todas essas construções devem ser colocadas, mais uma vez, no contexto de uma construção maior, aquela na qual os próprios evangelhos procuram insistir e que parecem estar exatamente alinhadas com objetivos e motivações do próprio Jesus. De alguma forma, a morte de Jesus era vista por si mesmo, e então por aqueles que contaram e escreveram sua história, como o meio definitivo pelo qual o reino de Deus foi estabelecido. A crucificação foi a resposta alarmante à oração para que o reino de Deus viesse à terra como [é] no céu. Foi o Êxodo definitivo, através do qual o tirano foi derrotado, o povo de Deus foi libertado e recebeu uma nova vocação, e a presença de Deus foi estabelecida em meio ao seu povo de forma completamente nova, algo do qual o Templo servia de sinalizador. Essa é a razão pela qual, no evangelho de João, a "glória de Deus" — com todos os ecos do retorno antecipado de YHWH a Sião — é revelada por meio de Jesus, por meio de sua carreira pública, nos "sinais" que ele fazia, mas final e plenamente quando foi "levantado" na cruz.

Como pode ser isto? Como a execução horrível e brutal de um jovem profeta pode ser o meio de estabelecer o reino de Deus? O que significa dizer, como fizemos ao longo deste livro, que o ponto da

---

[1] G. B. Caird, *Jesus and the Jewish Nation* [Jesus e a nação judaica] (Londres: Athlone, 1965), p. 22.

história é que o Messias, por meio de sua morte, possibilitou o reinado de Deus na terra?

Naturalmente, há muito que poderia ser dito sobre o assunto. Tentando, porém, resumi-lo e mantê-lo simples, acho que podemos e devemos dizer ao menos isto: segundo a interpretação que Jesus deu da batalha que estava lutando, Roma não era o verdadeiro inimigo. Roma proveu o grande vendaval, enquanto a ambição distorcida de Israel, o sistema de alta pressão. Contudo, o verdadeiro inimigo a ser enfrentado pelo amor de Deus é o poder da anticriação, o poder da morte e da destruição, a força da acusação — o Acusador, que expõe o seu caso contra toda a raça humana e contra o mundo, destacando que todos são corruptos e decadentes, que todo ser humano contribuiu para o problema com sua própria idolatria e pecado. O pior é que essa acusação é verdadeira. Todo ser humano realmente adorou o que não é divino e, por isso, falhou em refletir a imagem de Deus no mundo. A humanidade e a criação estão, portanto, sujeitas à corrupção e à morte. Nesse sentido, o Acusador está absolutamente certo.

Todavia, o Acusador está errado em imaginar que essa é a última palavra do criador. O que vemos por toda carreira pública de Jesus é que ele mesmo está sendo acusado — acusado como blasfemo pela autoproclamada "polícia intelectual", acusado de estar fora de si por sua própria família e acusado até por seus seguidores de conduzir sua vocação na direção errada. Todas as vertentes da maldade no decorrer da história humana e da antiga história bíblica se interligam à medida que os evangelhos contam a história de Jesus, de demônios bradando na sinagoga à incompreensão irônica dos mediadores do poder, passando pela fragilidade e tolice de seus próprios amigos e seguidores. Finalmente, claro — e este é o ponto na história para o qual evangelistas chamam nossa atenção — Jesus é acusado na frente dos principais sacerdotes, do sinédrio e pelo próprio sumo sacerdote. Ele é acusado de artimanhas contra o Templo; acusado de proibir o pagamento de tributo a César (estratagema padrão de revolucionários); acusado de reivindicar ser rei dos judeus, um líder rebelde; acusado de blasfêmia, de reivindicar ser filho de Deus.

Acusações se amontoam de todos os lados, com líderes acusando Jesus perante Pilatos; e Pilatos acaba por fazer o que todas as acusações contra Jesus, em todo evangelho, exigem: entrega-o para ser crucificado. Jesus, em outras palavras, aceitou as acusações pendentes contra o mundo e contra toda a raça humana, carregando-as em si mesmo. É isso que os evangelistas procuram nos mostrar na forma como narraram a história.

Albert Schweitzer, uma das pessoas mais influentes do século XX, sugeriu que Jesus vislumbrara seu próprio papel na longa história bíblica que Schweitzer chama de "ais messiânicos". Muitos profetas e escritores judeus posteriormente falaram do sofrimento que sobreviria ao povo de Deus — onda após onda de sofrimento — alcançando seu auge na época de Jesus, um ponto culminante de horror e desespero em que o mal dá o pior de si, apenas para que sua derrota preparasse o caminho para a redenção que Deus tinha em mente. Na visão de Schweitzer, Jesus compreendia essa ideia e cria que era sua vocação ir ao ponto onde esse grande "ai", esse grande "tempo de teste", irromperia em plena força. Foi por isso que Jesus ensinou seus discípulos a orar para que fossem poupados do tempo do teste. Ele mesmo deveria passar pela prova, mas eles, não. Há indícios, particularmente no jardim do Getsêmani, que Jesus realmente estava pensando dessa forma. Schweitzer então empregou a imagem da grande roda da história. Jesus esperara que essa grande roda passasse a girar na direção oposta, mas, ao ver que não, pôs-se à frente dela. A roda o esmagou; mas então começou, de fato, a mover-se na direção oposta.

Uma imagem violenta para uma realidade violenta. Neste livro, empreguei a analogia da tempestade perfeita em parte apropriando-me da ideia de Schweitzer e desenvolvendo-a um pouco mais. Mas também aqui, como no caso de todas as analogias, inevitavelmente essa imagem se desfaz. Talvez, além dela, será preciso imaginar algumas forças em planos diferentes. Além do vendaval de Roma, o sistema de alta pressão das ambições distorcidas de Israel, e do ciclone dos propósitos recorrentes de Deus, talvez será preciso um redemoinho, um turbilhão gigantesco, que ameaça sugar para as profundezas escuras todos que navegam próximos a ele. Talvez possamos até interligar os temas e sugerir que o vendaval e o sistema de alta pressão são impulsionados pelas mesmas forças que sugam as águas escuras: Roma e o Israel rebelde são ferramentas involuntárias de Satanás, o Acusador, a grande força anticriação.

Podemos sugerir que Jesus, precisamente por crer em sua carreira pública que "o tempo estava cumprido", também cria que todos esses poderes do mal estavam se juntando para uma última batalha, uma última tentativa de frustrar os bons propósitos do Deus criador, sugando o cosmos e a raça humana para o abismo. A única forma, segundo cria, pela qual esse grande poder anticriação podia ser parado e derrotado seria ele, Jesus, ungido pelo Espírito de Deus para lutar a verdadeira batalha contra o inimigo real, tomar sobre si o poder pleno da maldade e da acusação, deixar que dessem o pior de si para que, exauridos, perdessem sua principal força. Jesus seria o Davi para este Golias definitivo — embora com a diferença de que, visto que violência e morte eram elas mesmas o inimigo definitivo, este Davi venceria a batalha ao perder sua vida, com os pregos da crucificação e a lança ao seu lado substituindo as cinco pedras que Davi pegou para a sua funda. O corpo, a mente e o coração de Jesus seriam o campo de batalha no qual a vitória final seria ganha, assim como constituíam o Templo, onde a presença poderosa e amorosa do Deus de Israel fizera morada.

A chave para isso tudo, como os primeiros escritores cristãos viram claramente, é a fé de que, como Messias de Israel, Jesus realmente *representa* seu povo. A vida da nação está interligada com o rei. Assim como, mais uma vez, no caso de Davi combatendo Golias, um único homem se põe em lugar de muitos, de modo que sua vitória se torna a vitória de todos. O representante é, assim, o único *substituto* adequado (a despeito de gerações de teólogos lançando uma categoria contra a outra). E a questão, então, é que Israel é representativo do mundo; Deus chamou a família de Abraão para que fosse o povo através do qual o mundo todo seria abençoado e finalmente liberto da antiga maldição. Se você pular o estágio intermediário, o estágio de Israel (como muitos teólogos cristãos fizeram), esquecendo-se do papel vital dos descendentes de Abraão em todo o plano salvador, terá de forçar suas categorias para encaixar Jesus nesta história, de uma forma ou de outra. Você poderá até tentar fazer sua "divindade" conquistá-lo, embora não seja o que o Novo Testamento diz. O que temos, antes, é a história extraordinária do Messias de Israel, levando em si a flechada mais afiada do Acusador e, morrendo sob sua força, furtando-o de qualquer poder real.

Devemos enfatizar, ao concluirmos esse relato da morte de Jesus, que o testemunho mais antigo insiste em tratá-lo como, primariamente, um ato de *amor*. "O filho de Deus me amou", escreveu Paulo vinte anos após a crucificação, "e deu a si mesmo por mim" (Gálatas 2:20). "Ninguém tem maior amor do que este", testifica Jesus em João 15:13, "o de dar a vida pelos seus amigos".

Leve em consideração a enxurrada de cuidado e preocupação pelo enfermo, pelo fraco e pelo vulnerável, assim como pelos pecadores, característicos da carreira pública de Jesus. Ao juntá-los em sua mente, lembre-se de que toda ação de Jesus para com eles refletia o que acontece quando Deus começa a reinar na terra como [é] no céu, revertendo a corrente doentia do governo do pecado e da morte. Então, lembre-se mais uma vez de que o anúncio do reino só fazia sentido se respaldado pela vitória final, o reestabelecimento definitivo da presença e do governo divinos. Como no caso do governo breve de Simão, a Estrela, a curta carreira pública de Jesus — isto é, sua inauguração do reino de Deus — precisava ser completada com a última batalha e com a reconstrução do Templo. Assim, a compaixão que transbordou por todas as direções na primeira parte da obra de Jesus foi a mesma compaixão com a qual ele foi em direção à morte. "Tendo amado os seus que estavam no mundo", escreveu João, "amou-os até o fim". Até as últimas consequências.

Estou absolutamente seguro de que há muito, muito mais que deveria ser dito sobre o significado da morte de Jesus. O mundo não seria o suficiente. Mas estou igualmente seguro de que não devemos fazer nada significativamente menos do que isto. Se a fé cristã é verdadeira — se, em outras palavras, Jesus de Nazaré ressuscitou dentre os mortos três dias depois para inaugurar a nova criação de Deus e, por seu Espírito, capacitar seus seguidores como agentes ativos — então o momento da morte de Jesus é, como Jerusalém nos mapas antigos, o ponto central do mundo. Mesmo se a fé cristã não fosse verdadeira, ainda teríamos de dizer que a morte deste homem, tomado por uma vocação como esta — na qual mil anos de história e esperança convergiram em um grande ato de amor generoso e compassivo — foi uma das mais nobres, se não a mais nobre, na história. Mesmo a morte de Sócrates, tão poderoso como testemunha das crenças que sustentaram sua carreira pública, não pode competir com ela. Entretanto, como hei de sugerir, a morte de Jesus recebe seu significado pleno e seu lugar central na história do mundo pelo que acontece em seguida.

CAPÍTULO 14

SOB NOVA DIREÇÃO: ALÉM DA PÁSCOA

SE EU DISSER QUE HÁ TODO UM LIVRO a ser escrito sobre o assunto deste capítulo, escritor e leitor poderão partilhar de um sorriso irônico. Já publiquei extensivamente sobre o assunto da Páscoa e seu significado e, para a maior parte do capítulo, irei apenas resumir o que defendi exaustivamente em outras publicações.[1] Para os propósitos deste livro, porém, devemos expandir uma vertente em particular. Em seu aspecto mais simples, o significado da Páscoa e do que acontece rapidamente em seguida foi o significado que resultou de eventos sobre *este* Jesus, o Jesus que temos estudado até aqui. A diferença entre este Jesus e os vários "Jesuses" da imaginação popular — dentro e fora da igreja — emergirão enquanto procedemos.

---

[1] *The Resurrection of the Son of God* [A ressurreição do filho de Deus] (Londres: SPCK; Mineápolis: Fortress, 2003); *Surprised by Hope* [Surpreendido pela esperança] (Londres: SPCK; São Francisco: HarperOne, 2008).

UM NOVO MUNDO

Quando Jesus ressuscitou dos mortos na manhã da Páscoa, ressurgiu como o princípio do novo mundo que o Deus de Israel sempre planejara formar. Esta é a primeira coisa, e talvez a mais importante, a saber sobre o significado da Páscoa.

Repare que eu disse "quando", não "se". Em outros lugares, argumentei detalhadamente que a única explicação possível para o surgimento do cristianismo e para a forma particular que assumiu foi que Jesus de Nazaré, três dias após estar completa e definitivamente morto (executores romanos eram matadores profissionais e não deixavam supostos líderes rebeldes escaparem de suas garras), foi descoberto pelos discípulos como estando completa, definitiva e corporalmente vivo outra vez. Seu túmulo estava vazio; do contrário, seguidores deduziriam ter visto algum tipo de aparição. Tais coisas eram bem conhecidas no mundo antigo, como também são, de fato, hoje. De forma semelhante, os discípulos realmente viram, tocaram e partilharam refeições com Jesus como presença real e corpórea; do contrário, teriam concluído que um túmulo vazio significava que o sepulcro fora roubado. Coisas do tipo eram mais bem conhecidas no mundo antigo do que hoje. A combinação de túmulo vazio e aparições certas e sólidas é de longe a melhor explicação para tudo que aconteceria posteriormente.

"Sólidas?", escuto alguém perguntar. "Os discípulos não contaram histórias sobre esse Jesus ressurreto atravessando portas trancadas, nem sempre sendo reconhecido de imediato e finalmente desaparecendo sem deixar vestígios?". Sim, está certo. E devemos levar essas histórias a sério também. Elas não correspondem ao que judeus do século I, a maior parte dos quais cria na ressurreição futura, teria idealizado a "ressurreição". (Para começar, eles nunca imaginaram que a "ressurreição" aconteceria a uma pessoa no meio da história; criam, em vez disso, que aconteceria a todas as pessoas no fim dos tempos. Narrativas da ressurreição são bem estranhas, mas não projeções de algo que as pessoas "sempre esperaram que aconteceria"). Na verdade, as histórias não se encaixam em qualquer uma das categorias regulares. Nossa tendência é, por um lado, dividir coisas em objetos sólidos e físicos e, por outro, "objetos" ou aparições evanescentes e insubstanciais, tais como (assim imaginamos) fantasmas. Mas as histórias do Jesus ressurreto têm uma qualidade totalmente diferente. Elas parecem retratar *uma pessoa que está igualmente em casa "na terra" e "no céu"*.

Lembre-se — antes de tudo isso ficar confuso demais! — de que o "céu" no pensamento bíblico não está em um lugar distante da "terra". Na Bíblia, "céu" e "terra" se sobrepõem e se entrelaçam, da mesma forma que o judeu antigo cria que o faziam, acima de tudo, no Templo. Lembre-se também de que "céu" e "terra" não são como água e óleo, resistindo um ao outro e excluindo-se mutuamente. A maior parte das pessoas do mundo ocidental de hoje imaginaria que "céu", por definição, não poderia conter o que pensamos como corpo sólido e físico. Isso é porque somos essencialmente platonistas, supondo que, se existe um "céu", ele deve ser não físico, além do alcance de espaço, tempo e matéria. Mas e se Platão estava errado?

Suponhamos, em outras palavras, que as antigas escrituras israelitas estivessem certas, e que céu e terra são, afinal, metades da realidade criada por Deus, designadas, ao final, a se unirem. Suponhamos que o que tem mantido céu e terra separados por todo este tempo é que criaturas humanas, colocadas no comando da parte "terrena" desta criação, rebelaram-se, e que sua rebelião gerou suficiente força motriz para que a "terra" declarasse, por assim dizer, independência, o desejo de se autogovernar. E suponhamos que este governo independente tenha se tornado extremamente poderoso, mantendo as duas esferas separadas e efetivamente tiranizando a "terra" com a arma comum do autocrata, isto é, a própria morte.

Suponhamos, então, que o Deus criador tenha finalmente vindo em carne e osso para romper com a arma do tirano e inaugurar o novo mudo, no qual o propósito original da criação será finalmente cumprido. Isso, ao que tudo indica, é o que os primeiros cristãos criam ter acontecido ao se depararem com Jesus, vivo outra vez e parecendo estar em casa "no céu", onde não podiam vê-lo, e na "terra", onde podiam. Reflita mais uma vez no que dissemos sobre espaço, tempo e matéria. O que estamos testemunhando nas histórias da ressurreição — que, obviamente, são muito diferentes de quaisquer histórias antes e depois, convidando, assim, o ceticismo que receberam nos mundos antigo e moderno — é *o nascimento da nova criação*. O poder que tiranizara a antiga criação foi quebrado, derrotado, vencido. *O reino de Deus foi inaugurado com poder e glória, na terra como [é] no céu.*

Foi isso que Jesus disse que aconteceria durante a vida de seus ouvintes. Um novo poder foi lançado no mundo, o poder de refazer o que foi quebrado, curar o que estava enfermo, restaurar o que estava perdido. O reino que Jesus inaugurou de maneira estranha, misteriosa e parcial durante sua carreira pública por meio de curas, celebrações e ensinamentos seria, agora, revelado em uma dimensão totalmente nova. Se pensarmos de Jesus durante sua vida da forma como pensamos no decorrer deste livro e então perguntarmos sobre o significado da Páscoa, a resposta será óbvia. Este é o verdadeiro início do reino de Jesus. Sua pessoa ressurreta — corpo, mente, coração e alma — *é o protótipo da nova criação*. Já o vimos como o Templo em forma humana, como o jubileu em forma humana. Agora, vemo-lo como a nova criação em forma humana.

A marca da nova criação é que ela simplesmente flui com o poder do amor. Leia as histórias, especialmente as mais longas, em Lucas 24 e João 20—21. Jesus se encontra com os discípulos, que estão tristes, envergonhados e ansiosos. Ele os chama pelo nome e lhes diz para não temerem. Então, explica o que está acontecendo, lidando com eles individualmente. O encontro com os dois no caminho de Emaús (Lucas 24) é uma das histórias mais delicadas e poderosas já escritas. O breve diálogo entre Jesus e Pedro, em João 21, é um dos encontros humanos mais comoventes já registrados. Há um amor, um sentimento profundo e comovente, que emana de Jesus. Mas esse amor é forte, poderoso, transformador, direcionador. A nova criação começou; e seu poder motivador é o amor.

É por isso que, no evangelho de Lucas, o Jesus ressurreto ordena seus seguidores a anunciarem por todo o mundo que o um novo caminho de vida foi aberto, o caminho do "arrependimento" e do "perdão" (24:47). Para nós ocidentais, isso soa um pouco sombrio, como se constituísse um ato perpétuo de contrição, remoendo "pecados" a fim de escutar alguém declará-los perdoados (até a próxima vez!). Mas é muito, muito mais do que isso. A antiga criação vive pelo orgulho e pela retribuição: defendo meus interesses e, se alguém me atrapalhar, busco vingança. Sabemos como é, já fizemos isso, e as cicatrizes com as quais ficamos o provam. Agora, existe uma forma completamente diferente de viver, um caminho de amor, reconciliação, cura e esperança. É uma forma que ninguém antes tentara, uma forma impensável à maioria dos seres humanos e das sociedades — como a própria ressurreição. Precisamente. A ideia é esta. Bem-vindo ao novo mundo de Jesus.

Eis então a mensagem da Páscoa, ou pelo menos o início da mensagem. A ressurreição de Jesus não significa: "Está tudo bem; vamos para o céu agora". Não. A vida do céu nasceu nesta terra. Não significa: "*existe*, afinal, vida após a morte". Existe sim, mas a Páscoa diz respeito a muito, muito mais do que isso. Fala de uma vida que não é nem fantasmagórica nem irreal, mas sólida, definida e prática. As histórias da Páscoa aparecem no fim dos quatro evangelhos, mas não correspondem a um "fim". Trata-se de um início, o início do novo mundo de Deus. O início do reino. Agora, Deus está no comando, na terra como [é] no céu. E "Deus-no-comando" é algo focado no próprio Jesus como rei e Senhor. O título da cruz era verdadeiro, afinal. A ressurreição o prova.

ASCENSÃO E ENTRONIZAÇÃO

Se a Páscoa diz respeito a Jesus como protótipo da nova criação, sua ascensão diz respeito à sua entronização como aquele que está agora no comando. A Páscoa nos diz que o próprio Jesus é parte da nova criação; sua ascensão nos diz que agora é ele quem a administra.

Mais uma vez, você só pode entender a ascensão se tirar da mente a ideia de "céu" com a qual começou, concebendo, antes, uma imagem mais bíblica. Hoje, para a maior parte das pessoas, "céu" é uma localização totalmente diferente do mundo onde vivemos. É atemporal, não física, imaterial. (Pessoas às vezes dizem "espiritual" neste ponto, mas essa é uma descaracterização da forma como os primeiros cristãos pensavam e falavam. Para eles, "espiritual" dizia respeito ao trabalho do Espírito de Deus, cujo trabalho definitivamente acontecia no mundo de espaço, tempo e matéria). Assim, quando Lucas nos conta a história de Jesus subindo ao céu em uma nuvem, quarenta dias após sua ressurreição, e quando Paulo escreve de Jesus sendo "exaltado" aos céus (e.g., Filipenses 2:9-11), precisamente aquilo que *não* devemos pensar é que, depois da morte, Jesus "vai para o céu" no sentido normal da frase.

Há quatro coisas de que devemos nos lembrar sobre a ascensão. Cada qual contribui para o seu significado no contexto da história que temos contado. A primeira é que, para recapitular, céus e terra não estão muito distantes um do outro. Seu propósito é a intersecção e, por fim, a união de uma esfera com a outra para sempre. A ideia toda por trás da identidade de Jesus era demonstrar que ele era um homem-Templo ambulante; Jesus se tornou o lugar onde céus e terra se encontram, onde pessoas na terra passaram a ter contato com a vida e o poder do céu. Assim, para Jesus, "ir para o céu" não é uma questão de desaparecer no horizonte distante. Jesus é como alguém que tem dois lares. Ambas as casas estão uma do lado da outra e contêm uma porta que as conecta. Um dia, o muro de separação será derrubado e haverá uma única mistura gloriosa de céu-e-terra.

O que a ilustração não capta satisfatoriamente é que céus e terra são diferentes *tipos de* espaços. Não são realidades meramente contíguas, como uma casa ao lado da outra. Os céus permeiam a terra. Se Jesus está agora nos "céus", está presente em cada lugar da terra. Caso tivesse permanecido na terra, ele não poderia estar presente em qualquer lugar além daquele em que já estava. A ascensão permite-lhe estar presente em todo lugar.

A segunda, e mais importante para o nosso tema em geral, é que o céu é o lugar a partir do qual a terra é administrada. É o escritório do Diretor Executivo. Você pode observá-lo nas cenas dramáticas do livro de Daniel, onde este ou aquele rei pagão é advertido sobre "o Deus do céu". Isso não quer dizer: "Ótimo, ele está seguro no céu, a uma longa distância; podemos fazer o que bem entendermos". Significa: "Deus está no lugar onde pode tomar decisões e dar ordens; cuidado, portanto, com a forma como vive!". É assim que, na história de Jesus, a longa narrativa que remonta ao batismo (e, particularmente em Lucas, ao seu nascimento) chega ao ponto culminante. Ele nasceu para ser rei do mundo, o rei que se sobreporia ao próprio César; foi batizado como Messias de Israel, que, em Salmos 2, governaria as nações; e agora está entronizado, estabelecido oficialmente em conformidade com o que já era em teoria. Juntamente com a ressurreição, a ascensão é parte do que Jesus tinha em mente ao falar aos seguidores sobre o "filho do homem vindo em seu reino" e sobre como todos o veriam (Mateus 16:28).

Essa é, de fato, parte da ideia da descrição de Lucas sobre Jesus sendo "elevado", tendo sido encoberto por uma "nuvem" (Atos 1:9), o que nos leva ao terceiro ponto sobre a ascensão. Se, conforme enfatizei, "céus" e "terra" não estão distantes um do outro, mas na verdade se encontram e se fundem em Jesus, por que o movimento vertical? Nesse contexto, devemos permanecer de mente aberta sobre o quanto Lucas pretende que sua descrição seja um relato literal de uma realidade concreta e o quanto pretende, em primeiro lugar, evocar a famosa passagem de Daniel 7:13, na qual "alguém semelhante a um filho de homem" vem sobre as nuvens do céu para ser apresentado perante e entronizado ao lado daquele que é chamado de "Ancião de Dias".

O que quero dizer é o seguinte: Lucas certamente quer que pensemos em Daniel 7, em todo seu significado político. Esse é o momento em que o representante de Israel é instalado como verdadeiro governante mundial, com todas as nações pagãs beligerantes sujeitas a ele. O quanto Lucas deseja que pensemos sobre um acontecimento físico e literal é difícil dizer. Não há problema algum, até onde vejo, quanto à ascensão ter sido um *acontecimento físico*;

segundo alguns sugeriram, talvez o movimento para cima seja a melhor forma de indicar a partida de uma esfera a fim de alcançar outra. No entanto, nem os antigos judeus nem os primeiros cristãos criam que o "céu" estava localizado em nosso *continuum* atual de espaço e matéria, uma localização situada a certa distância do nosso mundo e capaz de ser alcançada por uma forma primitiva de viagem espacial. Afinal, atingimos, neste ponto, os limites da visão de mundo, da linguagem, de todo pensamento humano. Não devemos esperar ser capazes de colocar uma história como essa em categorias contemporâneas simples. Melhor ficarmos com o terceiro ponto sobre a ascensão, de que é o cumprimento de Daniel 7. Essa é a grande inversão, o momento quando Deus recebe aquele que sofreu como representante de Israel nas mãos dos monstros e, agora, deve exercer juízo sobre eles.

Isso nos leva ao quarto e último ponto sobre a ascensão. Qualquer que lesse o relato de Lucas no início de Atos e já estivesse familiarizado com o mundo do Império Romano perceberia o que está acontecendo. Após a morte de Júlio César, alguns juraram ter visto sua alma ascender ao céu. Augusto, filho adotivo de César, imediatamente declarou Júlio como, portanto, um deus; o que significava que ele, Augusto, era agora "filho de deus". Colocando-o de modo sutil, tratava-se de uma vantagem política considerável. Após a morte de Augusto, o processo se repetiu diversas vezes, embora não entre todos os seus sucessores.

A história de Lucas não é uma cópia exata dessa tradição. Afinal, Lucas, como todos os primeiros cristãos, era monoteísta. Não faz sentido pensar que Lucas desejava adicionar mais um deus à coleção já presente "no céu". E o próprio Jesus é "filho de Deus" em um sentido que levaria diversas gerações de pensadores para explorar plenamente. Todavia, o paralelo é próximo o suficiente para fazer qualquer leitor do mundo romano perceber o que está acontecendo. Jesus está se sobrepondo drasticamente a César. Na verdade, se pensarmos na história como o contexto modelador da abertura de Atos, acabamos por entender o recado, já que, no contexto de fechamento,

Paulo está em Roma, debaixo do nariz de César, anunciando Deus como rei e Jesus como Senhor "com toda ousadia, sem que ninguém o impedisse" [cf. Atos 28:31]. O livro inteiro é a história de como Jesus, exercendo seu poder como Diretor Executivo de terra e céu, envia seguidores como embaixadores para tornarem seu reino uma realidade, culminando com o estranho paradoxo de Paulo em cadeias anunciando que o mundo romano tinha um novo imperador. De fato, é esse paradoxo que dá o tom para todo o trabalho do reino no tempo presente, conforme veremos mais uma vez.

Nem mesmo a ascensão, contudo, constitui o último momento da história. Algo ainda mais estranho acontecerá no futuro. O Jesus de "ontem" deve se tornar o Jesus de "amanhã". A história fica incompleta sem essa cena final.

O RETORNO DE JESUS

"Olhe pela janela", dizem os céticos. "Se você pensa que Jesus já foi estabelecido como rei do mundo, por que o mundo se encontra em tamanha bagunça?". Uma pergunta relevante. Até aqui, porém, a história — mesmo a história da ascensão — não tem o objetivo de reivindicar algo sobre o qual esse tipo de objeção constituiria, em última análise, um problema. Mesmo a história da ressurreição de Jesus e sua ida para o "céu" são apenas o início de algo novo, algo que será concluído um dia, mas que nenhum dos primeiros cristãos supunha já ter sido cumprida.

Os primeiros cristãos não passavam de uma minoria, apostando sua reivindicação ousada e aparentemente louca sobre Jesus a partir de uma posição de grande fraqueza e vulnerabilidade. Eles eram percebidos, com certa justificativa, como ameaça à ordem estabelecida, de modo a atraírem críticas, ameaças, punições e até mesmo morte. Sua ameaça, porém, ao presente mundo não era do tipo comum. Cristãos não eram revolucionários, prontos para pegar em armas para derrotar um regime existente e estabelecer seu próprio governo no lugar. Celebrar Jesus como rei legítimo do mundo — conforme os vemos fazer em nossos documentos mais antigos, as cartas de Paulo — constituía um desafio real a César e a todos os "senhores" terrenos. Mas era um tipo diferente de desafio. Não se tratava apenas do anúncio de Jesus como verdadeiro rei, cujo reinado não havia sido totalmente estabelecido, mas do anúncio de Jesus como o verdadeiro *tipo* de rei. Dirigindo-se a Tiago e João, a dupla ambiciosa, Jesus assim delineou a questão: "Governantes pagãos... exercem poder... Mas não será assim entre vocês" (Mateus 20:25-26). Além disso, conforme ele disse a Pilatos, reinos característicos "deste mundo" estabelecem sua vontade pelo uso da violência, enquanto seu tipo de reino não faz isso (João 18:36). Todos sabemos da situação irônica de os impérios oferecerem às pessoas paz, prosperidade, liberdade e justiça — mas para isso terem de matar milhares de pessoas para dar o recado. O reino de Jesus não é assim. Com ele, a ironia se dá às avessas. A morte de Jesus e o sofrimento de seguidores são meios pelos quais sua paz, liberdade e justiça nascem na terra como [é] no céu.

O reino de Jesus deve vir, então, pelos *meios* que correspondem à *mensagem*. Não faz sentido anunciar amor e paz se você emprega meios irascíveis e violentos para alcançá-los! Esta, conforme veremos, é a palavra de ordem ao trecho de "hoje" da história de Jesus. Mas e quanto às partes do "amanhã" e do "para sempre"? Qual será o futuro definitivo?

Os primeiros seguidores de Jesus são inequívocos: Jesus voltará. Reaparecerá em poder e glória, triunfando sobre todas as forças da morte, decadência e destruição, incluindo as estruturas que usaram essas forças horríveis para escravizar e devastar a vida humana. A versão atual da história não é a última. Eruditos debatem a origem da frase "não acaba até que a senhora obesa tenha cantado"[2] (o melhor palpite é que seja uma metáfora da ópera, embora seja

---

[2] O ditado popular em inglês *"it ain't over till the fat lady sings"* é usado em diversos contextos, principalmente no contexto esportivo; é parecido com a frase popular usado em jogos de futebol "o jogo só acaba quando o juiz apita". [N. E.]

aplicada aos esportes e até mesmo em cultos eclesiásticos). Na história cristã, porém, a história só acaba com o retorno do Senhor.

Como no caso da ascensão, existem diversas coisas que precisamos dizer logo de início sobre essa reivindicação extraordinária. (Por agora, devemos estar nos acostumando com reivindicações extraordinárias, não porque estamos lidando com fantasia ou especulação "sobrenatural", mas porque o próprio Jesus abre uma janela sobre o mundo que, embora real e sólida, é muito diferente do mundo segundo a percepção da maioria). E a primeira coisa é: não acredite em tudo que você lê sobre o arrebatamento.

Na verdade, não acredite na maioria das coisas que você lê sobre o arrebatamento. Muitos cristãos, particularmente na América do Norte, foram ensinados pelos últimos cem anos e meio que quando Jesus retornar, descerá do "céu" e que seu povo fiel (i.e., cristãos) então voará para cima para encontrá-lo e ser levado para os céus com ele, para sempre. Livros, filmes e incontáveis *shows* de rádio e televisão perfuraram a imaginação popular de milhões de pessoas com essa imagem. Na verdade, para algumas pessoas hoje, o arrebatamento é mais ou menos o centro de sua fé.

Trata-se, porém, de um completo mal-entendido baseado em uma leitura descaracterizada do que Paulo diz 1Tessalonicenses 4:14-17 sobre o retorno de Jesus em apenas quatro versículos, e apenas um deles com a ideia de um "arrebatamento", servindo de base para uma completa teoria de tudo:

> Se cremos que Jesus morreu e ressuscitou, cremos que Deus também trará, mediante Jesus e com ele, aqueles que dormiram.
>
> Deixe-me explicar (esta é a palavra do Senhor que falo com vocês!): nós, os que estivermos vivos, os que ficarmos até a vinda do Senhor, não precederemos os que dormiram. O próprio Senhor descerá do céu ao grito de uma ordem, com a voz de um arcanjo e com o som da trombeta de Deus. Mortos que pertencem ao Messias ressuscitarão primeiro; então nós, que estivermos vivos, seremos arrebatados com eles nas nuvens, para o encontro com o Senhor nos ares. E assim estaremos para sempre com o Senhor.

O que Paulo está fazendo, não pela primeira vez, é mesclar suas metáforas. A base disso tudo, oferecida aqui como consolo e esperança para o entristecido, é que o Senhor "descerá do céu". Paulo o descreve em linguagem reminiscente ao ouvinte bíblico atento da cena em que Moisés desce da montanha. Esse é o significado da voz do arcanjo e da trombeta. Mas então o povo de Deus será exaltado, como aquele "semelhante a um filho de homem" em Daniel 7:13, de modo que, após seu próprio sofrimento e morte, estejam com o Senhor para sempre. O resultado é que Jesus terá sua "aparição real", como o retorno de César a Roma após ter visitado suas colônias. Seus cidadãos leais e alegres sairão "para o encontro com o Senhor", não a fim de permanecer com ele em algum lugar afastado, fora da cidade, mas para escoltá-lo em triunfo e esplendor de volta para a sua capital.

Tais metáforas, claro, quando esmiuçadas, não se encaixam. Não é possível desenhar a cena em um caderno. Pense no livro de Apocalipse, onde, em 5:6, encontramos o leão que também é cordeiro "que parecia ter estado morto, em pé, no centro do trono" [NVI] (um cordeiro morto normalmente não fica em pé), com sete chifres (mal conseguimos imaginá-lo) e sete olhos (já isto é um pouco mais difícil). O ponto é que essa linguagem *não tem o propósito de ser interpretada literalmente*. É uma mistura de código, metáfora e caricatura política.

Contudo, o fato de essa imagem particular ser uma mistura rica de tais estilos de escrita não significa que nada mais irá acontecer. Alguns pensam que, uma vez que falamos algo "metafórico", está "tudo na mente", sem nenhum acontecimento correspondente no mundo real. Pelo contrário. Paulo dá aos leitores um par de lentes através dos quais olhar, mas o acontecimento em si, para o qual devem olhar, é definitivo, claro e vital. Perca isso e tudo o mais se perde. Sem a "segunda vinda" vista em termos bíblicos adequados, seguir Jesus é reduzido a uma "forma religiosa de ser", a uma espiritualidade particular contendo uma esperança pessoal vaga e incerta, mas sem qualquer prospecto de um mundo radicalmente transformado por Jesus como Senhor legítimo. Alguns, de fato, contentam-se em fazer essa redução, deixando a fé cristã como uma "espiritualidade" que alguém pode achar útil, mas sem qualquer consideração à visão antiga de Salmos e Isaías, na qual o mundo inteiro é curado, julgado, retificado e transformado pelo governo soberano do Messias de Israel. Tal atitude se encaixa perfeitamente com a reação pós-moderna contra um "triunfalismo" cristão antigo e arrogante, porém é muito menos judaica e muito menos cristã, tendo pouca correspondência com o próprio Jesus.

Crer na segunda vinda é tudo, menos arrogância. Sua ideia central é insistir — em comparação não apenas com o mundo pagão em geral, mas contra a pretensão e o autoengano da própria igreja — que Jesus continua soberano e finalmente retornará para retificar tudo. Essa retificação (a palavra bíblica é "justiça") é o tipo de acontecimento aliviador pelo qual o mundo todo, mesmo em sua melhor fase, anseia profundamente. Todo tipo de coisa está fora de ordem no mundo, tanto em grande quanto em pequena escala; e Deus, o criador, alinhará todas as coisas. Tudo de ruim continua a acontecer, corrompendo a vida do ser humano e a vida mais ampla do meio ambiente, a vida do próprio planeta; mas Deus, o criador, retificará tudo. Todo tipo de coisa ainda continua errada *conosco, os seguidores de Jesus*; mas Jesus, ao retornar, também mudará isso. Talvez essa mensagem não seja confortável, mas é dela que precisamos. Acreditar que Jesus realizará tudo isso é parte da humildade cristã; aguardar por esse acontecimento é parte da paciência cristã:

> Quando o rei for revelado (e ele é a sua vida, lembre-se disso), então vocês também serão revelados com ele, em glória. (Colossenses 3:4)

> Amados, já somos, agora, filhos de Deus; não foi revelado ainda o que havemos de ser. Sabemos, porém, que quando ele for revelado, seremos como ele, porque como ele é o veremos. (1João 3:2)

Todavia, como isso acontecerá? Pensar na segunda vinda de Jesus ou em seu "retorno" geralmente levanta o mesmo tipo de problema que vimos com a ascensão. Pessoas que ainda pensam que o "céu" está muito distante e que foi para lá que Jesus se dirigiu imaginam que a segunda vida será um acontecimento semelhante ao retorno de um ônibus espacial de sua órbita longínqua. Não! *O céu é o espaço de Deus, a dimensão divina da realidade presente*, de modo que pensar em Jesus "retornando" é, na verdade — como Paulo e João dizem nas passagens citadas — pensar nele como que invisível no presente, mas *reaparecendo* um dia. Jesus não aparecerá no mundo em seu estado atual. Seu retorno — sua reaparição — será a característica central de um acontecimento muito mais amplo, prometido pelos escritores do Novo Testamento, baseado na própria ressurreição de Jesus: um dia, céus e terra se unificarão e estarão presentes, e nítidos, um ao outro. Foi para esse propósito que eles foram criados, e é isso que Deus cumprirá. (Apesar de que, na verdade, ele já o cumpriu na pessoa do próprio Jesus; e o que Deus fez em Jesus, unificando céus e terra a um grande custo e com imensa alegria, abrangerá, finalmente, todo o cosmos). É isso que Paulo diz na essência de suas orações visionárias:

> Seu plano era fazer convergir todo o cosmos no rei — sim, tudo nele, no céu e na terra. (Efésios 1:10)

Isso significa que a segunda vinda adquire todas as dimensões presentes nas escrituras de Israel, dimensões de toda a criação cantando com deleite quando o Deus de Israel vier para "julgar" o mundo (Salmos 96; 98). "Julgar" nesse sentido é como o "julgamento" dado quando uma viúva pobre finalmente tem o seu caso atendido, seus opressores são firmemente repreendidos e ela é inocentada. "Julgamento" é o que acontece quando alguém que foi roubado de seu lar, dignidade e subsistência são defendidas e restauradas. "Julgamento" é o que acontece quando uma floresta danificada por desmatamento excessivo e chuva ácida é sabiamente replantada e sua fonte de poluição é identificada e interrompida. O mundo está desconjuntado, e o "juízo" de Deus realizará um grande ato de nova criação, através do qual será restaurado da forma como Deus o intencionou.

Falar da segunda vinda é, portanto, falar de todo o novo mundo de Deus, o novo mundo vislumbrado em Apocalipse 21—22 ou Romanos 8, e Jesus no meio dele, administrando o governo justo, sábio e restaurador de Deus. Jesus é o verdadeiro ser humano que irá, ao final, assumir o devido papel humano (como em Gênesis) de refletir a imagem sábia do criador para a ordem profícua de toda a criação. É isso que sua "vinda" e seu "juízo" significarão. Ao final, Deus fará por todo o cosmos o que fez por Jesus na Páscoa; lembre-se de que o Jesus ressurreto é o *protótipo* da nova criação. Deus o fará *por intermédio* do próprio Jesus; o Jesus elevado, lembre-se disso, é o *governante* na nova criação, que emerge em meio à antiga. E Deus o fará pela *presença* do Jesus ressurreto e assunto, quando ele vier para curar, salvar e também julgar.

Eis o porquê de não ser arrogante crer na segunda vinda. Há formas arrogantes de pensar e falar sobre ela, claro, como se, no retorno de Jesus, nós, o seu povo, pudéssemos empinar o nariz e olhar com desprezo para as demais pessoas. Um momento de reflexão mostrará que isso não passa de tolice. Reflita nas últimas 24 horas ou na última semana. Suponhamos que Jesus tivesse estado presente, fisicamente ao seu lado, o tempo todo. Você ficaria satisfeito com a ideia de ele ter visto o que você fez, ouvido o que você disse e conhecido o seu pensamento? Quando ele vier, segundo insiste o Novo Testamento, trará à luz todas as coisas ocultas e exporá pensamentos e intenções do coração. Evidentemente, ele vem como aquele que morreu por nós; não restam dúvidas quanto ao seu amor. Mas esse amor é aquele que anseia pelo melhor de nós, não o tipo sentimental que não deseja "fazer cena" e, assim, recusa-se a confrontar aquilo que está realmente errado. Jesus ama da forma como um médico ou cirurgião ama, desejando o melhor, trabalhando em prol da vida, lidando poderosa e drasticamente com o câncer ou com a artéria obstruída. A única maneira cristã adequada de pensar na segunda vinda é, como eu disse, com humildade e paciência.

Mas também com fé, esperança e amor. Ao final, como diz certo hino irlandês, nosso olhar o verá através do seu próprio amor redentor. Essa é a nossa esperança, nosso anseio, nosso deleite. Mesmo assim, juntamo-nos, em oração, ao penúltimo versículo da Bíblia: "Vem, senhor Jesus!".

O JESUS DE HOJE

Jesus de ontem, Jesus de amanhã. Mas e quanto ao Jesus de hoje?

Omiti, deliberadamente, um entre os acontecimentos vitais que, no Novo Testamento, completam a história de Jesus. A ressurreição diz respeito a Jesus como *protótipo* da nova criação; a ascensão diz respeito a Jesus como *governante* da nova criação enquanto ela irrompe no mundo da antiga criação; a segunda vinda diz respeito a Jesus como *Senhor e juiz*, o qual transformará toda a criação. E, entre a ressurreição e ascensão e a segunda vinda, Jesus é aquele que envia o Espírito Santo, seu próprio Espírito, na vida de seguidores, de modo que ele mesmo está presente com eles e neles, guiando-os, direcionando-os e, acima de tudo, capacitando-os a dar testemunho dele como verdadeiro Senhor do mundo e a trabalhar para tornar real seu governo soberano. A vinda do Espírito, a história do Pentecoste em Atos 2, é parte vital da história de Jesus. Reitero, mais uma vez, que eu e outros escrevemos substancialmente a respeito desse assunto. Tudo que podemos fazer aqui é resumir os pontos principais à luz do que já dissemos sobre Jesus.

No Novo Testamento, o livro de Atos dos Apóstolos é o mais explícito sobre o que acontece após a descida do Espírito. Deve ser igualmente óbvio que o Espírito permite aos seguidores de Jesus fazerem e dizerem coisas que as autoridades, judaicas e pagãs, interpretam como perigosas e sem sentido — como fizeram com o próprio Jesus. Hoje, quando muitos pensam no Espírito Santo, imaginam apenas uma experiência espiritual pessoal (talvez incluindo dons "carismáticos", como "falar em línguas") ou dons espirituais eficazes, como cura. Certamente, eles estão presentes em Atos. Contudo, o enredo da história não diz respeito à igreja descobrindo esses dons e simplesmente usufruindo deles por amor de si. Antes, trata-se da igreja vivendo como uma nova comunidade, prestando lealdade a Jesus como Senhor em vez de a reis e sumo sacerdotes que governam o mundo judaico ou ao imperador e a magistrados, que governam o mundo não judaico. "Devemos obedecer antes a Deus", declara Pedro, "do que aos seres humanos!" (Atos 5:29).

Não devemos nos surpreender com a maneira como o enredo se desdobra. Visto que a história toda da ascensão de Jesus e da chegada do Espírito (Atos 1—2) é basicamente sobre Jesus como novo Templo (unificando o céu e a terra) e sobre o Espírito capacitando a igreja a ser um posto avançado desse novo Templo (seres humanos, criaturas da terra, sendo habitadas pelo sopro celestial), o conflito se focaliza em templos: primeiro, o Templo de Jerusalém (cap. 7), seguido pelos templos em Atenas (cap. 17) e Corinto (cap. 19) e retornando mais uma vez a Jerusalém (caps. 22—26). Questões subjacentes em Atos — provocadas pelo Espírito Santo — correspondem às coisas que acompanham o Templo, a saber, Deus e poder. Quem é o verdadeiro Deus? Onde, agora, ele está vivendo? E, acima de tudo, *quem está no comando agora*? Para os primeiros cristãos, a resposta era "Jesus". "Eles andam dizendo", acusam alguns em Tessalônica, "que há outro rei: Jesus!" (17:7). Precisamente. É a isso que a história diz respeito.

Mais uma vez, porém, trata-se de outro *tipo* de reinado. É sobre isso também que a história trata. A narrativa de "como Jesus se tornou rei" em Jerusalém, na Judeia, em Samaria e por todo mundo (programa anunciado em Atos 1:8) não corresponde em nada à procissão tranquila e triunfante de um monarca conquistador mundial, obliterando oposição por métodos militares normais. *Os métodos da obra do reino estão de acordo com a mensagem de Jesus como rei*; isto é, envolvem sofrimento e mal-entendidos; violência e execução; e, em uma cena final espetacular de Atos (antes de Paulo chegar a Roma com a mensagem de um novo imperador mundial), um naufrágio. Em Atos, Lucas conta a história de como Jesus se torna rei de modo a enquadrar-se com a mesma mensagem anunciada por ele em sua carreira pública.

Ao analisarmos os demais livros do Novo Testamento, vemos o mesmo quadro. Quer sejam as cartas de Paulo, quer as cartas atribuídas a Pedro; quer seja Hebreus, quer seja aquela obra espetacular de imaginário vívido a que chamamos de Apocalipse, a mensagem é a mesma. Jesus é o Senhor, mas é o Jesus crucificado que é o Senhor — precisamente porque sua crucificação obteve vitória sobre todos os demais poderes, que se autodenominam donos do mundo. No entanto, isso quer dizer que seus seguidores, encarregados de implementar sua vitória no mundo, terão eles mesmos de fazê-lo pelo mesmo método. Uma das características mais fortes das últimas cartas (conforme as entendemos) do Novo Testamento é o tema constante do sofrimento — não como algo a ser corajosamente suportado por amor de Jesus, mas como algo misteriosamente mesclado ao sofrimento redentor do próprio Jesus. Ele venceu pelo sofrimento; seguidores obtêm vitória ao partilhar do sofrimento de Jesus.

Espírito Santo e sofrimento. Grande alegria e grande custo. Aqueles que seguem Jesus e o reivindicam (e proclamam) como Senhor experimentam as duas realidades. Simples assim.

Por fim, como isso funciona hoje? Como a visão de Atos se assemelha — a visão do Jesus ressurreto e assunto, enviando seguidores a proclamarem-no como verdadeiro Senhor do mundo — quando avançamos para o nosso tempo, no século XXI?

PARTE TRÊS

CAPÍTULO 15

JESUS: REGENTE DO MUNDO

O QUE SIGNIFICA, hoje, dizer que Jesus é rei e Senhor do mundo? Como podemos dizer algo assim na confusão do nosso mundo? Se desejamos fazer essa afirmação, como explicar o que Jesus está fazendo em meio aos movimentos moderno e pós-moderno? O que ele está fazendo em meio ao choque perigoso das ideias do novo secularismo e do novo fundamentalismo? Na prática, a que se assemelha o senhorio de Jesus em um mundo onde socorremos grandes bancos quando repentinamente lhes acaba o dinheiro, mas não levantamos um dedo sequer para ajudar os mais necessitados, que pagam juros para que essas instituições financeiras enriqueçam outra vez?

Naturalmente, isso tudo é assunto para outro livro, ou talvez diversos outros. Há milhares de problemas clamando por resolução. Todavia, parte do problema, penso eu, é mais antigo. A maioria dos cristãos do mundo de hoje sequer começou a pensar sobre como chamar Jesus de "Senhor" pode afetar o mundo real. Ao escrever "o que significa" no início deste capítulo, quero dizer, claro, o que Jesus tinha em mente na oração do Pai-Nosso: "Venha o teu reino (...) *na terra* como [é] no céu". Como podemos sequer dar o primeiro passo na reflexão do assunto hoje em dia?

Há, de modo geral, quatro posições que pessoas podem assumir ao se depararem com a questão. Existem diversas variações locais, mas essas quatro serão o suficiente para começarmos. Como forma de acompanhá-las, simularei quatro personagens em uma conversa: Andy, Billy, Chris e Davie.

Para Andy, não faz sentido algum falar de Jesus como rei ou Senhor. Jesus se foi; a igreja fez uma bagunça; nada realmente mudou. Foi um bom sonho, mas acabou. Se existe alguma verdade no cristianismo, ela diz respeito à experiência espiritual. Não corresponde em nada ao mundo real, público.

Billy discorda. Sim, não parece muito que Jesus está administrando o mundo, mas isso é devido ao fato de ele ser, agora, Senhor do mundo *superior*, do "céu", não da terra. "Acima dos céus ele é rei", conforme o hino o expressa. Mas um dia, Billy acredita, Jesus retornará para pôr tudo no devido lugar. Então, e somente então, ele será verdadeiramente rei de tudo. Billy prefere acreditar que Jesus fará isso ao estabelecer uma nova realidade de céus-e-terra, porém, conhece alguns outros cristãos que creem que o estabelecimento final do reino será a explosão da criação em pedaços, em um grande momento do tipo Armagedom, e a instauração de um "reino" de outro mundo, em uma esfera totalmente diferente. Isso faz com que Billy se lembre dos soldados do Vietnã, cuja explicação era que, a fim de salvarem o vilarejo, tinham de destruí-lo. Mas a ideia permanece: um dia, Jesus *será* Senhor, porém ainda não o é no momento.

Chris e Davie estão ambos convencidos de que nem Andy nem Billy levam a sério as declarações de Jesus e do Novo Testamento. Conforme vimos no decorrer de todo este livro, Jesus cria que Deus estava realmente se tornando rei por intermédio do seu próprio ministério, e que sua morte seria crucial para o estabelecimento desse reinado. Após sua ressurreição, ele realmente parece ter ensinado e reivindicado que o reino de Deus se tornava real de uma maneira nova. Ele realmente havia sido inaugurado. Essa é a reivindicação negada por Andy e adiada por Billy.

Acaso Chris e Davie têm algo melhor a oferecer?

Chris está empolgado com a visão de Paulo em Colossenses, segundo a qual Jesus *já* está no comando do mundo. Paulo declara que "o evangelho foi anunciado a toda criação debaixo do céu" (1:23), o que não pode significar que todo ser humano vivo escutara a respeito de Jesus. Antes, Paulo quer dizer que, com a morte e a ressurreição do Messias, algo aconteceu à própria estrutura do cosmos: um tipo de terremoto profundo, passando por toda a realidade. Assim, Chris declara que o senhorio de Jesus não é uma questão de membros de igreja saírem por toda parte e falando a respeito de Jesus, nem trabalhando para melhorar o mundo. Isso, Chris pensa, é simplesmente dualista, como se a igreja estivesse "fora" do mundo e tentando "fazer coisas para ele".

Em vez disso, o senhorio de Jesus é uma questão de a igreja acordar para o que Deus já está fazendo no mundo. Segundo Chris sugere, os sinais do reino de Jesus podem ser vistos em movimentos intelectuais e de fé que modelam a vida de milhões de pessoas. Chris tem idade suficiente para se lembrar da onda de terror que, na década de 1960, reconheceu e expôs — particularmente nos Estados Unidos e na África do Sul — o horror do racismo e trabalhou para eliminá-lo. (Levou mais tempo na África do Sul, mas os movimentos estavam claramente correlacionados). Alguns desses movimentos podem não ter sido iniciados ou liderados por cristãos; alguns foram, outros não. A questão não é essa: Deus não está confinado à igreja. Agora, Chris está inclinado a ver uma onda semelhante de opiniões divinamente motivadas nos movimentos voltados aos direitos da mulher e ao cuidado do planeta. Para Chris, Deus está trabalhando no mundo, e nossa tarefa é ver o que ele está fazendo e juntar-se a ele, agir com ele. É assim que o reinado de Jesus deve ser praticado no mundo de hoje.

Davie, por sua vez, joga água fria no entusiasmo fervoroso de Chris. Para ele, Chris está apenas repetindo o que teólogos domesticados por Hitler disseram na década de 1930: "Deus levantou a nação alemã para transformar o mundo; a igreja deve concordar e apoiar o que Deus está fazendo". Do ponto de vista de Davie, foi isso que, em parte, levou Karl Barth a declarar seu famoso "Não!". A igreja deve reconhecer a atuação de muitas outras "forças" no grande movimento das ideias e crenças, forças que adoram os ídolos do dinheiro, do poderio militar, do nacionalismo e até da suposta "força vital" do próprio sexo. "Tudo isso", insiste Davie, arrasta a igreja em uma forma de panteísmo, em que Deus e o mundo simplesmente se misturam um com o outro e forças obscuras e mortais no mundo recebem o aval jubiloso de supostos cristãos.

Em vez disso, sugere Davie, precisamos mesmo é de uma palavra renovada de Deus, uma palavra de fora, uma nova ordem para adorarmos Jesus e, assim, fortalecermo-nos em nosso posicionamento contra todo sistema de poderio humano e idolatria. A igreja não pode entrar em acordo com o mundo! Jesus está dirigindo o carro, não apenas à frente de um tobogã impulsionado para baixo por seu próprio peso. E às vezes o carro prossegue na direção oposta ao restante do tráfego. "Isso não é dualismo", insiste Davie. "É assim que Jesus reivindica o que é seu por direito, mas que tem estado sob ataque inimigo. É com isso que o reinado de Jesus se assemelha hoje".

Andy, claro, escuta a discussão e pensa que é perda de tempo. Naturalmente, Billy pensa tratar-se de um erro de categoria, visto que, embora Jesus se importe com a forma como o mundo se encontra no momento, a única forma pela qual reparará todas as coisas é retornando de novo, de uma vez por todas.

Enquanto isso, Chris está desconfortavelmente ciente de ter deixado aberta a questão de *quais* movimentos da história reivindicamos como obra de Deus. Comunismo ou capitalismo? Racionalismo ou romantismo? Modernismo ou pós-modernismo? De forma semelhante, Davie está desconfortavelmente ciente de que, entre aqueles que anseiam por uma nova palavra de Deus para dizer "não" aos ídolos do nosso tempo, algumas dessas "novas palavras" soam como versões cristãs da ideologia direitista, e outras como versões cristãs esquerdistas de hoje. Mais uma vez, ainda outros rogam praga em ambas as casas e veem uma "palavra nova" como ordem aos cristãos para que abandonem estruturas e vivam uma vida santa, distante, separada. Chris e Davie estão ambos convencidos de que Jesus já é, em algum sentido, Senhor do mundo. Ambos, porém, não podem concordar sobre como esse senhorio, esse governo soberano, enquadra-se no mundo.

O leitor atento terá percebido que Chris e Davie desenvolvem um debate muito mais antigo. Antigos estoicos pensavam que Deus e o mundo eram mais ou menos a mesma coisa, de modo que o funcionamento misterioso do mundo correspondia ao funcionamento misterioso do divino. Antigos epicureus criam que os deuses, tendo posto o mundo para funcionar, abandonaram-no à própria sorte e raramente intervieram, se é que o fizeram, para redirecionar o rumo, realizando "intervenções" estranhas ou "milagres".

Estoicos e epicureus foram bem-sucedidos justamente por apresentarem duas posições "naturais", extraídas facilmente por pessoas que refletem acerca da natureza da realidade. Ou Deus e o mundo integram um ao outro, ou ambos são separados por um grande abismo. Assim como um dos personagens de W. S. Gilbert declara: "Todo menino e toda menina / que nasce e vem ao mundo/ é ou um pequeno liberal/ ou então um pequeno conservador"; assim, às vezes parece que pessoas tendem naturalmente a estar entre estoicos ou epicureus. Ou enxergamos o mundo, e de fato a nós mesmos, como sinalizadores plenos da presença da divindade, ou vemos o mundo vazio do divino, fazendo aquilo que acha melhor, com os deuses agora distantes. Tornamo-nos, em outras palavras, panteístas ou dualistas.

Cristãos tiveram a tendência de produzir supostas versões cristãs dessas duas posições, mas, conforme defendi em outro lugar (particularmente em *Simply Christian* [Simplesmente cristão][1]), a perspectiva

---

[1] *Simply Christian* [Simplesmente cristão] (Londres: SPCK; São Francisco: HarperSanFrancisco, 2006).

clássica judaico-cristã vê a questão de um ponto totalmente diferente. No antigo judaísmo e nos primórdios do cristianismo, céus e terra, o mundo de Deus e o nosso, são vistos sobrepondo-se e intersectando de diversas maneiras, alterando a ordem natural de uma série de coisas. Como isso, então, desenvolve-se em relação à pergunta absolutamente central: o que significaria, hoje, dizer que Jesus é Senhor? Como a situação se assemelharia se levássemos a sério a reivindicação de que em sua morte e ressurreição, Jesus realmente completou o que havia feito durante sua carreira pública, que ele realmente inaugurou o governo soberano de Deus na terra como [é] no céu? O que significaria, hoje, dizer que Jesus já está regendo o mundo?

Uma nota adicional antes de continuarmos. Conforme enfatizei em *Surprised by Hope* [Surpreendido pela esperança],[2] ao pensarmos sobre o reino de Deus no presente e no futuro, devemos sempre ter em mente que o triunfo definitivo é obra de Deus, e de Deus somente. Billy reage corretamente contra quaisquer sugestões de que nós, no presente, estamos "edificando o reino de Deus". Apenas Deus faz isso. Não temos o reino de Deus no bolso, a fim de dispensá-lo como quisermos. Mas o que Billy não percebe, no entanto, é que podemos ser chamados a edificar *em prol* do reino de Deus. O que fazemos no presente, segundo Paulo insiste, não é inútil (1Coríntios 15:58). Será parte da estrutura final, ainda que, no momento, não façamos ideia como.

Assim, qual o propósito de Jesus no tempo presente? O que significa pensar nele como rei neste exato momento? Particularmente, como será quando não apenas pensarmos em Jesus como rei, mas também trabalharmos em prol do seu reino?

GOVERNO DE DEUS — POR NOSSO INTERMÉDIO

Como de costume, quando uma discussão chega a um impasse, é provavelmente porque um ou mais fatores-chave deixaram de ser

---

[2]*Surprised by Hope* [Surpreendido pela esperança] (Londres: SPCK; São Francisco: HarperOne, 2008).

considerados. E nesse caso, não precisamos olhar longe demais para ver o que está faltando. O fator crucial no projeto de reino de Jesus se apropria do fator crucial do projeto de Deus na criação. Deus planejou governar o mundo *por meio do ser humano*. Jesus se apropria desse princípio, resgata o mundo e o transforma.

Resgata-o? Sim, visto que o ser humano, obviamente, bagunçou o mundo. Seja lá o que você pense da mal-entendida doutrina do pecado original (este é um tópico para outra ocasião), seria extremamente tolo supor que o ser humano, abandonado à própria sorte, não tenha feito coisas absurdamente horríveis, bem como coisas absurdamente maravilhosas. A humanidade faz tanto bombas quanto música; constrói câmaras de gás, mas também hospitais e escolas. Cria desertos, mas também jardins. Todavia, a vocação esboçada em Gênesis 1 continua: o ser humano deve ser portador da imagem de Deus, isto é, deve refletir seu governo soberano no mundo. A humanidade é o ingrediente vital no projeto do reino de Deus. Ao questionarmos a forma como Deus quer governar o mundo e então focarmos o assunto na questão mais precisa de como Jesus governa o mundo, devemos esperar, da escritura como um todo, que a resposta envolverá de alguma forma a delegação da autoridade de Deus, da autoridade de Jesus, a seres humanos.

Essa é a razão pela qual diversos escritores do Novo Testamento fazem a conexão direta entre o projeto de resgate de Jesus, culminando em sua crucificação, e a renovação do projeto humano. *Jesus resgata o ser humano a fim de que, por meio dele, possa governar o seu mundo da maneira nova que sempre planejou*. Assim, o coral celestial canta um cântico novo:

> "*Tu és digno de receber o livro*
> *e de abrir os seus selos,*
>   *pois foste morto,*
> *e com teu sangue compraste para Deus*
>   *gente de toda tribo, língua, povo e nação.*

> *Tu os constituíste reino*
> *e sacerdotes para o nosso Deus,*
> *e eles reinarão sobre a terra".* (Apocalipse 5:9-10, NVI)

É assim, então, que Jesus coloca em operação sua conquista do reino: por intermédio de seres humanos que ele resgatou. Esse é o motivo pelo qual, já no início de sua carreira pública, Jesus chamou ajudadores para compartilharem sua obra e continuá-la depois de ter estabelecido os fundamentos, particularmente em sua morte salvadora. Seria muito fácil para nós supor que, se Jesus é realmente rei do mundo, então deve, por assim dizer, fazer tudo sozinho. Contudo, esse nunca foi seu modo de agir — visto nunca ter sido o modo de Deus. Não é assim que a própria criação deveria funcionar. E o projeto de reino de Jesus se resume ao resgate e à renovação do projeto de criação de Deus.

Tampouco se trata de uma postura simplesmente pragmática, como se Deus (ou Jesus) precisasse de ajuda, precisasse de alguém com certas tarefas que poderiam ser delegadas. Antes, corresponde a algo mais profundo no ser de Deus, a mesma coisa que o levou a criar um mundo, um "outro" além de si mesmo. Um nome para esse algo é Amor. O outro é Trindade. De qualquer maneira, embora ainda permaneça um mistério, devemos reconhecer que Jesus, ao anunciar sua intenção de inaugurar o reino de Deus, fê-lo de modo a envolver outros seres humanos. Deus trabalha por meio de Jesus; Jesus trabalha por meio de seus seguidores. Isso não é acidental.

Algumas coisas (como a crucificação) tinham de ser feitas pelo próprio Jesus, sozinho. Outras (como o ministério itinerante ao redor da Galileia) poderiam e deveriam ser compartilhadas. Deus e Jesus não compartilham sua obra escancarando um escape de toda oposição. Antes, fazem-no trabalhando de acordo com a engrenagem do universo, plantando sementes que crescem secretamente, chamando seres humanos como cocriadores. O reino de Deus vem como um fazendeiro que semeia uma nova safra, ou como o dono de uma vinha que busca por trabalhadores para colher uvas, acrescentando pessoas para o ajudarem. Quando Deus sai para trabalhar — quando Jesus se torna rei — seres humanos não são rebaixados, reduzidos a peões sem importância. No reino de Deus, o ser humano pode finalmente refletir sobre Deus vindo ao mundo, da maneira como deveria; refletir a Deus, por sua vez, faz alguém mais plenamente humano. É assim que Deus se torna rei; é assim que Jesus sai para o trabalho nos dias de hoje. Exatamente como sempre fez.

É por isso que Jesus responde aos discípulos da forma que faz, no início do livro de Atos (onde os deixamos no final do capítulo anterior). Discípulos perguntam a Jesus se chegou o momento de o reino de Deus ser "restaurado a Israel". Jesus, respondendo de forma oblíqua, como geralmente faz ao corrigir pressuposições de questionadores, diz-lhes que eles devem se tornar suas "testemunhas":

> Quando os apóstolos estavam reunidos, perguntaram a Jesus:
> "Senhor, chegou o tempo em que vais restaurar o reino a Israel?"
> "Não compete a vocês saber épocas e datas", respondeu. "O pai sujeitou tudo isso à sua própria autoridade direta. O que acontecerá, porém, é que vocês receberão poder quando o espírito santo descer sobre vocês, e serão minhas testemunhas em Jerusalém, em toda a Judeia e Samaria, e até os confins da terra". (Atos 1:6-8)

Devemos imaginar os discípulos com uma mistura estranha de regozijo e perplexidade. A ressurreição de Jesus os havia surpreendido gloriosamente. Não se encaixava no plano estratégico que os discípulos pensavam estar executando; tampouco se encaixava no plano que, segundo pensavam, *o próprio Jesus* elaborara. Eles esperavam que Jesus se tornasse rei de Israel de algum modo razoável, ou no mínimo revolucionário. Com isso, ele se tornaria (segundo antigas promessas bíblicas sobre o rei de Israel) Senhor do mundo. Por isso, o que a resposta de Jesus significa?

Mais uma vez, devemos evitar minimizar e domesticar a missão apostólica. Temos de nos treinar para vê-la com olhos judaico-cristãos do século I. Não se trata de Jesus dizer, na prática:

"Vocês estão errados. Esqueçam a ideia de eu ser algum tipo de rei. Tudo que devem fazer é pedir às pessoas que creiam em mim, então vocês e elas se unirão a mim, no céu". Certamente, essa não é a perspectiva de Lucas, narrador da história, assim como não se encaixaria com a forma pela qual Jesus via sua missão durante sua carreira pública. Em vez disso, a resposta de Jesus tem o objetivo de dizer: "Sim, o reino de Deus foi inaugurado". Jesus é realmente rei de Israel e, deste modo, Senhor do mundo. Entretanto, a forma como seu reino está sendo implementado é, mais uma vez, *por meio do ser humano*. Cristãos modernos usam "testemunhar" com o sentido de "fale a alguém mais sobre a sua fé". A forma como Lucas parece usar a palavra é "diga a alguém mais que Jesus é o verdadeiro Senhor do mundo". A história do que acontece em seguida é escrita de modo a dizer: "É assim que o reino deve vir, como Jesus está começando a governar o mundo, como as coisas se parecem quando Deus se torna rei, na terra como [é] no céu".

Tendo isso em mente, precisamos reler o livro de Atos com uma determinação implacável de não sermos atraídos às categorias comuns, às histórias de experiência espiritual, curas impressionantes, impulsionamentos e direcionamentos divinos estranhos, conversões etc. Tudo isso é importante — de fato, muito importante. Mas são o *modus operandi* daquilo que *realmente* importa, o fato de que, por meio dos seguidores de Jesus, Deus está estabelecendo o seu reino e o próprio governo de Jesus, na terra como [é] no céu. Subjacente às experiências "espirituais" empolgantes, existe o tema constante que emerge, por exemplo, quando seguidores de Jesus falam da necessidade de obediência a Deus, não ao ser humano. Poderes do mundo dão o máximo para desarraigar a nova visão, o novo Caminho. No entanto, a despeito dos melhores esforços dos principais sacerdotes e governadores, de reis, multidões, cortes e concílios, Jesus é celebrado como Senhor, mesmo sobre as ondas bravias que levam Paulo ao naufrágio e ameaçam impedir sua chegada a Roma para anunciar Deus como rei e Jesus como Senhor, justo no coração da maior superpotência que o mundo conhecera até então.

Um tema adicional em Atos interliga o trabalho do reino feito pelos discípulos com o tema que vimos vez após vez na carreira pública de Jesus. Ele, recordemos, redefiniu "espaço" ao redor de si mesmo, de modo que o "santo lugar" do Templo de Jerusalém foi ofuscado por sua própria obra, por sua própria pessoa. (Não se trata de algo inatural em termos de movimento judaico de reforma, conforme sabemos a partir de Qumran, onde a comunidade de essênios via sua vida em comum como substituição para o Templo de Jerusalém). Agora, porém, com Jesus interligando céus e terra na sua própria pessoa, o Espírito Santo, que ungiu e equipou Jesus para o seu trabalho do reino, é derramado aos seus seguidores, de modo que se tornam, por assim dizer, uma extensão desse novo Templo. Onde os discípulos estão, céus e terra estão interligados. Jesus está com eles, sua vida está operando por meio deles e, quer em Jerusalém, quer no mundo em geral, eles são o lugar onde o Deus vivo — o Deus que está reivindicando o mundo de volta para si — está forte e ativo, estabelecendo seu governo soberano.

Eis o motivo pelo qual, conforme vimos anteriormente, as grandes cenas de confronto e conflito em Atos todas focam na questão de templos, judaicos e pagãos, e no papel e reivindicação da comunidade cristã em relação a eles (Caps. 7, 14, 17, 19, 22—26). O Templo era o lugar, como o tabernáculo do deserto, a partir do qual Deus governava Israel. Agora o novo Templo — Jesus e seus seguidores, cheios do Espírito — é o lugar do qual Deus está começando a implementar seu reino transformador do mundo, alcançado por intermédio de Jesus, sua morte e ressurreição.

Neste ponto, paremos um pouco e vejamos como este pequeno estudo a respeito do papel da humanidade no plano de Deus e na abertura de Atos contribuíram para a discussão que escutamos no início do capítulo.

Com relutância, Andy consegue ver que Atos já reivindica Jesus como Senhor do mundo; no entanto, ainda insiste que tudo não passa de pensamento ilusório. Nada realmente mudou; tudo se resume a um grupo de fanáticos que faz uma coisa e outra pensando realizar a vontade de Deus.

Billy continua ansiando pela segunda vinda, quando todas as promessas serão cumpridas. A ideia está presente em Atos 1. Mas Billy também deve admitir que Lucas parece ter pensado que a ressurreição de Jesus e a descida do Espírito significavam a chegada — embora não em sua completude final — do reino do qual Jesus falara durante seu ministério público. Talvez nem tudo tenha sido adiado para o último dia, afinal. Como, porém, devemos interpretar tudo isso?

Chris tem dúvidas, não desejando dizer que Deus estava simplesmente trabalhando no Império Romano, destacando, porém, que, sem estradas e magistrados romanos, Paulo não teria sido capaz de fazer metade do que fez. Deus realmente parece ter providenciado, por assim dizer, a infraestrutura por meio do trabalho de pessoas totalmente alheias a Israel e à igreja, mesmo que os apóstolos precisassem levar a cabo a boa notícia.

Davie está inclinado a enfatizar o "milagroso" — o vendaval súbito no Pentecoste, as "intervenções" divinas dramáticas. Contudo, a história de Lucas parece não consistir em algo meramente novo, mas da renovação profunda da antiga ordem, do antigo mundo. Discípulos são resgatados de perseguição ainda maior por um rabino influente, mas ainda descrente, chamado Gamaliel. Paulo é resgatado de morte certa por um centurião romano. Deus parece trabalhar não apenas pela igreja, mas também pelos de fora. Como, mais uma vez, devemos interpretar tudo isso? Qual o propósito de Jesus?

Todos os quatro, especialmente Chris e Davie, fariam bem em estudar Atos 17, texto em que Lucas faz um relato resumido do discurso de Paulo à corte filosoficamente orientada de Atenas. O discurso de Paulo é tanto uma defesa contra acusações sérias ("proclamar divindades estrangeiras", algo próximo do que Sócrates foi condenado) quanto uma explicação da visão de mundo cristã, segundo a qual a notícia revigorante da ressurreição de Jesus e do juízo futuro de Deus sobre o mundo complementam, mas não destroem, a antiga sabedoria judaica acerca do Deus criador, que permanece tão próximo de sua criação e do ser humano quanto o ar.

De alguma maneira, se devemos falar sabiamente sobre Deus como rei e Jesus como Senhor, devemos falar de algo radicalmente novo *e* do revigoramento de algo radicalmente antigo, fundamental na forma como o mundo funciona. Se desejamos não apenas falar, mas também tomar parte — estar entre seres humanos alistados no projeto de Deus — então precisamos entender o modelo a partir do qual tudo faz sentido.

A CENTRALIDADE DA ADORAÇÃO

Todo trabalho do reino é enraizado na *adoração*. Ou, colocando-o de modo contrário, adorar o Deus que vemos trabalhar em Jesus é o ato mais politicamente carregado que podemos realizar. A adoração cristã declara que Jesus é Senhor e que, por extensão lógica, ninguém mais o é. Ainda mais: a adoração cristã não apenas declara o senhorio de Jesus como algo a ser crido, como o fato de que o sol é quente e o mar é molhado. Ela conclama o adorador à lealdade, a seguir esse Jesus, a ser modelado e direcionado por ele. Adorar o Deus que vemos em Jesus orienta todo nosso ser, nossa imaginação, nossa vontade, nossas esperanças e nossos medos, levando-nos para longe do mundo onde Marte, Mamom e Afrodite (violência, dinheiro e sexo) fazem exigências absolutas e castigam qualquer um que resiste. Orienta-nos, antes, a um mundo onde o amor é mais forte do que a morte, o pobre recebe a promessa do reino e a castidade (no casamento ou na vida de solteiro) reflete a santidade e a fidelidade do próprio Deus. Aclamar Jesus como Senhor é como fincar uma bandeira que suplanta as bandeiras das nações, não importa quão "livres" ou "democráticas" elas sejam. Desafia *tanto* tiranos que se autointitulam divinos *quanto* "democracias seculares", as quais, se não divinas, tornaram-se praticamente eclesiais — isto é, comunidades que tentam fazer e ser o que a igreja deveria fazer e ser, mas sem recorrerem àquele cujo poder sustenta a vida da igreja. A adoração cria — ou deve criar, se for autêntica — uma comunidade que marcha ao som de um ritmo diferente, mantém-se em sintonia com um Senhor diferente.

Idealmente, então — retornarei a problemas similares em um momento — a igreja, a comunidade que proclama Jesus como Senhor e rei, e à mesa celebra com ele sua morte e ressurreição vitoriosa, é constituída como "corpo do Messias". Essa imagem paulina famosa não representa uma "ilustração" aleatória, mas expressa a convicção de Paulo de que *é desta forma que Jesus agora exerce seu governo no mundo — pela igreja, que é o seu Corpo*. Paulo, enraizado como era nas escrituras antigas, sabia bem que o plano do criador era cuidar de sua criação por uma humanidade obediente. Para Paulo, o próprio Jesus é o Homem Obediente que, agora, está no comando do mundo; e a igreja é o "seu corpo, a plenitude daquele que a tudo enche em todas as coisas" (Efésios 1:23, ARA). É essa vocação que dá à igreja coragem para se posicionar em face dos senhores cruéis e autoproclamados do mundo, resisti-los quando eles forçam comunidades a seguirem o caminho errado e, ao mesmo tempo, demonstrar, em sua própria vida, que existe uma forma diferente de ser humanidade, introduzida e agora possibilitada por Jesus. "A sabedoria de Deus, em toda sua rica variedade" deve ser "conhecida dos poderes e autoridades nas regiões celestiais — pela igreja!". (Efésios 3:10.)

Este é o ponto no qual boa parte do propósito idealizado por Jesus em seu reino adquire caráter prático. Seu grande Sermão do Monte abre com as bem-aventuranças, lidas normalmente como forma especial de "ética cristã" ("É assim que você deve se comportar, caso queria ser alguém realmente especial") ou como regras a serem seguidas a fim de "ir para o céu quando morrer". Esse último ponto de vista foi reforçado pela má interpretação padrão da primeira bem-aventurança: "Benditos os pobres de espírito! O reino dos céus é de vocês" (Mateus 5:3) não significa: "Vocês irão para o céu quando morrerem". Significa: *vocês estarão entre aqueles através dos quais o reino de Deus, o governo celestial, começará a aparecer na terra como [é] no céu*. Bem-aventuranças são o conteúdo programático do povo do reino. Não se trata apenas sobre como se comportar, a fim de que Deus faça algo de bom *para* você. Antes, trata-se da forma na qual Jesus deseja governar o mundo. Ele deseja fazê-lo através desse tipo de gente — gente, na verdade, como ele (leia as bem-aventuranças outra vez e veja). O Sermão do Monte é um chamado para que seguidores de Jesus assumam sua vocação como luz do mundo, como sal da terra — em outras palavras, como pessoas através das quais a visão do reino messiânico se torna realidade. Essa é a maneira de sermos o povo através do qual a vitória de Jesus sobre os poderes do pecado e da morte deve ser implementada no mundo todo.

Na verdade, a obra do reino é bem resumida nas bem-aventuranças. Quando Deus quer mudar o mundo, ele não envia tanques, mas os mansos, os que choram, os que têm fome e sede de justiça, os pacificadores etc. Da mesma forma como o *estilo* inteiro de Deus, sua forma preferida de operar, reflete seu amor generoso, compartilhando seu governo com suas criaturas humanas, assim também a forma como esses seres humanos devem se comportar se quiserem ser agentes do senhorio de Jesus reflete, por sua vez, o mesmo senso de amor vulnerável, gentio e sacrificial, mas poderoso. É por causa disso que o mundo foi mudado por pessoas como William Wilberforce, cuja campanha foi incansável para a abolição da escravatura; por Desmond Tutu, trabalhando e orando não apenas para o fim do *apartheid*, mas para destruí-lo do modo a gerar uma África do Sul reconciliada, perdoadora; por Cicely Saunders, que criou uma clínica para pacientes terminais ignorados pela profissão médica, espalhou-se, em uma geração, ao redor do globo.

Os casos mencionados nos servem de modelo. Hoje, Jesus governa o mundo não apenas por meio de um povo "comportado", mantendo um código de ética e evolvendo-se em certas práticas espirituais, por mais importantes que sejam. As bem-aventuranças representam muito mais do que uma "nova regra de vida", como se pudéssemos praticá-las no particular, distantes do mundo. Jesus governa o mundo por intermédio daqueles que lançam novas iniciativas, que mudam drasticamente a forma padrão de fazer as coisas: projetos de jubileu para redimir dívidas absurdas e impagáveis; fundos de moradia, fornecendo acomodação para famílias de baixa renda ou desabrigadas; projetos agrícolas locais e sustentáveis que cuidam da criação em vez de destruí-la na expectativa de um lucro rápido, e assim por diante. Domesticamos a ideia cristã de "boas obras", de modo que se tornaram apenas "a observância de mandamentos éticos". No Novo Testamento, "boas obras" são o que cristãos deveriam fazer para a comunidade em geral. *É assim que a soberania de Jesus é posta em prática.*

Como as coisas se parecem, então, quando Jesus é entronizado? Assemelham-se com novos projetos que fazem o que a grande canção da mãe de Jesus anunciou: abatem os poderosos de seu trono, exaltam o humilde e o manso, cumprem promessas antigas, mas despedem o rico de mãos vazias. Por muitos séculos, a igreja progrediu no mundo ao exercer esse tipo de papel. Agora que em muitos países o "Estado" assumiu responsabilidade por muitas delas (é parte do que eu quero dizer ao falar que o Estado, principalmente nas democracias ocidentais, tornou-se "eclesial", um tipo de sombra secular da igreja), a igreja corre o perigo de se esquecer de que essa é sua função principal. Jesus andou por toda parte alimentando o faminto, curando o enfermo, resgatando a ovelha perdida; seu Corpo deve fazer o mesmo. É assim que o seu reino trabalha, como *ele* trabalha. Atos começa dizendo que no primeiro livro (i.e., o evangelho de Lucas) o escritor descreve "tudo que Jesus *começou* a fazer e a ensinar" (Atos 1:1). A insinuação é clara. A história de Atos, mesmo após a ascensão de Jesus, corresponde ao que Jesus *continuou* a fazer e a ensinar. E a forma como ele agiu e ensinou foi por intermédio de seus seguidores.

Mas é claro que não para por aí. Quando a igreja faz e ensina o que Jesus está fazendo e ensinando, acabará por produzir a mesma reação que Jesus gerou durante sua carreira pública. Muita coisa que a igreja tem de fazer e dizer confrontará o "espírito desta era", que passa por "sabedoria adquirida" em uma ou outra geração. Que seja. No dia em que a igreja não disser: "Devemos obedecer antes a Deus do que seres humanos!" (Atos 5:29), cessará de ser igreja. Isso bem pode culminar em sofrimento ou perseguição. Essa tem sido a realidade desde o início, e para muitos cristãos, o caso permanece o mesmo hoje. Algumas das passagens mais profundas do Novo Testamento são aquelas em que o próprio sofrimento da igreja está diretamente relacionado ao de Jesus, seu Messias e Senhor. Reino e cruz caminhavam juntos em sua obra; ambos andarão juntos na obra do reino levada a cabo por seus seguidores.

O PAPEL DA IGREJA

Essa visão do chamado da igreja — como meio através do qual Jesus continua a trabalhar e ensinar, estabelecendo seu reino soberano na terra como [é] no céu — é um ideal tão elevado que pode parecer não apenas inatingível, mas desesperadamente irreal, triunfalista e autocomplacente. Um dos clichês mais repetidos é que muitos estão dispostos a crer em Deus, mas acham a igreja insuportável; muitos são atraídos por Jesus, mas rejeitam a igreja. Não nos faltam tolices e falhas eclesiásticas, como bem sabem o fiel entristecido e o jornalista sensacionalista. O que significa dizer que Jesus é rei quando aqueles que deveriam colocar em prática seu reinado baixam a guarda de modo tão prejudicial?

Há três coisas a serem ditas a esse respeito, e cada qual é muito importante. Para começar, para cada líder cristão tolo ou ímpio que acaba em uma sala de tribunal, nos jornais ou em ambos, existem dezenas, centenas, milhares que estão fazendo um ótimo trabalho, geralmente despercebido, exceto no contexto de sua comunidade local. O efeito da perspectiva (reparamos apenas naquilo que acaba nos jornais, mas jornais reportam somente o estranho e o escandaloso) significa que quase tudo que é feito pelas igrejas passa despercebido, levando zombadores a presumir que a igreja não passa de um bando de facções briguentas. Em sua maior parte, não. A perspectiva do jornal é como alguém que passa por uma rua justamente no dia em que o lixo é tirado para fora e então reporta que a rua está sempre cheia de lixo. O cristão não deve ser cúmplice de zombadores. "Caminhe pela rua uma outra hora", devemos dizer. "Venha nos visitar em um dia normal".

Em segundo lugar, porém, nunca podemos nos esquecer de que o caminho que Jesus trilhou e continua a trilhar é através do perdão e da restauração. Sua conversa espetacular com Pedro (João 21:15-19), este alguém que certamente estaria nos jornais após seu comportamento terrível na noite em que Jesus foi preso, demonstra profundidade de amor e confiança. A igreja não deve ser conhecida como uma sociedade de pessoas perfeitas que fazem um grande trabalho, mas uma sociedade de pecadores perdoados retribuindo sua dívida impagável de amor ao trabalhar em prol do reino de Jesus de todas as maneiras possíveis, sabendo que são, eles mesmos, indignos da tarefa. Na hora em que qualquer cristão, particularmente qualquer líder cristão, esquece-se disso — na hora quando qualquer um de nós imagina que somos automaticamente especiais ou acima dos perigos e tentações que afligem meros mortais — esse é o momento quando corremos grave perigo. A queda humilhante e desastrosa de Pedro ocorre uma hora ou duas depois de ele ter declarado que seguiria Jesus para a prisão ou até mesmo para a morte.

Desconfio que ao menos parte da causa de escândalos que afligiram a igreja resulta de um triunfalismo dissimulado, levando alguns a pensarem que, por causa de seu batismo, vocação, ordenação ou seja lá o que for, estão imunes a pecados graves — ou que, caso isso aconteça, não passam de uma "mancha" em vez de um sinal indicador de um problema sério. Tampouco a menção do amor e do perdão de Jesus funcionará como pretexto para varrer as coisas para debaixo do tapete. Isso não passa de graça barata; perdão verdadeiro envolve confrontação verdadeira com o que aconteceu de errado. Ninguém, ao ler João 21, duvidaria que o problema de Pedro foi confrontado e tratado. A mensagem de perdão, cura e reconciliação do reino aplica-se tanto àqueles que o estão implementando quanto aos que estão sendo ministrados. Essa é uma parte vital da forma como Jesus opera hoje, parte de seu projeto de reino.

Entretanto, talvez o terceiro ponto seja o mais importante, abrindo um novo escopo que indicamos anteriormente e para o qual devemos agora retornar. A forma pela qual Jesus exerce seu senhorio soberano no tempo presente inclui sua soberania estranha, geralmente secreta, sobre as nações e seus governantes. O que isso quer dizer? Como o reinado de Jesus, em operação no mundo todo, relaciona-se à vocação específica da igreja de ser agente do Messias na implementação de seu governo soberano?

De fato, alguns ficaram tão sobrecarregados pela falha, cegueira e pecado da igreja a ponto de trombetearem a obra de Deus no mundo como forma de colocar a igreja no devido lugar. Escutando alguns teólogos, pensamos que Deus estava trabalhando maravilhosamente por toda parte, *exceto* na igreja. Essa posição está sempre em risco da armadilha em direção à qual, em nossa discussão anterior, Chris parecia marchar: saudando movimentos de pensamento e opinião, o surgimento e queda de impérios, como lugares onde "Deus estava trabalhando", de modo que tudo que alguém deveria fazer era "cooperar com ele" para ser incluído no desenrolar do propósito divino.

Esse ponto de vista recebeu um grande impulso, nos últimos duzentos anos, pela historiografia *Whig*, segundo a qual as coisas estão se movendo inexoravelmente em direção a uma sociedade ocidental mais "aberta", mais amante da liberdade e mais democrática. Pessoas falam até mesmo de estarem "no lado errado da história", como se soubessem não apenas tudo que os últimos vinte anos produziram, mas também o que será produzido nos próximos vinte anos. A idolatria do "progresso", do "mover-se de acordo com as épocas", é parte do mesmo movimento. Indivíduos que começam seu argumento progressista com "agora que vivemos no século XXI..." pressupõem o conceito de que a ética ou a teologia de alguém deve mudar com o calendário. Tudo isso é um tipo de panteísmo disfarçado, de olhar para certas tendências no mundo e deduzir que são feitos de "Deus". (Também é muito seletiva; ela exclui com alegria todas as invenções do modernismo, como guilhotinas e câmaras de gás, que não encaixam exatamente com a figura de uma jornada progressista para a luz). Da mesma forma como não devemos ser triunfalistas ou complacentes sobre o que Jesus está fazendo por meio da igreja, também não devemos ser complacentes sobre quão "maravilhosamente" Deus está trabalhando no mundo de fora da igreja.

Devemos, porém, dar plena consideração à visão difícil, mas biblicamente importante, da soberania de Deus sobre as nações, bem como sua determinação de modelar a sorte dos povos para servirem a seus propósitos em geral. Tal crença é tão importante para qualquer visão do que significa falar do reinado de Jesus na época presente que devemos elaborá-la mais plenamente antes de delinearmos os pontos essenciais.

Mais uma vez, três coisas precisam ser ditas claramente. A primeira é que o princípio da operação de Deus (a intenção de governar o seu mundo por intermédio do ser humano) aplica-se tanto neste contexto quanto em qualquer outro. Deus deseja um mundo ordeiro, não caótico. E planeja trazer essa ordem ao mundo através do trabalho, pensamento, planejamento e da sabedoria do ser humano. Para começar, líderes humanos foram ideias de Deus. A Bíblia insiste que esse foi um plano bom e sábio.

Isso é verdade a despeito de os seres humanos em questão terem qualquer pensamento sobre Deus ou desejo de servi-lo. Se for esse o caso, melhor, embora não haja qualquer garantia de que todas as decisões que tomarem serão sábias, boas ou corretas. Ninguém ao ser cristão e líder ao mesmo tempo pode reivindicar uma infalibilidade que cristãos creem pertencer somente a Deus (e católicos creem que Deus a compartilha, em certas ocasiões, com o papa). Semelhantemente, se governantes não são tementes a Deus, não significa que não estejam realizando uma tarefa divinamente designada. Precisamente pelo fato de Deus se importar afetuosamente pelo fraco, pelo vulnerável e pelo pobre, Deus deseja que em cada sociedade existam governantes que cuidarão para que tais pessoas recebam seus direitos em vez de serem, conforme está fadado a acontecer em períodos de anarquia, deixados à mercê de indivíduos sem escrúpulos e cruéis. Na verdade, não existe, estritamente falando, algo como "anarquia", ao menos não por muito tempo. Não demora muito para que pessoas com dinheiro e força assumam o controle — e ai do indefeso quando isso acontece.

Não. Deus deseja ordem, não caos, e chama líderes humanos, quer saibam quer não, para ocasionarem essa ordem. Assim como você não precisa dizer às pessoas (a menos que haja nelas algo muito incomum) que elas foram criadas para relacionamentos humanos e para cuidarem do mundo natural (amizade e jardinagem simplesmente acontecem; ninguém precisa ser compelido a fazê-los), assim também não é preciso contar às pessoas que elas foram criadas para organizarem seu mundo, seja o mundo particular, seja a prefeitura da cidade.

A segunda é que, mesmo quando governantes são brutais e ímpios, Deus pode inclinar o pensamento deles para servirem o propósito divino. A Bíblia conta muitas histórias nas quais Deus parece assumir o controle e anular a intenção de monarcas pagãos. Ele usa a Assíria como vara para disciplinar seu povo (Isaías 10), e em seguida castiga os assírios, já que causaram destruição com arrogância e altivez. Deus levanta os caldeus, "nação cruel e impiedosa" (Habacuque 1:6), para derramar sua ira sobre o seu povo transgressor. Mas nem tudo são más notícias: Deus também levanta o rei pagão Ciro, o persa, para trazer seu povo de volta do exílio babilônico (Isaías 45:1-7,12-13). Mesmo recapitulando diversos regimes ímpios e arrogantes, o livro de Daniel afirma constantemente a soberania de Deus sobre as nações do mundo, o reino de Deus sobre os reinos do mundo. Eles não estão necessariamente fazendo o que Deus desejava, mas tampouco estão fora da esfera de sua vontade e poder. Cedo ou tarde, Deus trará o juízo final dos poderes que se iram arrogantemente contra ele. Nesse meio de tempo, porém, sua "soberania" funciona não ao desarraigá-los no momento exato em que fazem algo errado, mas ao inclinálos à vontade divina. "O Altíssimo domina sobre os reinos dos homens e os dá a quem quer" (Daniel 4:32).

A terceira coisa a ser dita é que Deus chamará as nações à prestação de contas, mais uma manifestação de sua soberania divina sobre as nações. Daniel 7, com sua grande cena de juízo, figura entre passagens seminais, como Salmos 2, em declarar que, embora nações rujam e vociferem, Deus finalmente as julgará e as colocará no devido lugar. Além disso, ele o fará da mesma forma que escolheu agir por meio de sua criação: por intermédio de um ser humano.

Em Salmos 2, trata-se de um rei; em Daniel 7, de "alguém semelhante a um filho de homem", representando o povo de Deus. Não é de surpreender que pessoas do século I, judeus e cristãos, viam as duas imagens como uma só.

A cena de juízo em Daniel 7 serve como plano contextual do próprio senso vocacional de Jesus. Conforme vimos anteriormente, este é um ponto de entrada essencial para entendermos o que o reino de Deus — como realidade inaugurada na vida, morte, ressurreição e ascensão de Jesus — significaria de fato. Não pode haver dúvidas de que os primeiros seguidores de Jesus criam que Jesus havia cumprido as visões de Salmos 2 e Daniel 7. O próprio Jesus sugerira constantemente algo parecido, ainda que, até os grandes acontecimentos do Calvário e da Páscoa, ninguém conseguira interpretar o significado das passagens e nem como as profecias seriam levadas a cabo. Mas ambos os acontecimentos, vistos na perspectiva certa, significam que temos de levar muito a sério a fé cristã primordial de que Jesus foi realmente exaltado, está no controle e já começou a chamar nações à prestação de contas.

E ele o faria por intermédio de seus seguidores, aqueles aos quais concedera seu Espírito. É aqui que entra a nossa parte, quer gostemos quer não.

Sim, Deus trabalha de todas as maneiras fora da igreja. Há muitos movimentos de pensamento e ação completamente além da vida da igreja sobre os quais cristãos sábios podem discernir e celebrar a presença soberana e graciosa de Deus. Paulo, em um momento de confirmação visionária, vislumbra um mundo cheio de coisas a serem celebradas: "tudo o que for verdadeiro, tudo o que for santo, tudo o que for correto, tudo o que for puro, tudo o que for atraente, tudo o que for de boa reputação; qualquer coisa virtuosa ou digna de louvor" (Filipenses 4:8). Louvamos a Deus por sua obra maravilhosa além das fronteiras da cristandade. Deus é o criador soberano; ele pode fazer, e realmente faz, diversas coisas sem o nosso conhecimento e sem o nosso envolvimento.

Todavia, não é por isso que devemos perder de vista um dos papéis mais importantes da igreja: *testificar do governo soberano de Jesus, chamando o mundo à responsabilidade*. E quando digo "testificar", digo-o no sentido forte que falei antes. Como uma testemunha em uma corte judicial, não estamos apenas falando de nossas experiências particulares. Declaramos aquilo que mudará o rumo das coisas.

Isso significa que a igreja tem uma tarefa a ser cumprida e que nossas democracias modernas tentaram replicar de diferentes maneiras. Tentamos ter algo que se assemelha a "prestação de contas". Se o eleitor não gosta de alguém, não precisa votar em tal candidato na próxima eleição, mesmo sabendo que esse é um instrumento fraco. Em meu país, a maioria dos assentos parlamentares estão "assegurados" ou "reservados" pelos redutos políticos dos partidos. De qualquer maneira, mesmo se você votar no "outro grupo", ainda assim está votando em políticos, e muitos agora creem que políticos são, como classe, parte do problema em vez de parte da solução. Nos Estados Unidos, é muito difícil você colocar alguém na Casa Branca que não seja milionário.

Assim, aqueles que seguem Jesus têm a responsabilidade primordial, no contexto da vocação cristã, de serem a verdadeira "oposição". Evidentemente, isso não significa que eles devem realmente se opor a tudo que o governo oficial tenta fazer. Cristãos devem avaliá-lo, examiná-lo e responsabilizá-lo, afirmando o que pode ser afirmado e destacando o que ainda está em falta; devem criticar o que precisa ser criticado e denunciar, às vezes, o que precisa de denúncia. É um tanto revelador o fato de que, nos primeiros séculos da história da igreja, bispos cristãos ganharam a reputação no mundo como defensores dos pobres. Eles defendiam seu direito e denunciavam aqueles que o abusavam e maltratavam. Mas é claro! Os bispos eram seguidores de Jesus — o que mais deveríamos esperar? O papel continua até hoje, e vai muito além. A igreja tem experiências incontáveis e séculos de reflexão cuidadosa nas áreas de educação, saúde, tratamento do idoso, necessidades e vulnerabilidades de refugiados e imigrantes etc. Devemos empregar tais experiências e reflexões o máximo que pudermos.

Essa faceta do "testemunho" da igreja, essa vocação central através da qual Jesus continua sua obra até hoje, foi marginalizada.

Democracias ocidentais modernas não desejaram ser responsabilizadas, de modo que estabeleceram, oficial ou extraoficialmente, uma divisória espessa entre "Igreja" e "Estado". Segundo, porém, já sugerimos, tudo que isso fez foi mudar o significado de ambas as palavras. O "Estado" expandiu e passou a fazer coisas que a "Igreja" deveria estar fazendo; e igrejas foram cúmplices na privatização da "religião", abandonando todas as coisas que fazia de melhor nas mãos do "Estado" ou de outras agências. Assim, a "religião", conforme alguém escreveu recentemente, "reduz-se a um tipo de passatempo pessoal, como cuidar de um jardim ou colecionar porcelana".[3] Não é à toa que, quando pessoas da igreja defendem ou criticam assuntos de ordem-chave, aqueles que não gostam do que escutam lhes dizem para retornar ao seu mundo "religioso" particular.

Mas devemos defender e criticar, já que além da instrução clara do próprio Jesus, há a promessa clara de que *é assim que ele exercerá sua soberania, o modo como tornará seu reino em realidade*. No evangelho de João, Jesus fala aos seus seguidores que o Espírito chamará o mundo à prestação de contas:

> "Quando ele vier, provará que o mundo está errado em três aspectos: pecado, justiça e juízo. Em relação ao pecado, porque não creem em mim; em relação à justiça, porque vou para o pai, e vocês não me verão mais; em relação ao juízo, porque o governante deste mundo está condenado". (16:8-11)

E a ideia central dessa promessa concisa e densa é preocupantemente clara: o Espírito fará tudo isso *por intermédio da igreja*. Eis o seu mandato; eis a forma pela qual Jesus deseja operar; eis a forma na qual a vitória que obteve no Calvário será implementada no mundo.

Particularmente, devemos levar a sério a crença cristã primordial de que com a morte e a ressurreição de Jesus, algo decisivo aconteceu

---

[3]Terry Eagleton, "Who Needs Darwin?" [Quem precisa de Darwin?] *New Statesman*, 13 de junho de 2011, p. 58.

com "principados e poderes". Escrevendo aos colossenses a partir de uma prisão romana, Paulo não alimenta qualquer ilusão sobre o poderio real e palpável do império pagão do qual é cativo. Ainda assim, porém, o apóstolo pode falar da grande vitória que Jesus já venceu contra os poderes. Para eles, a crucificação parecia uma celebração de seu triunfo; mas não tardou para que se decepcionassem:

> Tendo despojado os poderes e as autoridades, fez deles um espetáculo público, triunfando sobre eles na cruz. (Colossenses 2:15, NVI)

Como resultado, Paulo pode até mesmo falar de poderes, autoridades, governadores e dominadores não apenas como tendo sido criados em Jesus, por meio de Jesus e para Jesus, mas, agora, *reconciliados* com ele. Jesus "estabeleceu paz pelo sangue da sua cruz" (Colossenses 1:20).

Isso não pode significar — obviamente que não! — que os poderes e as autoridades estão agora bondosamente dispostos à mensagem de Jesus e a seus mensageiros. Conforme dissemos, Paulo está escrevendo sua carta enquanto aprisionado. A igreja primitiva bem conhecia situações que as autoridades entenderam errado, aprisionando, agredindo ou matando seguidores de Jesus. Os primeiros cristãos não viviam em uma terra encantada, imaginando que poderes e autoridades estavam realmente "do lado da igreja". Ao mesmo tempo, porém, eles se dirigiam às autoridades, explicavam-lhes suas ações e faziam-lhes apelo (podemos ver Paulo agindo assim, em Atos) para que realizassem seu trabalho de modo justo.

Podemos ver o mesmo acontecendo no século II, quando bispos como Policarpo e apologetas como Justino demonstravam o devido respeito pelas autoridades, mesmo que estivessem predispostas a matá-los. Assim como a igreja primitiva recusou corromper sua fé e ceder ao dualismo, segundo o qual a ordem criada — o mundo de espaço, tempo e matéria — é má e precisa ser evitada, também recusou corromper seu testemunho do reino de Jesus a um dualismo *político*, no qual poderes e autoridades eram incontestavelmente ímpios e merecedores de condenação (ou, como no gnosticismo e em boa parte da espiritualidade ocidental, irrelevantes e não merecedores de atenção). A única exceção, obviamente importante, é quando governantes se autoproclamam divinos; então eles se tornam demoníacos e passam a ocupar uma categoria totalmente diferente, conforme vemos acontecer em Apocalipse 13.

Obviamente, às vezes a igreja interpretará errado. A igreja deve exercer um dom profético em relação ao mundo, porém, a própria ação exigirá ministérios proféticos voltados à própria igreja, desafiando e corrigindo, bem como endossando a verdade do que é dito. Além disso, todo e qualquer suposto ministério profético está sujeito a maior escrutínio; não foi à toa que João advertiu seus leitores a "provar os espíritos", visto que muitos falsos profetas haviam saído pelo mundo (1João 4:1-6). E o próprio Jesus, diga-se de passagem, é o parâmetro. Vozes que se levantam confessam Jesus como Messias, como aquele que "veio em carne"? Em outras palavras, supostas profecias refletem a verdade do reino de Jesus realmente chegando "à terra como [é] no céu", ou apenas desviam a igreja dessa realidade e a levam para o espaço seguro e sedutor da "religião" distante? Afinal, "religião" era o que não faltava no mundo antigo, e boa parte dela era de um tipo profundamente desarmonizado com a mensagem perigosa de Jesus. O Império Romano podia tolerar inúmeras espiritualidades, misticismos e esperanças de outro mundo. Tais crenças não ameaçavam ninguém. João, em linha com outros escritos do Novo Testamento, perseverava na confissão de fé segundo a qual o Deus único e verdadeiro agira de modo exclusivo e decisivo *no mundo, no mundo material*, na pessoa de Jesus, o Messias de Israel. Uma linguagem belicosa, tanto na época apostólica quanto hoje.

Métodos de governo humano, então, formam uma parte central e normalmente ignorada do significado do reino de Jesus para hoje. Cada geração e cada igreja local deve orar pelas autoridades civis. Em vista da ampla variedade de formas de governo, tipos de constituição etc. passíveis de estabelecimento ao redor do mundo, cada geração e cada igreja local deve descobrir maneiras sábias e apropriadas de confrontar o poder com a verdade. *Essa é uma parte central do reinado universal de Jesus e seu significado atual.*

CONSIDERAÇÕES FINAIS

Podemos resumir tudo da seguinte maneira: vivemos no período do governo soberano de Jesus sobre o mundo — reinado que ainda não foi completado, visto que, como Paulo diz em 1Coríntios 15:20-28, Jesus deve reinar "até que todos os seus inimigos sejam postos debaixo de seus pés", incluindo a morte. No entanto, Paulo é claro de que não devemos esperar até a segunda vinda para dizer que Jesus já está reinando.

De fato, Paulo diz nessa passagem algo que, de outra maneira, não teríamos descoberto: em sua forma atual, o reinado de Jesus é estritamente temporário. Deus Pai instalou Jesus no poder; mas quando a tarefa do Messias for cumprida, "o próprio filho se sujeitará" a Deus Pai, e assim "Deus será tudo em todos". Não penso que Paulo teria tido qualquer problema com a declaração do Credo Niceno de que o reino de Jesus "jamais terá fim". Afinal, é o que o livro de Apocalipse declara, página após página. Todavia, enfatizo esse ponto em 1Coríntios por elucidar que o reinado de Jesus, o Messias, pertence à era presente. Não podemos, em outras palavras, concordar com Billy de que este reinado é adiado até a segunda vinda. Pelo contrário: na segunda vinda, seu reinado estará completo.

Ao tentar entender o presente reinado de Jesus, porém, vimos duas vertentes aparentemente diferentes. Por um lado, vimos que todos os poderes e autoridades do universo agora estão, em um sentido ou em outro, sujeitos a Jesus. Isso não significa que eles fazem tudo que Jesus quer o tempo todo, apenas que Jesus intenciona que existam estruturas sociais e políticas de governo. Ele mesmo ressaltou a Pilatos que a autoridade do governador romano sobre ele vinha "do alto" (João 19:11). Uma vez que isso foi dito, não podemos deixar de reconhecer — por mais paradoxal que seja para nós que vemos as coisas em preto e branco! — a dádiva divina de estruturas de autoridade, mesmo quando são tirânicas e violentas. Parte do que dizemos ao afirmar que uma estrutura é dada por Deus é também que Deus lhes exigirá prestação de contas. Treinamo-nos a pensar em legitimidade política apenas em termos de método ou modo de nomeação (e.g., se você ganha uma eleição). Antigos judeus e primeiros cristãos estavam mais interessados em responsabilizar governantes com respeito ao uso que faziam da autoridade que lhes fora dada. Deus quer governantes, porém eles terão de lhe prestar contas.

O que tudo isso tem a ver com Jesus? Ao seu próprio ver, ele mesmo estava sobrepondo estruturas de poder da época e chamando-as à prestação de contas, já durante seu ministério — fato que subjaz à sua ação no Templo. Contudo, sua morte, ressurreição e ascensão demonstraram que o Senhor é ele, não as autoridades da época. Em outras palavras, o chamado à prestação de contas já começou e será concluído na segunda vinda. *A obra da igreja em confrontar o poder com a verdade adquire significado particular por basear-se na primeira situação e antecipar a segunda.* O que a igreja faz, no poder do Espírito, está enraizado na conquista de Jesus e antecipa a consumação de seu trabalho. É desta maneira que Jesus governa, no presente, o mundo.

Felizmente, porém, não acaba por aqui, com a avaliação constante, positiva e negativa, daquilo que governantes mundiais estão fazendo. Há milhares de coisas nas quais a igreja deve estar envolvida que os governantes do mundo não dão a mínima ou não têm recursos para apoiar. Jesus tem todo o tipo de projeto já preparado e apenas espera por pessoas fiéis que façam sua oração, interpretem o sinal dos tempos e se ocupem. Ninguém teria sonhado com a "Comissão para a Verdade e Reconciliação" se Desmond Tutu não tivesse orado e batalhado para que ela acontecesse. Ninguém teria desenvolvido o movimento do Jubileu, campanha internacional para redução de dívidas, se pessoas nas igrejas não tivessem se envolvido seriamente nessa forma de opressão ridícula contra o pobre. No contexto onde vivo, ninguém mais teria organizado um serviço que leva e traz, de carro, idosos para as lojas. Provavelmente, ninguém mais se voluntaria a tocar piano para o culto da prisão local. Ainda menos pessoas começariam um grupo voltado a filhos de mães solteiras, que ainda estão no trabalho quando as aulas terminam. Ninguém mais, em minha experiência, daria ouvidos à situação difícil de comunidades rurais isoladas ou de comunidade em enclaves igualmente isolados na cidade. Ninguém mais pensou na organização dos "pastores de rua", plano que, pelo menos em meu país, reduz a criminalidade. E assim por diante.

Se a resposta, porém, é que essas coisas são pequenas demais e insignificantes em si mesmas, respondo de duas maneiras. Primeiro: Jesus não explicou suas ações ao falar sobre a menor das sementes que então crescem no maior tipo de arbusto? Segundo: não é impressionante como uma pequena ação pode dar início a uma tendência? Certo teólogo chamou esse fenômeno de "graça em cascata". Espalha-se a palavra que uma igreja na cidade vizinha começou um projeto particular, e a história da boa notícia convida pessoas a tentarem algo semelhante. Foi assim que o movimento criado por Saunders se espalhou, transformando, no espaço de uma geração, o cuidado de pacientes em estado terminal. *Jesus está trabalhando, levando adiante seu projeto de reino.*

Sem dúvida, Jesus está fazendo isso de mil maneiras diferentes, das quais enxergamos apenas algumas. Certamente ele está trabalhando longe dos limites da igreja. A visão cósmica de Colossenses é verdadeira e deve nos dar esperança, principalmente quando temos de comparecer perante oficiais do governo local e explicar-lhes o que estávamos fazendo ao orar por pessoas na rua, ou por que precisamos alugar um auditório público para a realização de uma série de cultos, ou por que continuamos implacavelmente opostos a novos tipos de negócio cuja ambição descarada é explorar jovens ou famílias de baixa renda, encorajando-as, por exemplo, a fazerem apostas com seus recursos limitados. Ao nos explicarmos, fazêmo-lo perante pessoas que, quer saibam ou não, foram designadas por Deus para fazerem seu trabalho. Na cruz, Jesus derrotou o poder que as tornaria malevolentes. À medida que oramos e celebramos sua morte nos sacramentos, reivindicamos essa vitória e prosseguimos em nosso trabalho, tranquilamente e sem medo.

Jesus, contudo, está trabalhando de todas as maneiras também por intermédio da igreja. Devemos ser, como Paulo diz, "renovados à imagem do criador" (Colossenses 3:10) — isto é, renovados pela adoração de Deus e do Cordeiro, de modo que podemos servir como "reis e sacerdotes", colocando em prática o governo de Jesus no mundo e conclamando o louvor da criação perante ele. É com isso que se assemelha, hoje, o governo de Jesus sobre o mundo; isso é, afinal, o que ele nos ordenou esperar. O pobre de espírito fará o reino dos céus acontecer. O manso herdará a terra, tão gentilmente que o poderoso não perceberá senão quando for tarde demais. O pacificador falirá o negócio do fabricante de armas. Aquele que tem fome e sede da justiça de Deus analisará políticas governamentais e decisões judiciais, falando em prol dos que se encontram no fundo do poço. O misericordioso surpreenderá todo mundo ao mostrar que, em vez de criticar e rebaixar, há uma forma diferente de se cultivar relações humanas. "Vocês são a luz do mundo", Jesus disse. "Vocês são o sal da terra". Estava anunciando um programa ainda não concluído, convidando ouvintes, em sua época e agora, a se juntarem a ele para fazê-lo acontecer. Colocando-o de forma simples, é com isso que as coisas se assemelham quando Jesus é entronizado.

LEITURA ADICIONAL

SERIA POSSÍVEL COMPILAR uma bibliografia para este livro cuja extensão seria quase tão longa quanto este capítulo. Uma bibliografia anotada poderia ser quase tão longa quanto o próprio livro. Antes, contento-me aqui em recomendar alguns livros recentes que considero como obra suplementar (e desafiadora) ao trabalho que estabeleci em *Jesus and the Victory of God* [Jesus e a vitória de Deus] (Londres: SPCK; Mineápolis: Fortress, 1996) e *The Challenge of Jesus* [O desafio de Jesus] (Londres: SPCK; Downers Grove, IL: InterVarsity, 2000). Elas continuam fundamentais para o meu próprio relato de Jesus, firmes nos fundamentos estabelecidos (principalmente com respeito ao judaísmo do segundo templo), em *The New Testament and the People of God* [O Novo Testamento e o povo de Deus] (Londres: SPCK: Mineápolis: Fortress, 1992). Sobre a ressurreição, podemos citar *The Resurrection of the Son of God* [A ressurreição do Filho de Deus] (Londres: SPCK; Mineápolis: Fortress, 2003). Um grupo de acadêmicos colaborou com o meu trabalho no recente simpósio *Jesus, Paul and the People of God: A Theological Dialogue with N. T. Wright* [Jesus, Paulo e o povo de Deus: diálogo teológico com N. T. Wright], editado por Nicholas Perrin e Richard B. Hays (Londres: SPCK; Downers Grove, IL: InterVarsity, 2011), para o qual contribuí com um ensaio substancial (pp. 115-158) que indica parte do meu contexto ideológico e esboça algumas das questões que tentei articular melhor neste livro.

Uma obra de referência esplêndida, cobrindo todas as áreas do judaísmo do século I, é *The Eerdmans Dictionary of Early Judaism* [Dicionário Eerdmans do judaísmo primitivo], editado por John J. Collins e Daniel C. Harlow (Grand Rapids, MI: Eerdmans, 2010). Aqueles que desejam acompanhar obras de erudição mais atuais nas diversas áreas relevantes a este livro podem começar consultando um dos dicionários bíblicos mais excelentes, tais como o *Eerdmans Dictionary of the Bible* [Dicionário bíblico Eerdmans], editado por David Noel Freedman (Grand Rapids, MI: Eerdmans, 2000) ou o *New Interpreters Dictionary of the Bible* [Dicionário bíblico do novo intérprete], obra de cinco volumes editada por Katharine Doob Sakenfeld (Nashville: Abingdon, 2006). Cada versículo e frase dos quatro evangelhos canônicos foi estudado exaustivamente em comentários grandes e pequenos, de modo que este não é o lugar para tentar sequer listá-los.

Livros sobre Jesus vêm em todos os tipos, formatos e tamanhos: eruditos, populares, críticos, devocionais, políticos, históricos ou — frequentemente, como no caso deste livro — em uma mescla de tudo isso. A lista a seguir não corresponde exatamente a uma seleção aleatória, mas de obras escritas nos últimos anos, em ordem alfabética. Incluí livros que se enquadram em categorias diferentes. Diversos autores apresentados levantariam questões sobre o meu trabalho, da mesma forma que eu em relação ao trabalho deles.

ALISSON, Dale C. *The Historical Christ and the Theological Jesus* [O Cristo histórico e o Jesus teológico]. Grand Rapids, MI: Eerdmans, 2009.

―――. *Constructing Jesus: Memory, Imagination, and History* [Construindo Jesus: memória, imaginação e história]. Londres: SPCK; Grand Rapids, MI: Baker Academic, 2010.

BAILEY, Kenneth E. *Jesus Through Middle Eastern Eyes: Cultural Studies in the Gospels* [Jesus através do olhar do Oriente Médio:

estudos culturais nos evangelhos]. Grand Rapids, MI: Eerdmans; Londres: SPCK, 2008.

BAUCKHAM, Richard J. *Jesus and the Eyewitnesses: The Gospels as Eyewitness Testimony* [Jesus e as testemunhas oculares: evangelhos como testemunho ocular]. Grand Rapids, MI: Eerdmans, 2006.

_____. *Jesus and the God of Israel: God Crucified and Other Studies on the New Testament's Christology of Divine Identity* [Jesus e o Deus de Israel: Deus crucificado e outros estudos sobre a cristologia da identidade divina no Novo Testamento]. Grand Rapids, MI: Eerdmans, 2008.

BORG, Marcus J. *Jesus: Uncovering the Life, Teachings, and Relevance of a Religious Revolutionary* [Jesus: descobrindo a vida, os ensinamentos e a relevância de um revolucionário religioso]. São Francisco: HarperSanFrancisco, 2006.

DUNN, James D. G. *Jesus Remembered* [Lembrando-nos de Jesus]. Christianity in the Making [Cristianismo em desenvolvimento], vol. 1. Grand Rapids, MI: Eerdmans, 2003.

FISK, Bruce N. *A Hitchhiker's Guide to Jesus: Reading the Gospels on the Ground* [Guia do viajante a Jesus: lendo os evangelhos de forma prática]. Grand Rapids, MI: Baker Academic, 2011.

GAVENTA, Beverly Roberts, e HAYS, Richard B. Eds. *Seeking the Identity of Jesus: A Pilgrimage* [Buscando a identidade de Jesus: uma peregrinação]. Grand Rapids, MI: Eerdmans, 2008.

HURTADO, Larry W. *Lord Jesus Christ: Devotion to Jesus in Earliest Christianity* [Senhor Jesus Cristo: devoção a Jesus nos primórdios do cristianismo]. Grand Rapids, MI: Eerdmans, 2003.

KEENER, Craig S. *The Historical Jesus of the Gospels* [O Jesus histórico dos evangelhos]. Grand Rapids, MI: Eerdmans, 2009.

MCKNIGHT, Scot. *Jesus and His Death: Historiography, the Historical Jesus, and Atonement Theory* [Jesus e sua morte: historiografia, Jesus histórico e teoria da expiação]. Waco, TX: Baylor Univ. Press, 2005.

PERRIN, Nicholas. *Jesus the Temple* [Jesus, o Templo]. Londres: SPCK; Grand Rapids, MI: Baker Academic, 2010.

PITRE, Brant. *Jesus, the Tribulation, and the End of Exile: Restoration Eschatology and the Origin of the Atonement* [Jesus, a tribulação e o fim do exílio: escatologia da restauração e a origem da expiação]. Tubinga: Mohr Siebeck; Grand Rapids, MI: Baker Academic, 2005.

RATZINGER, Joseph. *Jesus of Nazareth* [Jesus de Nazaré], 2 vols. Londres: Bloomsbury, 2007, 2011.

VERMES, Geza. *Jesus in the Jewish World* [Jesus no mundo judaico]. Londres: SCM, 2010.

ÍNDICE BÍBLICO

ANTIGO TESTAMENTO

Gênesis
1–2, p. 137, 171, 265
3:1–15, p. 157

Êxodo
6:6, p. 201
15, p. 201
15:16, p. 201
15:18, p. 94

Levítico
25, p. 106
25:8–12, p. 106–107
25:10, p. 106

Números
24:17–19, p. 145–146

Deuteronômio
5:15, p. 201
30, p. 102

1Samuel
8:7, p. 64
12:12, p. 64
16:13, p. 65

2Samuel
7:12–14, p. 66

2Reis
5, p. 108

1Crônicas
21:1, p. 157

Esdras
9:2, p. 122

Jó
1–2, p. 157

Salmos
2, p. 74–75, 78, 210, 215, 218, 244, 279–280
2:1–2, 4–9, p. 74
10:16–18, p. 67
18:7–15, p. 62
22, p. 210
23:1–3, p. 70–71
47:1–9, p. 67
72, p. 76, 210
77:15, p. 201
80:1–2, p. 71
89:10, p. 201
95:3–7, p. 68
96, p. 251
96:10–13, p. 68
98:1, p. 201, 251
118:22, p. 207
137:1, p. 57
145:1, 10–13, p. 68

Isaías
1:9, p. 122
4:2, p. 208
6:13, p. 122
10, p. 279
11, p. 57
11:1, p. 57, 208
13:10, p. 141, 222
14:12–13, p. 157
33:22, p. 69
35:5–6, p. 116
37:31–2, p. 122
40, p. 117, 196, 221
40:1–2, p. 104
40:5, p. 63, 76
40:10, p. 71, 201
40:10–11, p. 71
40–55, p. 198
40–66, p. 196
42, p. 208, 218
42:1, p. 196
42:1–9, p. 196
42–53, p. 215
45:1–7,12–13, p. 279
48:14, p. 201
49:1–7, p. 197
49:3, p. 196
49:6, p. 196
50:4–9, p. 197
50:10, p. 197
51:9, p. 201
52, p. 74, 221
52:7–10, p. 70
52:7–12, p. 197, 218
52:8, p. 63
52:10, p. 201
52:13–53:12, p. 198-199, 218
53, p. 215
53:1, p. 201
53:1–2, p. 202
53:10, p. 198

53:11–12, p. 225
54, p. 201
55, p. 201
56–66, p. 201
59:16, p. 201
61:1–7, p. 105-106, 201
63:1–6, p. 201
63:5, p. 201
63:9, p. 201

Jeremias
19, p. 168
23:5, p. 208
31:10–12, p. 71–72
31:27, p. 122
31:31, p. 226
33:15, p. 208

Ezequiel
10–11, p. 63, 76
34, p. 73, 75, 78
34:2–6,11–12,14–16, p. 72–73
34:23–24, p. 73
34:30–31, p. 73
43:1–5, p. 76

Daniel
1, p. 203
2, p. 126, 206
2:37, p. 187
2:44, p. 187
3, p. 203
4, p. 126
4:32, p. 279

4:37, p. 187
5, p. 126
5:23, p. 187
6 p. 203
7, p. 126, 206-207
7:9–11,13–14, p. 203–204
7:13, p. 203–204
7:14, p. 80, 203–204
7:15–18, p. 203-204
7:18,22,27, p. 205
7:19–27, p. 203-204
9:24, p. 177
9:27, p. 222
12, p. 216

Obadias
17, 21, p. 69

Habacuque
1:6, p. 279
2:14, p. 180

Zacarias
3:1–2, p. 157
3:8, p. 208
6:12–13, p. 208
8:3,7–8, p. 77
8:18–19, p. 208
9:9–10, p. 78, 208, 209
9:9–11, p. 208
9:11–17, p. 208
10:3, p. 208
11:3–17, p. 208
12:1–9, p. 208

12:10–13:1, p. 208
13:2–6, p. 208
13:7, p. 208
14:5, p. 209
14:8, p. 209
14:9, p. 209
14:21, p. 209

Malaquias
1:14, p. 70
3:1, p. 63, 117
3:1–3,5, p. 77
3:2, p. 222
3–4, p. 118
4:5, p. 118

NOVO TESTAMENTO

Mateus
3:9–10, p. 127
4, p. 157
4:1–11, p. 164
4:3, p. 165
4:10, p. 160
4:23, p. 86
5:3, p. 272
5:44, p. 108
5–7, p. 136, 156
8:11–12, p. 127
8:23–27, p. 49
9:9–13, p. 101–102
9:14–17, p. 128
9:36, p. 132
11:2–19, p. 113–114
11:12, p. 188
12, p. 156
12:22–32, p. 162
12:29, p. 163
13, p. 126
13:1–23, p. 124
13:39, p. 161
14:13, p. 115

15:1–20, p. 133, 138
16:16, p. 217
16:28, p. 244
17:1–8, p. 183
18:23–35, p. 131–132
19:1–12, p. 133, 138
19:10, p. 137
20:22, 224
20:25–26, p. 247
21:33–46, p. 129
22:1–14, p. 130–131
23:24–30, p. 124
23:37, p. 224
24, p. 168, 222
24:2, p. 222
24:15, p. 222
24:29, p. 141, 222
24:30, p. 141, 223
26:39, p. 224
26:61, p. 168
27:40, p. 165, 168

Marcos
1:11, p. 215

1:12–13, p. 157, 164
1:13, p. 157
1:15, p. 97, 177
1:27, p. 158
1:34, p. 158
2:1–12, p. 103
2:7, p. 111
2:10, p. 207
2:17, p. 132
2:18–20, p. 208
2:23–28, p. 65
2:25–28, p. 154
3:11–12, p. 158
3:22–27, p. 158
4:1–20, p. 122–123
4:10–17, p. 161
4:15, p. 161
4:18–23, p. 124
4:26–29, p. 124
4:35–41, p. 49
5:1–20, p. 158
5:30, p. 181
7:1–23, p. 133, 135, 138
8:33, p. 160–161
10:1–12, p. 133, 136, 138
10:35–40, p. 217
10:45, p. 225
12:1–12, p. 124
12:6–8, p. 220
12:10–11, p. 207
13, p. 168, 222
13:26, p. 207
14:27, p. 132
14:62, p. 207

Lucas
2:24–27, p. 109
2:49, p. 175
4, p. 156–157
4:1–13, p. 164
4:16–21, p. 106
4:16–30, p. 105–106
4:22–28, p. 107, 109
4:23, p. 132
6:31, p. 190
7:36–50, p. 110
8:4–15, p. 122–123
8:22–25, p. 49
9:31, p. 218
9:35, p. 218
10:18, p. 158
11:20, p. 97
11:21–22, p. 163
13, p. 223
13:16, p. 158, 161
13:18–30, p. 179
13:32–33, p. 179
13:34, p. 224
15:2, p. 101
15:7, p. 102
15:30, p. 101
15:32, p. 102
16:16, p. 188
16:19–31, p. 121–122
19:1–10, p. 102
19:36–37, p. 19
19:41, p. 19
19:42–44, p. 60
20:44, p. 60

21, p. 222
22:3, p. 161
22:31, p. 158, 161
22:53, p. 164
23:34, p. 108
24:47, p. 242

João
1:11, p. 222
2:19, p. 168
5:17, p. 179
6:70, p. 161
8:44, p. 161
10:11, p. 132
11:48, p. 228
11:50, p. 228, 230
11:50-53, p. 228
12:31-32, p. 228
13:1, p. 227
13:2,27, p. 161
14:30-31, p. 229
15:13, p. 236
15:18-16:4, p. 229
16:8-11, p. 282
16:11, p. 229
17, p. 139
18:36, p. 229, 247
18-19, p. 194, 229
19:7, p. 230
19:11, p. 285
19:15, p. 229
19:30, p. 230
21, p. 239, 276
21:15-19, p. 276

Atos
1, p. 270
1:1, p. 274
1:6-8, p. 267
1:8, p. 254
1:9, p. 244
1-2, p. 254
2, p. 253
5:29, p. 254
7, p. 254
7:60, p. 209
14, p. 269
17, p. 254
17:7, p. 254
19, p. 254
22-26, p. 254

Romanos
8, p. 252

1Coríntios
2:8, p. 157
15:20-28, p. 285
15:58, p. 264

Gálatas
2:20, p. 236

Efésios
1:10, p. 251
3:10, p. 272
6:10-20, p. 157

Filipenses
2:9-11, p. 243
4:8, p. 280

Colossenses
1:20, p. 283
1:23, p. 261
2:15, p. 157, 283
3:4, p. 250
3:10, p. 288

1Tessalonicenses
4:14-17, p. 248

Hebreus
13:8, p. 27

1João
3:2, p. 250
4:1-6, p. 284

Apocalipse
5:6, p. 249
5:9-10, p. 265-266
13, p. 284
20, p. 157
21-22, p. 252

OUTROS LIVROS

2Macabeus
7:18-19, 34-36, p. 108
4Q521, col. 2, p. 116

Este livro foi impresso em 2021, pela Edigráfica,
para a Thomas Nelson Brasil. A fonte usada
no miolo é Chaparral corpo 11.
O papel do miolo é pólen 80 g/m².